浙江省城乡环境整治工作领导小组
美丽城镇建设办公室

浙江工业大学　　　　　　　著

浙江省城乡规划设计研究院

Research on the Development of
Beautiful Towns in Zhejiang in the New Era

新时代浙江美丽城镇发展研究

中国建筑工业出版社

地图审核号：浙 S（2023）55 号

图书在版编目（CIP）数据

新时代浙江美丽城镇发展研究 =Research on the Development of Beautiful Towns in Zhejiang in the New Era / 浙江省城乡环境整治工作领导小组美丽城镇建设办公室，浙江工业大学，浙江省城乡规划设计研究院著 .—北京：中国建筑工业出版社，2024.5
 ISBN 978-7-112-29763-4

Ⅰ.①新… Ⅱ.①浙…②浙…③浙… Ⅲ.①小城镇—城市建设—研究—浙江 Ⅳ.① F299.275.5

中国国家版本馆 CIP 数据核字（2024）第 076347 号

责任编辑：孙书妍　吴宇江
责任校对：王　烨

本项目由浙江省重点学科建设计划、中国住房和房地产研究院资助。

新时代浙江美丽城镇发展研究
Research on the Development of
Beautiful Towns in Zhejiang in the New Era

浙江省城乡环境整治工作领导小组
美丽城镇建设办公室
浙江工业大学　　　　　　　　　著
浙江省城乡规划设计研究院

*

中国建筑工业出版社出版、发行（北京海淀三里河路 9 号）
各地新华书店、建筑书店经销
北京海视强森文化传媒有限公司制版
北京中科印刷有限公司印刷

*

开本：787 毫米 × 1092 毫米　1/16　印张：$19\frac{1}{4}$　字数：436 千字
2024 年 8 月第一版　2024 年 8 月第一次印刷
定价：**169.00** 元
ISBN 978-7-112-29763-4
　　（42169）

版权所有　翻印必究
如有内容及印装质量问题，请联系本社读者服务中心退换
电话：（010）58337283　QQ：2885381756
（地址：北京海淀三里河路 9 号中国建筑工业出版社 604 室　邮政编码：100037）

本书撰写组

浙江省城乡环境整治工作领导小组美丽城镇建设办公室：
何青峰　马新振　张艳琼　陈秋杰　吴　岩　胡　泱　杜瑞雪
贾颖栋　张崇波　龚松青　何　俊　陈　泽　钱欣怡　白　琳
黄朝建　王俊杰　王　盼

浙江工业大学：
陈前虎　王岱霞　王安琪　李凯克　杨　宁　朱　凯　周　骏
龚　强　陈梦微　杨　绎

浙江省城乡规划设计研究院：
余建忠　江　勇　张如林　蔡　健　甘　雨　赵华勤　马文嘉
马添阅　陈　巍　柴子娇　顾怡川　杨　洁　丁兰馨　吴　洵
张雍雍　宣　甲　张焕发　张　瑶　王　璇　寿飞烊　郑　重
王　丰

序
FOREWORD

改革开放四十多年以来，小城镇作为浙江区域经济发展转型的"晴雨表"和改革探索的"先行地"，其特色成长和转型发展的成果十分瞩目，经历了从培育发展、环境整治、功能完善转向品质提升的过程。近年来，浙江又把建设现代化美丽城镇作为高质量建设共同富裕示范区的突破性抓手，以"环境美、生活美、产业美、人文美、治理美"建设目标为引领，推动美丽城镇建设从一处美到全域美、从外在美到内在美的转型蜕变，取得了显著成效。科学梳理浙江小城镇的发展历史与演进过程，揭示美丽城镇的建设经验与规律，从而推动全国小城镇转型升级，这不仅是推动高质量发展和实现共同富裕的现实需求，也是丰富共同富裕思想和城镇可持续发展理论的重大课题，更是展示中国特色社会主义制度优越性的重要窗口，其实践意义、理论价值、战略地位可见一斑。

本书是陈前虎教授团队协同浙江省城乡规划设计研究院服务浙江省委省政府美丽城镇建设这一重大战略行动的系统成果。该成果构建了共同富裕战略背景下的城镇建设理论体系，梳理了浙江省美丽城镇建设的发展成就以及管理体制机制上的创新做法，分析了小城镇的发展现状及其存在的主要问题，探究了未来的发展趋势与态势，提出了新时代美丽城镇的发展战略和建设策略。在此基础上，制定出多层级的小城镇规划建设技术指引，分别选取典型地区案例，详细阐述县市、乡镇、跨地市城镇集群、县市域城镇集群在规划建设上的实践经验，最后提出了未来全域美丽城镇创建的具体行动与重点任务。

全书从战略高度、历史维度勾勒出浙江小城镇特色成长与美丽城镇建设的主线脉络，以美丽城镇为"先行地"，深刻回答了如何落实中国式现代化中"共同富裕"目标这一现实问题，视野开阔，思路清晰，逻辑严谨，内容翔实，不仅总结了浙江省域小城镇转型升级四十年的"生命线"，还描绘了新时代美丽城镇发展建设的"总蓝图"，既注重理论支撑和探索，也关注实践应用和总结。相信本书的出版一定会引起学界、政界的共鸣和讨论，将浙江小城镇在推动共同富裕建设方面的实践经验共享至全国。

虞晓芬
浙江工业大学副校长
中国住房与房地产研究院院长

目录
CONTENTS

序

第1章　绪论　001

1.1　研究背景和意义　002
1.2　研究范围和对象　007
1.3　研究思路和内容　009
1.4　研究框架和方法　010

第2章　理论基础与研究进展　013

2.1　共同富裕视角下小城镇发展理论　014
2.2　小城镇建设发展研究进展　031
2.3　小城镇发展理论总结及建设指引　047

第3章　改革开放以来浙江省小城镇发展脉络与演进规律　053

3.1　第一阶段：夯实基础　054
3.2　第二阶段：整治环境　057
3.3　第三阶段：完善功能　061
3.4　小城镇演进规律总结　073

第4章　浙江省小城镇发展现状特征与问题　079

4.1　小城镇发展现状特征　080
4.2　小城镇发展问题梳理　093

第 5 章　新时代浙江美丽城镇发展态势与战略定位　　107

5.1　当前小城镇发展新态势　　108
5.2　浙江省当前发展阶段研判　　116
5.3　新时代浙江美丽城镇发展战略定位　　124

第 6 章　新时代浙江美丽城镇发展建设策略设计　　133

6.1　宏观策略——分类管理引领小城镇特色发展　　134
6.2　中观策略——共建共享推动小城镇集群发展　　143
6.3　微观策略——差异供给促进小城镇专业发展　　147

第 7 章　浙江省小城镇规划建设技术指引　　153

7.1　县域美丽城镇建设行动方案　　155
7.2　乡镇美丽城镇建设行动方案　　158
7.3　市域美丽城镇集群建设规划　　161
7.4　美丽城镇集群建设行动方案　　164

第 8 章　县（市、区）域美丽城镇建设行动方案　　169

8.1　文成县域美丽城镇建设行动方案　　170
8.2　诸暨市美丽城镇建设行动方案　　178
8.3　萧山区美丽城镇建设行动方案　　186

第 9 章　乡镇美丽城镇建设行动方案　　195

9.1　都市节点型——海宁市长安镇　　196
9.2　县域副中心型——台州市黄岩区院桥镇　　203
9.3　县域副中心型——建德市梅城镇　　210
9.4　文旅型——文成县百丈漈镇　　218
9.5　商贸型——诸暨市山下湖镇　　225
9.6　工业型——宁海县黄坛镇　　237

9.7 农业型——黄岩区澄江街道	247
9.8 一般型——文成县平和乡	256

第10章　市（县）级美镇圈建设规划　　263

10.1 衢州市诗画风光带美镇圈建设规划	264
10.2 绍兴市美丽城镇集群化暨美镇圈建设导则	271

第11章　美丽城镇集群建设规划　　281

11.1 桐庐县大分水美镇集群化建设规划	282
11.2 诸暨市"西施之泪"美丽城镇集群规划	290

第 1 章
绪论

1.1 研究背景和意义
1.2 研究范围和对象
1.3 研究思路和内容
1.4 研究框架和方法

1.1 研究背景和意义

党的二十大报告明确指出，中国式现代化是全体人民共同富裕的现代化，共同富裕是中国特色社会主义的本质要求，是中国式现代化的重要特征，要坚持以人民为中心的发展思想，在高质量发展中促进共同富裕。作为全国实现共同富裕的先行探路省份，在《中共中央国务院关于支持浙江高质量发展建设共同富裕示范区的意见》确立了浙江高质量发展建设共同富裕示范区的时代使命之后，浙江省委省政府深入学习贯彻习近平新时代中国特色社会主义思想，把美丽城镇建设作为高质量发展建设共同富裕示范区的重要抓手，肯定了小城镇发展的战略地位。

1.1.1 研究背景

（1）共同富裕赋予小城镇重塑新时代城乡要素分配格局的历史使命

《中共中央国务院关于建立健全城乡融合发展体制机制和政策体系的意见》明确指出要"促进城乡要素自由流动、平等交换和公共资源合理配置，加快形成工农互促、城乡互补、全面融合、共同繁荣的新型工农城乡关系"；之后，党的二十大报告明确了全面推进乡村振兴和促进区域协调发展的高质量发展要求，强调要"坚持农业农村优先发展，坚持城乡融合发展，畅通城乡要素流动"。

从1988—2020年的基尼系数来看，全国基尼系数的平均水平处在0.45—0.5，而浙江省基尼系数基本上处在0.35—0.45（图1-01）。从1978—2020年的恩格尔系数来看，浙江省恩格尔系数基本处在全国均值以下，2021年浙江省恩格尔系数为27.1%，低于30%（图1-02）。2021年，浙江省居民人均消费支出在全国各省排首位，同比增速为17.17%（图1-03）；浙江省人均可支配收入为57541元，是同期全国平均水平（35128元）的1.64倍（其中，城镇居民人均可支配收入为6.84万元，连续21年位居全国各省排名第一位；农村居民人均可支配收入为3.42万元，已连续37年位居全国各省排名第一位）。

在城乡融合发展进程中，小城镇是集聚经济发展要素、促进城乡经济体系有机衔接的重要平台，是践行"绿水青山就是金山银山"理念的先锋载体，是落实城乡基础设施网络化和基本公共服务均等化的重要力量，是调和城乡二元制度的关键媒介，是城市文明向农村延伸并吸纳乡村优秀文化、推动城乡文化融合的桥梁和纽带。

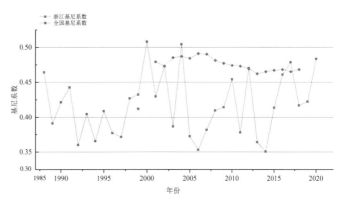

图 1-01 1988—2020 年全国与浙江基尼系数

注：参照田为明《中国基尼系数计算及其变动趋势分析》计算所得。

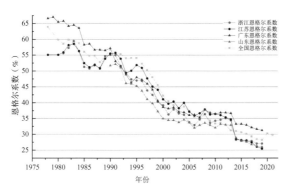

图 1-02 1978—2020 年全国与浙江、江苏、广东、山东省恩格尔系数

数据来源：国家统计局官网

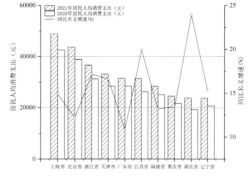

图 1-03 2020—2021 年全国各省（区、市）居民人均消费支出状况（前 10 位）及同比名义增速

数据来源：国家统计局官网

共同富裕是政治、经济、社会、文化和生态五位一体综合协调的发展状态，推进小城镇"经济、社会、文化、生态、制度"协调发展，是促进共同富裕的有力支撑。在浙江省推动共同富裕示范区建设的新阶段，以"美丽城镇"建设为抓手，落实小城镇"经济、社会、文化、生态、制度"协调发展行动，重塑新时代城乡要素分配格局，助力浙江省共同富裕示范区建设，是当前浙江小城镇发展的历史使命。

（2）发展小城镇是浙江省建设共同富裕示范区的重要路径

《中华人民共和国国民经济和社会发展第十四个五年规划和 2035 年远景目标纲要》明确"支持深圳建设中国特色社会主义先行示范区、浦东打造社会主义现代化建设引领区、

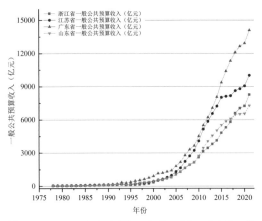

图 1-04　1978—2021 年浙江、江苏、广东、山东省一般公共预算收入
数据来源：国家统计局官网

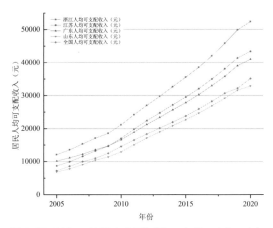

图 1-05　2005—2020 年全国与浙江、江苏、广东、山东省人均可支配收入
数据来源：国家统计局官网

浙江高质量发展建设共同富裕示范区"；《中共中央国务院关于支持浙江高质量发展建设共同富裕示范区的意见》指出"浙江省在探索解决发展不平衡不充分问题方面取得了明显成效，具备开展共同富裕示范区建设的基础和优势，也存在一些短板弱项，具有广阔的优化空间和发展潜力"，由此，浙江高质量发展建设共同富裕示范区正式确立。

长期以来，浙江省的经济总量在全国各省（区、市）中一直排名第四，仅次于广东省、江苏省和山东省，人均 GDP 在全国各省中排前两位。近年来，浙江省一般公共预算收入超过山东省，在全国各省（区、市）中排名第三，仅次于广东省和江苏省（图 1-04）；人均可支配收入水平在全国各省排名中一直居于首位（图 1-05）。根据《中国城市全面建成小康社会监测报告 2020》，浙江省全面建成小康指数位于全国各省首位，11 个城市不仅全部上榜且位列前 50 名之内（表 1-01），且就省内城市而言，浙江省是全国唯一一个所有设区市居民人均可支配收入都超过全国平均水平的省份（表 1-02）。

2020 年浙江省地级市全面小康指数全国排名（含副省级城市）　　表 1-01

全国排名	城市	全面小康指数	小康分项指数				
			小康经济指数	小康生活指数	小康文化指数	小康生态指数	小康治理指数
2	杭州	152.05	A+	A+	A+	A+	A
7	宁波	143.91	A+	A+	A+	A	A-
8	舟山	142.59	A+	A+	A+	A	A+
14	绍兴	136.62	A+	A+	A+	A	A
15	嘉兴	136.50	A+	A+	A+	A	A-

续表

全国排名	城市	全面小康指数	小康分项指数				
			小康经济指数	小康生活指数	小康文化指数	小康生态指数	小康治理指数
19	湖州	133.06	A+	A+	A+	A+	A
23	台州	130.14	A	A+	A+	A	A
26	温州	128.68	A	A+	A+	A	A
27	金华	128.55	A	A+	A+	A	A
34	衢州	121.50	A	A+	A+	A+	A
43	丽水	118.80	A	A+	A+	A+	A+

数据来源：《中国城市全面建成小康社会监测报告2020》

2021年浙江省各市居民人均可支配收入（单位：元）　　　表1-02

全省排名	地区	全体居民		城镇居民		农村居民		城乡居民可支配收入比
		2021年	增长率	2021年	增长率	2021年	增长率	
—	浙江省	57541	9.8%	68487	9.2%	35247	10.4%	1.94
1	杭州市	67709	9.4%	74700	8.8%	42692	10.3%	1.75
2	宁波市	65436	9.1%	73869	8.6%	42946	9.7%	1.72
3	绍兴市	62509	10.4%	73101	9.6%	42636	10.2%	1.71
4	舟山市	60848	9.0%	69103	8.5%	42945	9.8%	1.61
5	嘉兴市	60048	9.8%	69839	8.9%	43598	9.5%	1.60
6	温州市	59588	10.3%	69678	9.8%	35844	10.5%	1.94
7	湖州市	57498	11.0%	67983	10.1%	41303	10.9%	1.65
8	金华市	55880	10.5%	67374	9.5%	33709	11.0%	2.00
9	台州市	55499	9.6%	68053	8.7%	35419	10.0%	1.92
10	衢州市	42658	12.5%	54577	10.7%	29266	11.3%	1.86
11	丽水市	42042	11.4%	53259	9.7%	26386	11.6%	2.02

数据来源：国家统计局官网

回顾浙江省的经济社会发展成就，民营经济是浙江省经济的特色，小城镇则是民营经济孕育的土壤和茁壮成长的重要载体。同时，《浙江高质量发展建设共同富裕示范区实施方案（2021—2025年）》出台后，在全面落实示范区建设的相关行动中，浙江省研究起草了《浙江省"扩中""提低"行动方案》，更是明确提出要推动小城镇发展转型，在高质量发展进程中探索共同富裕的示范路径。

浙江省正处于全面推进共同富裕区建设、落实国家共同富裕发展导向的关键时期，以美丽城镇建设为抓手，聚焦小城镇这一衔接城乡的关键载体，可以从真正意义上实现工农服联动、城乡互动以及就近、就地城镇化，让小城镇成为展示浙江省共同富裕示范区建设经验的窗口。同时，作为民营企业孕育和成长的重要阵地，小城镇通过聚焦特色优势产业，联动城市与区域产业集群，推动自身产业持续性升级，循序提高经济社会发展综合实力，亦能够切实有效地弥合城乡区域发展差距。

1.1.2 研究意义

本书立足新时代赋予小城镇的历史使命，以浙江实践为蓝本，深入挖掘了面向共同富裕的浙江美丽城镇内涵特征，梳理了浙江省小城镇的发展脉络，剖析了小城镇的发展问题，科学研判了其未来发展态势与定位，并从宏观、中观、微观三个维度对小城镇今后的发展策略展开了系统探讨，明确了浙江省美丽城镇建设的技术指引的同时，结合具体案例进行了实践校验，对总结共同富裕视野下的小城镇发展路径和推广美丽城镇建设的"浙江经验"有着重要意义。

（1）理论意义

本书通过回溯浙江省小城镇发展的历史脉络，分析其新时代使命，总结其成长规律，并结合浙江美丽城镇建设实践，全过程阐释了小城镇成长的理论逻辑与机制，凸显了浙江乃至中国小城镇研究的理论价值。

本书从新时代共同富裕愿景入手，推演和校验浙江小城镇发展的新方向、新定位，为小城镇助力浙江高质量发展建设共同富裕示范区提供理论支撑，也是对中国特色共同富裕理论内涵的有益补充。

（2）实践意义

本书从宏观、中观和微观三个层次设计面向共同富裕示范区建设的新时代浙江美丽城镇发展策略，针对性提出技术指引建议，探索了解决浙江省城乡融合发展问题的实践方案，对推进浙江省小城镇高质量发展具有明确的指导意义。

本书通过归纳总结可复制、可推广的浙江美丽城镇建设经验，探讨了以小城镇建设为抓手，迈向共同富裕示范区的实践路径，对于全国小城镇高质量发展具有参考价值，是我国共同富裕实践成果的重要组成部分。

1.2 研究范围和对象

截至2020年年底，全国共有建制镇18822个、乡8876个[1]，小城镇的总量超过2.7万个。同期，浙江省的地域范围包括11个地级市、37个市辖区、20个县级市、33个县（其中1个自治县），共1365个街道、建制镇、乡，户籍人口5069万，常住人口6456.76万。[2] 其中，街道488个，建制镇618个（包括县城关镇10个），户籍人口2449.7万，常住人口2495.16万；乡259个，户籍人口303.34万，常住人口179.85万（表1-03，表1-04）。

浙江省各级行政区划单元数量统计表　　表1-03

地级市	区、县级市、县的数量			2020年街道、建制镇、乡的数量		
	区	县级市	县（自治县）	街道	建制镇	乡
杭州市	10	1	2	93	75	23
宁波市	6	2	2	73	73	10
温州市	4	3	5	67	92	26
嘉兴市	2	3	2	30	42	0
湖州市	2	0	3	28	38	6
绍兴市	3	2	1	47	49	7
金华市	2	4	3	42	74	31
衢州市	2	1	3	18	43	39
舟山市	2	0	2	14	17	5
台州市	3	3	3	45	61	24
丽水市	1	1	7	31	54	88
总计	37	20	33	488	618	259

注：以2020年年底的行政区划情况为准统计。数据来源为2020年浙江省行政区划统计表。

---

[1] 2020年城乡建设统计年鉴。
[2] 2020年浙江省行政区划统计表（浙江省民政厅）。https://mzt.zj.qov.cn/art_1632784_58924125.html。

浙江省各地级市街道、建制镇、乡的人口统计表（单位：万人）　　　表1-04

地级市	街道		建制镇		乡	
	户籍人口	常住人口	户籍人口	常住人口	户籍人口	常住人口
杭州市	1193.6	508.06	261.16	268.78	26.15	13.73
宁波市	940.43	311.78	275.17	387.69	21.55	18.52
温州市	957.29	309.97	486.41	430.82	37.32	19.42
嘉兴市	540.09	157.34	210.04	270.67	0	0
湖州市	336.76	93.14	165.86	182.78	8.57	7.65
绍兴市	527.1	-20.49	170.52	156.16	13.98	12.58
金华市	705.07	207.98	249.91	279.94	36.01	25.72
衢州市	227.62	64.54	139.65	100.02	52.67	33.22
舟山市	115.78	50.91	42.26	42.52	3.03	2.44
台州市	662.29	235.75	341.9	301.16	29.33	12.71
丽水市	250.74	89.22	106.84	74.63	74.74	33.87
总计	2008.2	3781.74	2449.7	2495.16	303.34	179.85

注：以2020年年底的行政区划情况为准统计。其中户籍人口为2019年建设统计数据，常住人口为第七次全国人口普查数据。

本书以小城镇为研究对象，包括建制镇和乡。除杭州、丽水外，其他各地级市均以建制镇单元的比重最高。除嘉兴外，其他各个地级市均有乡，且省域内乡多分布于浙中、浙西南地区，衢州、丽水的乡单元的比重较高（图1-06，图1-07）。

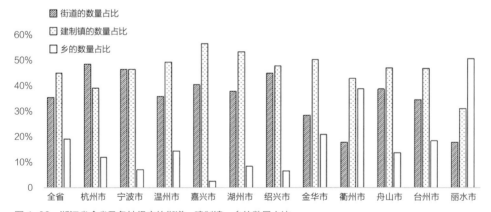

图1-06　浙江省全省及各地级市的街道、建制镇、乡的数量占比
注：以2020年年底的行政区划情况为准统计。数据来源为2020年浙江省行政区划统计表。

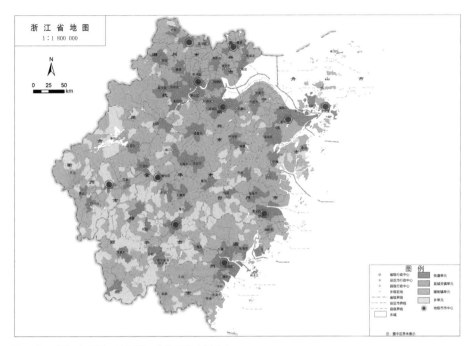

图 1-07 浙江省街道、建制镇、乡单元的空间分布
注：以 2020 年年底的行政区划情况为准统计。数据来源为 2020 年浙江省行政区划统计表。

1.3 研究思路和内容

"小城镇、大战略"，美丽城镇是新时代浙江省建设共同富裕示范区的重要名片，本书秉持这一认知，采用"现实背景与经典理论回溯→相关研究与实践脉络梳理→现状与问题解析→发展态势与战略定位研判→策略与行动方案指引→多元案例实证校验"的总体研究思路，厘清浙江省美丽城镇建设行动的由来与方向，认为这一行动必将在推动形成城乡资源要素合理分配新格局，缩小地区差距、城乡差距、收入差距等方面持续发挥作用，其间解剖的实践、总结的经验以及升华的理论，也将为全国各地的共同富裕行动提供有益的参考。

秉承上述研究思路，本书将研究内容分为绪论、理论基础与研究进展、发展脉络与演进规律、发展现状与典型问题、发展态势与战略定位、策略设计、技术指引和实证详析八个板块，共计十一章。不同板块的研究内容如下：

绪论（第 1 章）板块通过分析当前国家和地方发展的政策背景，阐释面向共同富裕的新时代浙江美丽城镇建设意义，并明确具体的研究范围、对象与方法，设计研究总体思路与框架。

理论基础与研究进展（第 2 章）板块通过经典理论回溯和研究进展评述明确新时代浙江美丽城镇建设的理论依据和研究价值，涉及了政治经济学、社会环境学、空间地理学等学科领域和国内国外两个方面。

发展脉络与演进规律（第 3 章）板块通过对改革开放以来浙江省小城镇的发展脉络进行梳理，沿时间纵轴依次解析了不同阶段小城镇发展的主要行动与成效，并对这一发展过程中小城镇表现出的演进规律进行了总结。

发展现状与典型问题（第 4 章）板块通过将浙江省小城镇发展的时间纵轴切换至经济、社会、环境等实践领域横轴，分系统整理了小城镇发展的现实状况，提炼了小城镇在不同实践领域的典型具体问题。

发展态势与战略定位（第 5 章）板块通过全方位解读当前浙江省小城镇发展的主要态势，以美丽城镇建设为导向，围绕人本内涵回归和现代治理体系建构，提出了浙江省小城镇发展的战略定位。

策略设计（第 6 章）板块旨在设计落实浙江省美丽城镇建设战略定位、解决当前小城镇发展典型问题的实践策略，提出了涉及宏中微观三个层次，涵盖分类管理、共建共享和差异供给三个方面内容的具体策略趋向。

技术指引（第 7 章）板块旨在规划引领小城镇建设，在梳理了浙江省美丽城镇建设相关政策文件的基础上，明确了浙江省美丽城镇建设系列规划编制的核心内容与技术要点。

实证详析（第 8—11 章）板块结合前章技术指引分析，依次针对县（市、区）域、乡镇、美镇圈、美镇集群四类浙江省美丽城镇建设规划进行了具体实证案例的详细解析，分四章内容完成。

1.4 研究框架和方法

1.4.1 研究框架

本书遵循从理论溯源到实证校验的基本范式，基于浙江美丽城镇建设实践，采用从历史脉络梳理到现状特征解析，再到未来趋势研判的研究步骤，设计新时代浙江美丽城镇发展策略，明确建设技术指引，并展开美丽城镇建设实践的分类解剖。总体研究框架如图 1-08 所示。

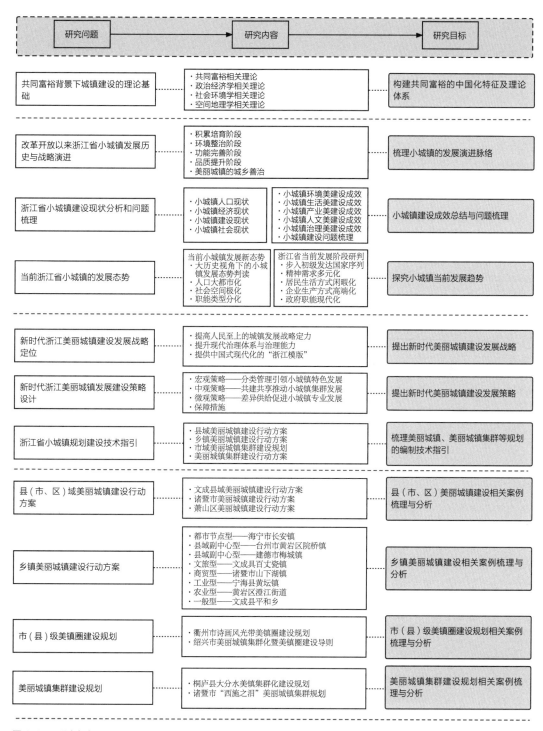

图 1-08 研究框架

1.4.2 研究方法

（1）理论研究和实证分析相结合

本书搜集了国内外有关小城镇这一对象的相关理论研究，梳理了理论研究的发展脉络及主要观点，在把握研究动态和演进趋势的同时，明确了本书的基本研究逻辑，进而据此针对浙江小城镇的发展历史、建设现状和发展趋势等情况展开实证校验分析。

（2）案例分析和问卷调查相结合

本书提炼了浙江省小城镇特色化的发展模式，并结合具体案例总结了不同发展模式下的成功经验及存在问题，此间，对案例小城镇开展了广泛的问卷调研，获取了一手资料，且对浙江小城镇的空间特征、经济特色、产业结构、历史文脉、生态环境、政策制度有了较为细致的把握。在此基础上，本书设计了共同富裕背景下美丽城镇的发展策略，明确了美丽城镇建设的技术指引。

（3）定性分析与定量分析相结合

本书在构建小城镇发展成效的相关评价指标体系时，采用了聚类分析、层次分析等量化研究方法，并在空间数据处理过程中，将定性分析原则融入空间计量分析方法之中，建立了镇一级行政单元的空间数据库，整个研究方法集的设计过程遵循定性分析与定量分析结合的科学研究范式。

第 2 章
理论基础与研究进展

2.1　共同富裕视角下小城镇发展理论

2.2　小城镇建设发展研究进展

2.3　小城镇发展理论总结及建设指引

2.1 共同富裕视角下小城镇发展理论

2.1.1 共同富裕相关理论

（1）共同富裕思想演进历程

马克思理论中蕴含共同富裕思想。虽然马克思并未明确提出"共同富裕"的理论，但其论著中却处处体现共同富裕的思想。马克思理论深刻揭示了共同富裕的两个根本前提，即社会生产力的高度发展以及社会主义和共产主义生产资料公有制的建立。首先，马克思主义的历史唯物主义理论揭示了人类从贫困走向共同富裕的最一般基础和前提，即社会物质生产力的不断发展。在《马克思恩格斯全集》第46卷中指出，"在新的社会制度中，社会生产力的发展将如此迅速，生产将以所有人的富裕为目的"。1876年，恩格斯在《反杜林论》中指出，"生产资料的社会占有，通过社会化生产，不仅能保证一切社会成员有富足的和一天比一天充裕的物质生活，而且还能保证他们的体力和智力获得充分的自由的发展和运用"。在生产资料公有制基础上，彻底废除资产私有制，消除两极分化，消灭剥削压迫，实现社会全体成员共享社会经济发展红利。马克思、恩格斯在《共产党宣言》中指出，"无产阶级将利用自己的政治统治，一步一步地夺取资产阶级的全部资本，把一切生产工具集中在国家即组织成为统治阶级的无产阶级手里，并且尽可能快地增加生产力的总量"。马克思共同富裕思想，不是传统意义上的"均富""共富"思想，而是消除两极分化、消灭剥削、真正实现人的解放的科学论断，本质上是属于科学社会主义、属于共产党、属于工人阶级的。[1]

---

1 程恩富，刘伟. 社会主义共同富裕的理论解读与实践剖析 [J]. 马克思主义研究，2012, (6): 41-47, 159; 侯惠勤. 论"共同富裕" [J]. 思想理论教育导刊，2012, (1): 51-54; 卫兴华. 论社会主义共同富裕 [J]. 经济纵横，2013, (1): 1-7; 邱海平. 马克思主义关于共同富裕的理论及其现实意义 [J]. 思想理论教育导刊，2016, (7): 19-23; 苏畅. 马克思主义共同富裕思想与我国的实践路径研究 [D]. 中共中央党校，2018.

共同富裕思想在中国的继承与发展。在中国，共同富裕思想从毛泽东时代、邓小平时代到习近平新时代得到继承与发展。新中国成立初期，毛泽东同志在《反对本本主义》中用朴实的语言将"共同富裕"的理念传递给中国广大农民，引导中国人民逐步走上社会主义道路。1953年，中共中央通过由毛泽东主持起草的《关于发展农业生产合作社的决议》中指出，"为进一步地提高农业生产力……逐步实行农业的社会主义改造……并使农民能够逐步完全摆脱贫困的状况而取得共同富裕和普遍繁荣的生活"。这是首次在党的文件中出现"共同富裕"这一概念。1956年"三大改造"的完成标志着我国进入社会主义初级阶段，为实现共同富裕的社会主义道路奠定了坚实的所有制基础。

邓小平时代，邓小平同志继承马克思主义、毛泽东思想，高举"共同富裕"旗帜，提出"以经济建设为中心，大力发展社会生产力""先富带后富"等一系列战略，为共同富裕的实现奠定物质基础。在1992年的南方谈话中，邓小平概括地提出了"社会主义的本质，是解放生产力，发展生产力，消灭剥削，消除两极分化，最终达到共同富裕"（《在武昌、深圳、珠海、上海等地的谈话要点》，1992），强调要抓住发展社会主义的两大环节，即快速发展生产力和实现共同富裕，把马克思主义基本原理同中国实际和时代特征结合起来，是中国共产党对于马克思主义共同富裕思想的继承与发展。

党的十八大以来，以习近平同志为核心的党中央紧紧围绕"共同富裕"这一重要主题，对实现共同富裕做了新的要求和部署，开辟了全新的共同富裕道路。首先，"共同富裕"的重要内涵是要补齐农村问题的短板，习近平精准扶贫思想指出：要促使全体农村贫困人口摆脱贫困，促进城乡一体化和全面小康，在此基础上继续推进共同富裕；2020年全面建成小康社会目标的实现，标志着中国特色社会主义进入了新时代，社会主要矛盾已经转换为人民日益增长的美好生活需要和不平衡不充分的发展之间的矛盾。相比于以前落后的社会生产力，新时代的中国实现了经济、社会、科技等快速提升，不断做大"蛋糕"，但更为重要的是如何处理好分配问题。习近平总书记强调"共同富裕是社会主义的本质要求，是中国式现代化的重要特征。我们说的共同富裕是全体人民共同富裕，是人民群众物质生活和精神生活都富裕，不是少数人的富裕，也不是整齐划一的平均主义"。解决贫富矛盾、实现共同富裕比实现一部分人先富更为艰巨复杂。因此，进入中国特色社会主义新时代，如何实现共同富裕，是党中央、中国全体人民需要共同探寻和研究的重要课题。[1]

---

[1] 孙业礼. 共同富裕：六十年来几代领导人的探索和追寻 [J]. 党的文献, 2010, (1): 80-87; 刘明福, 王忠远. 习近平民族复兴大战略——学习习近平系列讲话的体会 [J]. 决策与信息, 2014, (Z1): 8-157, 2; 蔡克文. 从毛泽东到习近平：共享发展理念的演进 [J]. 改革与战略, 2017, 33(2): 31-34; 莫炳坤, 李资源. 十八大以来党对共同富裕的新探索及十九大的新要求 [J]. 探索, 2017, (6): 15-22; 于德. 习近平精准扶贫思想研究 [D]. 中共中央党校, 2019; 刘长明, 周明珠. 共同富裕思想探源 [J]. 当代经济研究, 2020, (5): 37-47, 113.

（2）共同富裕内涵及实现路径

共同富裕内涵研究。 近年来，我国学者从不同角度对于共同富裕内涵进行了更深入的研究。立足于从马克思生产关系的演进和生产力两个角度阐明共同富裕作为未来社会的本质特征；立足于理论和实践层面，认为共同富裕是历史发展规律得出的科学论断，是社会主义实践的具体道路；立足于从政治、经济和社会三个角度把握共同富裕是国强民共富的社会主义社会契约，是人民共创共享日益丰富的物质财富和精神成果，是中等收入阶层在数量上占主体的社会结构；立足于共同富裕的涵盖层次，认为共同富裕是领域、人口、区域的全覆盖，是多方面内容的全覆盖，是不落下一人的共同富裕，是逐步缩小地区差异的共同富裕；立足于当代中国推动共同富裕的角度，提出共同富裕是发展性、共享性和可持续性的统一。[1]

共同富裕实现路径研究。 针对我国目前仍然存在地区差距、收入差距、城乡差距等问题，不少学者对于如何推进共同富裕、取得实质性进展提出优化措施和实现路径。从发展模式出发，提出要坚持公有制经济和以民生建设为导向的发展模式；从发展手段出发，提出以加快生产力为物质手段、以坚持公有制为制度手段推动共同富裕发展；从发展质量出发，提出以更平衡更充分的高质量发展实现共同富裕，优化资源和机会分配格局，保障和改善民生，加强和创新社会治理等；从成果共享出发，提出以增进民生福祉为导向，健全城乡融合体制机制，多元主体实现共建共治共享；从解决收入差距问题出发，提出收入分配制度要体现社会公平，初次分配和再分配处理好效率和公平的关系，再分配更加注重公平；从解决城乡差距问题出发，提出走城乡融合、产业振兴和四化同步（新型城镇化、信息化、城镇化、农业现代化）弥补农村发展短板；从解决地区差别出发，提出政府要加大政策投入，构建区际分工体系，促进劳动力和产业的合理转移，努力改善落后地区的基础设施条件。[2]

---

[1] 程恩富，刘伟. 社会主义共同富裕的理论解读与实践剖析 [J]. 马克思主义研究，2012，(6)：41-47，159；范从来. 探索中国特色社会主义共同富裕道路 [J]. 经济研究，2017，52(5)：23-25；蒋永穆，王小磊. 共同富裕思想：演进历程、现实意蕴及路径选择 [J]. 新疆师范大学学报（哲学社会科学版），2021，42(6)：16-29；刘培林，钱滔，黄先海等. 共同富裕的内涵、实现路径与测度方法 [J]. 管理世界，2021，37(8)：117-129；郁建兴，任杰. 共同富裕的理论内涵与政策议程 [J]. 政治学研究，2021，(3)：13-25，159-160.

[2] 潘玲霞. "共同富裕"与"成果共享"——中国特色社会主义理论体系中的民生思想 [J]. 社会主义研究，2009，(1)：40-43；程恩富，刘伟. 社会主义共同富裕的理论解读与实践剖析 [J]. 马克思主义研究，2012，(6)：41-47，159；马陆艳. 马克思恩格斯社会公平理论及其发展研究 [D]. 电子科技大学，2013；严文波，祝黄河. 社会主义共同富裕的理论阐释与实现机制 [J]. 江西财经大学学报，2014，(4)：105-110；周立. 乡村振兴战略与中国的百年乡村振兴实践 [J]. 人民论坛·学术前沿，2018，(3)：6-13；姚树荣，周诗雨. 乡村振兴的共建共治共享路径研究 [J]. 中国农村经济，2020，(2)：14-29；刘培林，钱滔，黄先海等. 共同富裕的内涵、实现路径与测度方法 [J]. 管理世界，2021，37(8)：117-129；郁建兴，任杰. 共同富裕的理论内涵与政策议程 [J]. 政治学研究，2021，(3)：13-25，159-160.

（3）共同富裕的评价指标

随着中国实现脱贫之后，衡量国家、地区、人民生活的发展水平呈现出多元化、复杂化和高层次化，共同富裕发展水平的衡量指标包括物质层面，如基尼指数、恩格尔系数、居民消费价格指数、城乡居民收入差异指数；还包括精神层面，如人类发展指数、居民幸福感指数（表 2-01）。

共同富裕发展评价指标总结 表 2-01

指标	含义	表达式	特点或示意图
基尼指数	基尼系数（英文：Gini index、Gini Coefficient）是指国际上通用的、用以衡量一个国家或地区居民收入差距（测度贫富悬殊程度）的常用指标	$\text{Gini} = \dfrac{\langle M \rangle - \langle m \rangle}{\langle M \rangle + \langle m \rangle} = \dfrac{\langle |x_1 - x_2| \rangle}{2\mu}$ 基尼系数为 0，即完全实现了收入分配平等；基尼系数趋近于 1，即收入分配存在着严重不平等；基尼系数越趋近于 1，即不平等程度越高	A 指实际收入分配曲线和收入分配绝对平等曲线之间的面积；B 指实际收入分配曲线右下方的面积
恩格尔系数	恩格尔系数（Engel's Coefficient）是食品支出总额占个人消费支出总额的比重，用来测度家庭收入水平的高低	恩格尔系数 = 食品支出总额 / 个人消费支出总额 利用收入—消费曲线所得出某个收入水平下对 x 商品（食物）的需求量乘以单价，再除以消费支出总额的比例，即得到恩格尔系数。当家庭收入越少时，食物支出比例会越高；当家庭收入越高时，食物支出比例会出现下降趋势	ICC：收入—消费曲线；EC：恩格尔曲线；Q_x 指对 x 商品（食品）的需求量，Q_y 指对除去 x 商品（食品）外的其他商品需求，I 为收入—消费所得
居民消费价格指数	居民消费价格指数（CPI）用来测度居民消费商品与服务价格水平的变动	表达式：CPI =（一组固定商品按当期价格计算的价值 ÷ 一组固定商品按基期价格计算的价值）× 100%	CPI 在一定水平上说明通货膨胀的严重程度、度量消费者的购买力水平，也可以反映经济的景气情况

续表

指标	含义	表达式	特点或示意图
城乡居民收入差异指数	城乡居民收入差距指数是城镇居民人均可支配收入与农村居民人均纯收入之比	城乡居民收入差距指数 = $\frac{城镇居民人均可支配收入}{农村居民人均纯收入}$ 以农村居民家庭人均纯收入为1,通过城镇居民家庭人均可支配收入与农村居民家庭人均纯收入的比率来测算的	比率是比较两种相互联系的统计指标时使用的一种表现形式,它是以分母指标的数值为1计算出来的。为了便于比较,一般采用分母数值小于分子数值的方法进行计算
人类发展指数	人类发展指数(HDI)用来测度各个国家人民发展的水平	人类发展指数围绕寿命、知识和实际生活水平三个方面的指标,采用分层指标的设计方法,客观地反映了人类发展的水平,打破了GDP衡量国家经济发展的决定论,评价指标更具人性化	
居民幸福感指数	居民幸福感指数用来测度人们对生活主观意义的满足程度	居民幸福感指数受就业、收入、受教育程度、婚姻质量、性别、年龄、个人价值观、文化习俗、传统观念、自尊程度、成就动机、民主权利、参与机会等多重因素共同制约。该指标可以度量民生状况与社会发展水平,引导社会发展潮流	

(4)共同富裕与多学科理论的关系

共同富裕理论是在中西方思想碰撞的基础上创造出的符合中国实际发展规律的指引,为我国形成清晰的共同富裕实践脉络奠定基础。共同富裕的实现不仅可以解决经济问题,更需要融合政治、经济、社会、环境、空间等多学科的理论知识,需要系统观念及顶层设计。因此,本书将从政治经济学、社会环境学和空间地理学三个方面构建共同富裕理论体系,并探讨小城镇建设助力共同富裕的作用和实践路径(图2-01)。

基于此理论体系,以下第2.2—2.4节将针对每个学科方面的相关理论进行介绍,并判断浙江省城镇发展所处的阶段及未来趋势,并在第2.5节提出共同富裕中国化的理论体系和小城镇建设的实践指引。

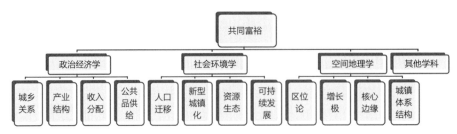

图 2-01 共同富裕的理论体系

2.1.2 政治经济学相关理论

（1）城乡关系理论

马克思、恩格斯对资本主义城乡分离的解析以及对共产主义城乡融合的愿景。1845—1846年，马克思、恩格斯合著的《德意志意识形态》一书中，指出了因分工导致的城市和乡村分离的必然性。当时的资本主义社会处于上升发展阶段，人口向城市集中、产业工人队伍不断壮大，资产阶级利用资本剥削优势将工人牢牢地固定在生产线上，人口双向流动受到限制，城市资本和乡村地产的分离，加之社会分工的专业化加速，导致了以劳动和交换为基础的分工。《资本论》中进一步指出"一切发达的、以商品交换为媒介的分工的基础，都是城乡分离"。

1847年，恩格斯在《共产主义原理》中提出废除私有制及建立公民公社，指出"公民公社将从事工业生产和农业生产，将把城市和农村生活方式的优点结合起来"，这样可以使"整个社会共同地和有计划地经营工业"，"从事农业和工业的将是同一些人，而不再是两个不同的阶级"。1848年，马克思、恩格斯在《共产党宣言》中明确提出"把农业和工业结合起来，促使城乡对立逐步消失"。工业带动人口聚集、资源聚集，从而推动商业的繁荣，促进整个生产力的高速发展，打破城乡之间的壁垒，工业进一步延伸至乡村，乡村也不再只有农民，让城市和乡村能互相沟通。这是最早提出的城乡第一、二、三产业融合发展和劳动力自由迁移的设想。

中国特色社会主义政治经济体制下对城乡融合的思想传承和模式探索。早在土地革命战争时期，毛泽东提出了"我们要了解乡村，也要了解城市，否则将不能适应革命斗争的需要"。改革开放以来，邓小平从乡村着手，围绕城市体制改革、建立社会主义市场经济，突出强调通过发展来解决城乡关系的根本出路。随着改革的深入，江泽民着重提出了通过重视"三农"问题、加强城镇化建设等战略举措缩小城乡差别。21世纪以来，胡锦涛提出了"城乡一体化"思路，打破城乡隔阂的二元现状。进入中国特色社会主义新时代，习近平在社会主要矛盾发生深刻变化的情况下，提出了建立以要素流动为主要表现形式的城乡融合发展体制机制，推动乡村振兴战略。

各地基于区域差异化特征不断探索城乡融合模式和路径，主要包括以乡镇企业和县域经济发展为依托的城镇化带动模式（苏南、温州、珠三角、成都等）、乡村复兴助推模式（共享农庄发展）、产业融合发展带动模式（如乡村生态资源与城镇相关产业关联）、城乡要素对接模式（城乡要素对接交流平台及创新要素交易方式）等。这一系列的思想、理论和实践一脉相承，与时俱进，最终在城乡关系的指向上强调融合而非分离。

（2）产业及就业结构理论

产业生产总值结构及不同产业的就业结构随经济发展阶段不断演化，从发展初期的"一二三"产业结构，到中期的"二三一"产业结构，到成熟期的"三二一"产业结构。例如，美国农业人口占比越来越少，从19世纪的70%左右，至20世纪降至不到1%。美国通过三次产业结构的演变，农业的占比一直在下降，服务业一直在上升。我国与美国差不多，虽然农业总产值的绝对值在增加，但是增长率在下滑。农业的经济占比也在逐年下降，从2002年的13.3%到2020年的7.7%。2012年，我国第三产业比重超过第二产业，实现了"三二一"的产业结构格局，三次产业结构趋势趋于稳定，与西方的产业结构发展特点相吻合（图2-02）。

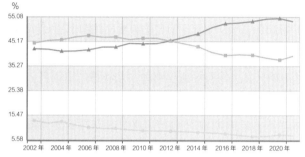

图 2-02 中国三次产业构成的比例变化趋势
数据来源：国家统计局网站

浙江省城镇人口占比逐年上升，从1990年的不到50%，至2020年已达70%，农业人口占比越来越少。从近30年地区生产总值的变化趋势来看，浙江省的第一产业占比一直较低，增长率也明显低于第二、第三产业（图2-03）。1990年到21世纪初，第二产业的增长势头强于第三产业；2008年前后，第三产业的增长速度超过第二产业；到2016年左右，第三产业的生产总值已全面超过第二产业，"三二一"的产业结构将长期持续（图2-04）。

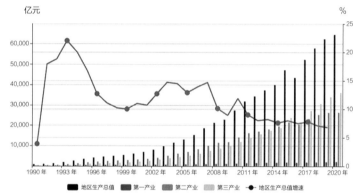

图 2-03 浙江省近30年地区生产总值及其增速变化趋势

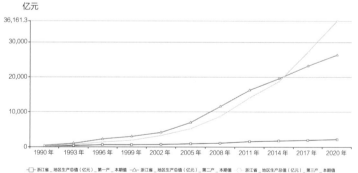

图 2-04 浙江省第一、二、三产业地区生产总值变化趋势
数据来源：数据浙江

（3）收入分配及结构理论

收入三次分配，兼顾效率和公平。国家以税收、社会保障或其他财政转移支付手段进行的收入分配，体现了各个分配主体之间的权力与利益的关系。收入分配可分为收入初次分配和再分配。初次分配理论以新古典经济学的边际生产力分配理论为基础，即以生产要素（包括土地、资金、劳动力、技术等）的边际物质产品和供给与需求关系下所形成的均衡价格为基础进行分配；再分配理论针对完全竞争条件下财富占有的不平等，以及人们劳动的努力程度、受教育程度和运气不同所产生的收入分配不平等及市场失灵问题，对市场分配进行干预。广义的再分配又包括第二次由政府通过税收、社会保障支出等进行的分配，以及第三次在民间自愿、道德力量的推动下，通过个人或慈善组织自愿捐赠部分可支配收入进行的分配。

初次分配遵循市场效率原则，再分配、三次分配更为强调公平，三次分配理论对共同富裕起到的重要作用逐渐受到重视。党的十九届四中和五中全会均提到发展慈善等社会公益事业，改善收入和财富分配格局。2021年，中央财经委员会会议提出"在高质量发展中促进共同富裕，正确处理效率和公平的关系，构建初次分配、再分配、三次分配协调配套的基础性制度安排"。

发展经济学"刘易斯—费景汉—拉尼斯模型"对城乡均衡发展的理论解释。经济学家阿瑟·刘易斯在1954年提出了城乡"二元经济"发展模式，以及均衡发展理论，即农业转移人口，直至把沉积在传统农业部门中的剩余劳动力全部转移干净，形成城乡一体化的劳动力市场。费景汉和古斯塔夫·拉尼斯对刘易斯模型进行了改进，指出因农业生产率提高而出现农业劳动力剩余是农业劳动力流入工业部门的先决条件，从而将农业劳动力的流动过程分为三个阶段：第一阶段是劳动生产率等于零的剩余劳动力流出；第二个阶段是边际生产率大于零，但小于不变制度工资的劳动力的流出；第三个阶段是农业劳动的边际产品的价值大于不变制度工资的劳动流出，这部分农业劳动力已成为竞争市场的产品。从第一到第二阶段转变的时点为"第一个刘易斯转折点"，从第二到第三阶段转变的时点为"第二个刘易斯转折点"。

根据我国目前的发展发现，大约在2004年之前，由于农村剩余劳动力的存在，农民工的工资增长长期停滞；2004年之后，出现普遍性的劳动力短缺、普通劳动者工资的持续上涨，到达"第一个刘易斯转折点"；目前，我国已经从总体上跨越"第一个刘易斯转折点"，将持续面临农业生产劳动力紧张和非农部门劳动力供给不足的双重困境。[1] 2004—2015年，农民工劳动力价值上升推动其工资增长，尤其在2010—2015年，农民工的工资增速显著超过了人均实际GDP增速，但是这种趋势并没有在2015年之后延续，主要是受劳动力需求增速下降的影响，也显示了农民工的劳动力再生产和我国产业结构之间可能的矛盾，农民工

---

[1] 蔡昉. 刘易斯转折点——中国经济发展阶段的标识性变化[J]. 经济研究，2022，57(01)：16-22. 王庆芳，郭金兴. 中国农村剩余劳动力估计：2010—2018年[J]. 经济理论与经济管理，2021，41(12)：93-110.

的市民化必然是一个循序渐进的长期过程。[1]

收入分配结构及中国"葫芦型"格局与城乡居民收入差异（图2-05）。[2] 收入分配格局是对社会中人口结构和收入水平间相互关系的刻画，能够通过几何形状直观反映出整个社会收入群体的结构特征。中国收入分配结构由2002年的"金字塔型"转变为2010年的"葫芦型"，中等收入群体相对规模下降。"橄榄型"的几何形状被认为是理想的收入分配格局，这样的形状呈现出"两头小中间大"的特征，人口的分布集中于中等收入群体，高收入群体和低收入群体占比都较小。我国的居民收入分配格局还未达到理想的"橄榄型"（图2-06），中等收入群体的不断壮大是"橄榄型"格局得以实现的关键。

在二元经济制度条件下，处于低收入组的农村居民面临比城镇居民更为严格的收入积累机制、更高的人力资本投资门槛和中产阶层"陷阱"阈值，这主要受到人力资本成本溢价和户籍制度引发的劳动力转移壁垒成本的影响。城镇居民组可能是未来形成"橄榄型"的基本部分，但是目前距离"橄榄型"分配格局还较远，并且中长期停滞于"葫芦型"也不利于后者"橄榄型"格局的形成。我国不同发展阶段城乡关系、人口、产业、收入特征及城镇建设作用的总结见表2-02。

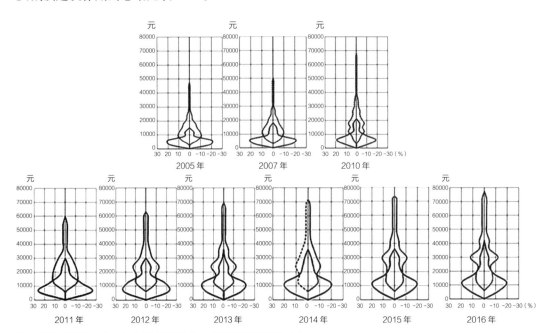

图2-05　2005—2016年中国城乡居民收入分配结构及格局演变[2]
注：2014年结构图中实线围成的部分代表农村居民收入分配格局，虚线部分则代表城镇居民收入分配格局，其他年份城乡收入结构差异雷同。数据部分来源于作者推算，部分来源于历年《中国统计年鉴》。

1　余小琴，马梦挺. 马克思主义政治经济学视角下的农民工工资增长问题：理论与经验[J]. 政治经济学评论，2021，12(06)：158-182.
2　陈宗胜，康健. 中国居民收入分配"葫芦型"格局的理论解释——基于城乡二元经济体制和结构的视角[J]. 经济学动态，2019(01)：3-14.

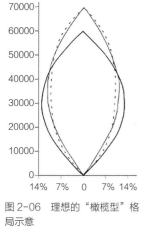

图 2-06 理想的"橄榄型"格局示意

我国不同发展阶段城乡关系（人口、产业、收入等）及城镇建设的作用 表 2-02

发展阶段	城乡关系	人口特征		收入特征		城镇作用
		农业转移人口特征	整体就业结构特征	农民工收入特征	城乡整体收入格局	
农业社会	乡村为主	极少人口转移	第一产业为主	（无农民工）		（无城镇）
工业化初级阶段	城乡分离，城市为主	大量农业人口转移（1980—2004年）	第二产业为主	收入不增加	"金字塔型"向"葫芦型"过渡	吸纳农村剩余劳动力
工业化中级阶段		农业人口转移增加（跨越第一个刘易斯转折点，2004年至今）	第三产业超过第二产业	收入增加	"葫芦型"	
终极阶段（理论）	城乡融合二元经济结构转变为一元经济结构	劳动力转移过程结束，工农业均衡发展（跨越第二个刘易斯转折点）	"三二一"产业结构	从事农业收入与工业工资趋于相等	"橄榄型"	城镇、乡村生活水平同质

（4）公共产品供给理论

财政公共支出随经济发展不断增加的"瓦格纳法则"。1882年，德国著名经济学家阿道夫·瓦格纳在对19世纪的欧洲国家以及日本、美国等国的实证分析基础上，提出了随着人均收入水平的提高，政府支出占人均国民生产总值的比重将会提高的"瓦格纳法则"。瓦格纳分别从政治（国家职能的扩展和国家活动范围的扩大）及经济（维护市场秩序、解决市场外部效应、满足需求的收入弹性）两方面对所描述的财政支出增长趋势做出了相应解释。伴随经济发展，人们对法律、治安、金融、教育、文化、医疗等在内的公共产品需求不断增长，保证行使这些国家职能的财政支出需要不断增加，因此随着人均国民生产总值提高，财政支出相对规模相应提高。

在我国，改革开放前期的财政支出，受到从计划经济到市场经济制度转轨的影响，并没有出现财政支出占国民收入的相对比例随着经济发展增加的现象。从1995年开始，得益于税制改革、预算外资金管理改革，以及后期经济的工业化和人均收入的提高，财政支出占比稳步回升，出现了随着经济发展财政支出占GDP比例越来越高的"瓦格纳现象"。

政府提供公共产品的财政支出结构演化特征。公共产品与私人产品相对应，每个人对公共产品的消费都不会导致其他人对该产品消费的减少。在真正的市场运转过程中，由于外部性、公共产品、产权和强制性契约、规模经济、非对称信息等因素，市场配置往往不能实现提供公共产品的"帕累托最优"，从而引发市场失灵问题，政府干预市场的行为被赋予合理性。20世纪50年代末期，美国著名经济学家理查德·马斯格雷夫完成了公共产品非排他性特征的描述，并构建了公共产品的提供模型。马斯格雷夫将财政民间支出分为公共积累支出、公共消费支出、公共转移支出。

公共支出结构与经济发展阶段有关。（1）公共积累支出方面：经济发展初期，公共积累支出较大，以保证交通、通信、水利等基础设施的投资；中期，基础设施建设也已基本完成，支出增长率暂时放慢；成熟期，随着人均收入增长、生活要求提高，对私人消费品的补偿性投资将处于显著地位，从而使公共积累支出又出现较高的增长率。（2）公共消费支出的增长率取决于国民对公共物品需求的弹性，在经济发展成熟期，公共消费支出占社会总消费支出的比重明显提高。（3）公共转移支出的大小则取决于经济发展各阶段政府的收入分配目标。

1971年，美国经济学家华尔特·罗斯托将经济发展进一步划分为传统社会、起飞准备、起飞、趋于成熟、大规模消费、追求生活质量六大阶段，并对公共产品的特征进行了相应的阶段总结。目前，我国经济发展正处于转型升级的关键时期，主要投资主体仍然是政府财政，市场参与性不高。我国大部分一、二线城市呈现出第六阶段（追求生活质量阶段）发展特征，但三、四线城市经济发展水平与增速相对迟缓（图2-07）。

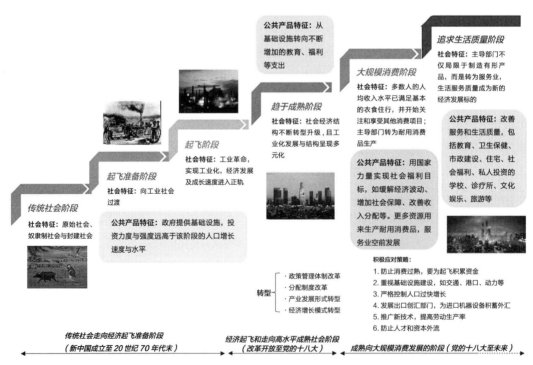

图2-07 罗斯托经济成长阶段趋势

私人供给公共产品的趋势及其与政府供给公共产品的关系。1965年，詹姆斯·布坎南在"俱乐部的经济理论"一文中提出，现实社会大量存在"准公共产品"或"混合产品"，即"俱乐部产品"，创立了公共选择理论，并使用成本收益分析框架得出了俱乐部成员的最优规模。公共选择学派还发现政治寻租和投票悖论产生的高成本问题，可能会造成政府失灵；在此基础上，公共产品的私人提供问题应运而生。以罗纳德·哈里·科斯为代表的交易费用与产权学说为公共产品理论的发展做出了巨大贡献，认为公共产品的供给模式并非固定的，而是可以根据技术和制度等的变化，在具体的约束条件下选择最优的生产供给模式，这为公共产品的私人供给提供了理论依据，公共产品私人化供给的可行性问题因此开始受到重视。越来越多的研究及事实表明，私人可以提供公共产品，且在某些特定情况下有效；但由于私人提供远不能满足社会需求，因此必须在政府及私人供给之间寻找最优的均衡点。

公共物品的配置状况直接影响城市经济增长，公共产品理论在不同流派的持续传承中不断丰富和完善，呈现出相互关联并且不断深化的关系，为现实中多方主体进行公共品供给、解决市场失灵问题提供了坚实的理论基础与实践指导，也为浙江省小城镇的转型发展提供了很好的理论解读视角。

2.1.3 社会环境学相关理论

（1）人口迁移推拉理论

人口迁移的动力由迁出地的推力与迁入地的拉力共同构成。人口流动的目的是改善生活条件，流入地那些有利于改善生活条件的因素就成为拉力（吸引力），而流出地不利的生活条件就是推力（排斥力）。唐纳德·博格提出了经典的"推拉"理论，其中推力包含了迁出地（乡村）的各种消极因素，如失业、收入水平、环境恶化等；拉力则是迁入地（城镇）各种可能满足迁移者意愿的积极因素，如收入水平的提高、更好的生活条件等。城乡人口迁移理论的核心思想在于城镇与乡村之间存在"势差"，即就业收入、物质空间品质、社会环境与制度保障等方面的差异。然而，随着新型城镇化发展，乡村地区的物质空间营建水平与标准逐步提高，设施建设基础得到大幅提升。同时，新型乡村合作医疗、新型乡村养老保险等制度建设，缩小了社会保障制度方面的城乡差距。交通条件的改善使得城镇服务设施的服务半径大为提升，形成城乡公共服务的共享。而乡村就地城镇化发展，缩小了城乡居民人均收入水平差距，提升了乡村物质环境建设质量，出现乡村地区人口回流现象。[1]

---

1 章明宇. 浙江省乡村就地城镇化转型：过程，格局，机理 [D]. 杭州：浙江大学，2018.

借鉴马斯洛的需求层次理论构建城乡人口迁移决策模型。亚伯拉罕·马斯洛需求层次理论认为,人的需求包括了生理需求、安全需求、爱和归属感、尊重和自我实现五类需求,依次由低层次需求到高层次需求排列。较高层次的需求只有在较低层次的需求得到满足时才会出现,较低层次的需求并不会因为较高层次需求的产生而

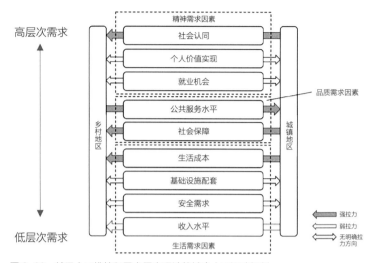

图 2-08　基于人口推拉和需求层次理论的城乡人口迁移机制
图片来源:章明宇.浙江省乡村就地城镇化转型:过程,格局,机理 [D].浙江大学,2018.

消失,但在较高层次需求产生后,较低层次需求对于个体行为的影响作用减弱,在现有需求中占据高层次的需求对个体行为起到主导作用。乡村就地城镇化发展过程中,对人口迁移产生影响的需求因素从低到高划分为三大类:生活需求因素、品质需求因素、精神需求因素。其中,生活需求因素包括收入水平、安全保障、基础设施配套、生活成本等;品质需求因素包括了就业机会、教育机会、公共服务设施配套、社会保障等;精神需求因素包括文化认同、个人价值实现、生态文明保护等。人口实现就地城镇化处于乡村与城镇的共同作用下,乡村拉力与城镇推力并存,城市生活成本高企等现实因素也是推动人口要素回流乡村的重要原因,乡村发展同样受到城镇功能外溢与要素扩散的影响(图 2-08)。

(2)新型城镇化与协同理论

坚持以人为本、城乡协同发展的新型城镇化。新型城镇化坚持以人为本,以新型工业化为动力,以统筹兼顾为原则,推动城市现代化、城市集群化、城市生态化、农村城镇化,人口、经济、社会、资源和环境相互协同,城乡一体,大、中、小城市和小城镇协调发展。协同理论将一切研究对象看成由子系统构成的系统,这些子系统彼此之间通过物质、能量或信息交换等方式相互作用,通过子系统之间的这些相互作用,整个系统形成一种整体的协同效应或有序的新型结构。小城镇的发展是一个复杂且开放的系统演进过程,作为涵盖了自然、经济、社会、文化、科技乃至政治等多个子系统的大系统,需要各个子系统之间有效发挥协同作用;同时,小城镇与城市、乡村等主体又构成了一个更为复杂的巨系统,需要各子系统达到功能优化、高效运行的和谐发展状态,形成要素流通畅达、经济联系紧密和地域分工明确的有序化城镇体系。

(3) 资源节约生态理论

自然生态循环和人类经济循环不断变化,又共同构成后代人社会生产的条件。马克思主义生态—生产关系理论指出,剩余价值规律本身就存在对自然规律的违背倾向,破坏自然界物质循环系统的一切经济活动都是不可持续的,最终要退出历史舞台。

1955年,库兹涅茨提出了"倒U形假说",即当一个国家经济发展水平较低的时候,环境污染的程度较轻,但是随着人均收入的增加,环境污染由低趋高;当经济发展达到一定水平到达某个临界点以后,随着人均收入的进一步增加,环境污染又由高趋低,环境质量逐渐得到改善。浙江省的环境库兹涅茨曲线总体呈现出较为明显的"倒U形"曲线关系(图2-09)。从整体来看,浙江省城市环境污染的平均水平增速已随人均GDP的增加而持续下降,浙江省整体环境治理绩效已能够与经济增长达到基本的耦合协调,浙江省经济发展的提质增效对工业污染治理绩效的提升起正向促进作用。从局部来看,浙江省各城市均已超过拐点,

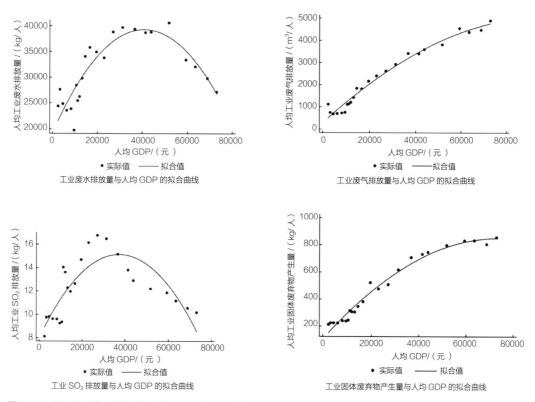

图2-09 浙江省人均环境指数与人均GDP的关系(基于1991—2014年数据)
注:浙江工业SO_2和工业废水人均排放量与人均GDP呈"倒U形"关系,拐点分别出现在2005年与2010年;工业废气排放量和工业固体废弃物产生量尚处于"倒U形"左侧上升阶段。
资料来源:纪涛,芮元鹏,闫楠,李晓亮.浙江省环境污染与经济发展关系的实证研究[J].中国环境管理,2017,9(06):65-70.

且平均工业污染水平较低的城市更易在人均 GDP 较低的条件下实现环境污染治理与经济增长的耦合。浙江省"倒 U 形"库兹涅茨曲线的形成与其产业结构的转型升级密不可分。[1] 小城镇生态治理现代化，必然要整合四个层面的认知性要素、结构性要素、工具性要素以及可持续性要素，通过这些要素的共同作用推动小城镇生态治理向现代化转型，进而实现人与自然和谐的城镇化，走集约、节能、生态的新型城镇化路子。[2]

（4）可持续发展理论

可持续发展涉及经济、生态和社会三方面的协调统一，要求人类在发展中讲究经济效率、关注生态和谐与追求社会公平，最终达到人的全面发展。可持续发展理念超越了单纯的环境保护，将环境问题与发展问题有机结合起来，可持续发展是既满足当代人的需要，又不对后代人满足其需要的能力构成危害的发展，已经成为一个有关社会经济发展的全面性战略。

可持续发展定义包含两个关键的基本要素："需要"和对需要的"限制"。满足"需要"，首先是要满足贫困人民的基本需要；对需要的"限制"主要是指对未来环境需要的能力构成危害的限制，这种能力一旦被突破，必将危及支持地球生命的自然系统中的大气、水体、土壤和生物。决定两个基本要素的关键性因素是：（1）收入再分配，以保证不会为了短期生存需要而被迫耗尽自然资源；（2）降低主要面向穷人遭受自然灾害和农产品价格暴跌等损害的脆弱性；（3）普遍提供可持续生存的基本条件，如卫生、教育、水和新鲜空气，保护和满足社会最脆弱人群的基本需要，为全体人民，特别是为贫困人民，提供发展的平等机会和选择自由。

2.1.4 空间地理学相关理论

空间地理学关注一定区域范围内社会经济各组成部分及其组合类型的空间相互作用和位置关系，以及反映这种关系的空间集聚规模和集聚程度的理论，对农业、工业、服务业、城镇居民点区位特征及城镇—乡村布局体系具有指导作用。

---

[1] 王国梁，王远帆. 我国经济增长能摆脱环境污染困境吗？——基于 EKC 理论的浙江工业污染治理绩效研究 [J]. 杭州电子科技大学学报（社会科学版），2021, 17(01): 37-43.
[2] 黄军. 新型城镇化背景下小城镇生态治理现代化研究 [D]. 华东理工大学，2019.

（1）市场区位论

古典区位理论产生于19世纪20—30年代，主要包括农业区位论、工业区位论、中心地理论和市场区位论等，是一些德国学者在19世纪初到20世纪50年代期间提出的。这一阶段区位空间结构理论的研究特点是：（1）提出并建立了影响区域空间结构演变的区位因子体系，着重考虑运费、土地价格、生产资料等生产性要素的影响；（2）研究问题的目标和着眼点是寻求得出单个社会经济事物和现象的最佳区位；（3）运用地租学说和比较成本学说的基本理论和区位几何学等方法，建立静态分析的区域空间结构模型。

1933年，德国地理学家沃尔特·克里斯泰勒（Walter Christaller）提出中心地理论，探讨了一定区域内城镇等级、规模、职能间的关系。他指出，根据世界城市化进程的规律，城市发展初期都会按照"摊大饼"方式蔓延，在由区域中心向边缘扩展的过程中遵循中心地影响力递减规律，即区域中心城市在对腹地施加影响的过程中，随着影响腹地范围增加，中心地在腹地边缘区域的影响力逐渐减弱，行政区划边缘在城镇化进程中可能被边缘化。中心地理论采用六边形图形对城镇等级与规模关系加以概括，中心地等级的划分，主要根据中心地提供的职能种类和服务范围，较高级别的中心地辐射影响较低级别的中心地（图2-10）。

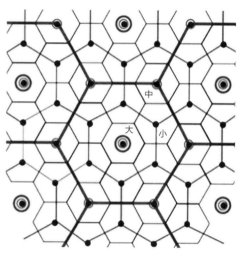

图2-10　中心地理论城镇格局示意

（2）增长极与不平衡增长论

"增长极"学说由法国经济学家弗郎索瓦·佩鲁（Francois Perroux）在1950年首次提出，增长极是围绕推进性主导工业部门而组织的有活力、高度联合的一组产业，它不仅能迅速增长，而且能通过乘数效应推动其他部门的增长。因此，增长并非出现在所有地方，而是以不同强度首先出现在一些增长点或增长极上，这些增长点或增长极再通过不同的渠道向外扩散，对整个经济产生不同的最终影响。他借喻了磁场内部运动在磁极最强这一规律，称经济发展的这种区域极化为增长极。用佩鲁的观点来看，区域增长极确定的关键在于推进型产业的建立。为了促进增长极的形成，应致力于发展推进型企业和以推进型企业为主导的产业综合体。推进型企业和产业综合体会通过技术创新活动，促进和带动区域经济迅速增长。

阿尔伯特·赫希曼（Albert Hirschman）提出了不平衡增长理论，即发展的过程应当理解为"一连串的不平衡过程"。他提出了"极化效应"和"涓滴效应"的概念，认为在经济发展的初级阶段，极化效应占据主导地位，因此区域差异会逐渐扩大；但从长期来看，涓滴效应将缩小区域差异。纲纳·缪尔达尔（Karl Gunnar Myrdal）的"循环积累因果"理论则通过"回流效应"和"扩散效应"的概念来分析区域经济的空间演变，并提出回流效应总是大于扩散效应的基本思路。他认为，基于市场力量作用的结果总是持续扩大区域之间的差异，当经济发展到一定水平时，政府必须制定特殊的政策来缩小这种差异。

（3）"核心—边缘"演化理论

关于产业集聚过程，约翰·弗里德曼（John Friedmann）在1966年出版的《区域发展政策》一书中提出"核心—边缘"理论，认为经济发展的核心区集聚或扩散资源要素，引导或支配边缘区，谋求区域经济的一体化发展；随着社会经济的发展，尤其是城市规模的扩大和城市水平的提高，就形成了由中心城市、下属城镇、周围区域和各种网络所组成的城镇体系。城市区域可概括为核心区域与边缘区域两个次级系统，两个次级系统相互依存，核心区在发展过程中扮演着重要角色，能够产生革新和吸引大量的资源。

该理论把区域经济的空间结构演化分为四个阶段，即前工业化阶段、工业化初期阶段、工业化成熟阶段、空间相对均衡阶段。在这四个阶段中，核心区域与边缘区域发展的不均衡性从增大到缩小，核心区域对边缘区域的辐射作用从弱到强，从分隔发展到融合发展。核心区域与边缘区域的关系变化影响着区域内中心地的分布格局，也影响着资源在整个区域内分布的均匀化程度。边缘区由于核心区辐射力的增强而逐步得到发展，围绕区域中心分布的次级中心地的密度逐渐增加，边缘区的城镇化水平也会得到同步提升（图2-11）。

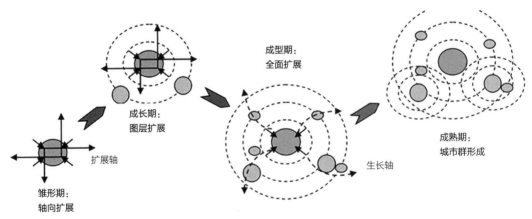

图2-11 区域经济空间结构演化示意

（4）城镇体系结构理论

20世纪90年代以来，由于世界经济全球化与区域一体化的发展，经济地理学与经济学研究领域的交织更加明显和迫切，以保罗·克鲁格曼和藤田等为代表的主流派经济学家重新审视了空间因素，以规模经济和产品差异为出发点，将国际贸易模式和经济活动区位分析结合起来，创造性地提出了"新经济地理学"理论。这一阶段区位空间结构研究的进展在于：（1）揭示区域经济空间结构的形成和演变机制，完善了区域空间结构演变的极化效应和扩散效应机制；（2）在对区域空间结构演变的阶段理论和空间相互作用理论进一步完善的同时，建立了区域产业集聚和扩展理论；（3）新的方法与技术手段在区域空间结构演变研究中发挥着越来越重要的作用。

"点轴"理论是在增长极理论的基础上建立的，由我国著名学者陆大道先生于1984年最早提出，"点"指各级居民点和中心城市，"轴"指由交通、通信干线和能源、水源通道连接起来的"基础设施束"，"轴"对附近区域有很强的经济吸引力和凝聚力。"网络城市"结构注重城镇节点性及规模中立性，强调异质的商品和服务，资源的水平可达性及双向交流，是未来城镇整合发展的主流空间结构方向。"圈层结构"理论认为在区域发展进程中，城市发挥着主导性作用，区域经济发展程度分布特点表现为以城市为核心向外逐渐扩散，并遵循距离衰减定律，从而形成了圈层状的空间分布结构，由内而外通常可分为内圈层（完全城市化的中心城区）、中圈层（城市边缘中心城区与乡村的过渡区）和外圈层（受城市影响的乡村区）。针对城乡融合发展空间结构优化模式，研究指出可考虑点轴扩散圈层模式，以增长极为中心，沿着集聚效应明显的交通线，由近及远地以圈层形式逐步开发。[1]

2.2 小城镇建设发展研究进展

2.2.1 国内小城镇发展的研究

以"小城镇"为关键词在知网中检索文献，检索时间设定为近十年，检索范围设定为中文核心期刊，结果共有2227篇学术期刊论文。[2] 利用Citespace对2227篇期刊论文的关键词进行分析，得到研究热点的聚类结果，见图2-12。

---

[1] 陈笑. 西北白鹿原地区城乡融合发展研究[D]. 西北大学，2020.
[2] 文献搜集：2013年1月至2023年7月。

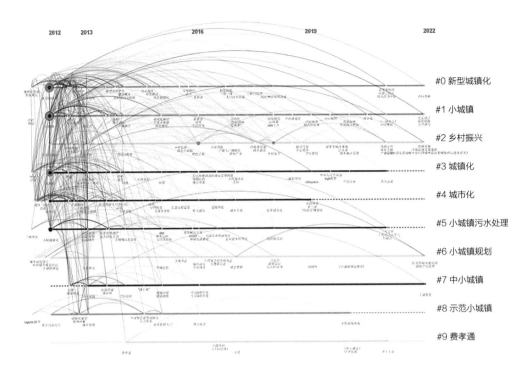

图 2-12 近十年小城镇研究关键词的聚类分析结果

由 Citespace 聚类结果可知，小城镇研究热点主要围绕"新型城镇化""小城镇""乡村振兴""城镇化"等主题展开。图 2-12 中大部分关键词近十年持续受到关注，这与小城镇的特殊地位有关。此外，"小城镇污水处理""小城镇规划""中小城镇""示范小城镇"等关键词也受到一段时间的关注。各聚类主要文献信息见表 2-03。

近十年小城镇研究各聚类信息汇总表　　　　表 2-03

聚类名称	文献数	出版年份（均值）	关键词（LSI；潜在语义索引）
新型城镇化	73	2014	新型城镇化；新疆生产建设兵团；西部大开发；"多规合一"；旅游小城镇；产城互动；基本公共服务均等化；义务教育阶段；县级基本财力；城镇化率；发展小城镇；城镇化发展；城镇化质量
小城镇	70	2016	城市规模；中心城区；大都市区；期刊导航；最优状态；和谐共处；公共空间；就业可达性；城市再开发；亚历山大港；风景园林；山水资源；开放空间；一体化反应器；复合养老；森林小镇；广东山区；乡村振兴；绿地系统；文化传统

续表

聚类名称	文献数	出版年份（均值）	关键词（LSI：潜在语义索引）
乡村振兴	58	2018	乡村振兴；城乡融合发展；马克思主义城乡理论；创新型经济；农业规划；乡村振兴战略；特色小镇建设；经济发展；村庄规划；国家发展改革委；特色小镇；《规划师》；旅游景区；大都市区；年度考核；城乡规划设计；产业园区；村庄规划；中产阶层；逆城镇化
城镇化	56	2014	县域经济；实证分析；互动发展；城乡二元结构；不发达地区；统筹城乡发展；特大镇改市；农业现代化；城市化滞后；中国城镇化；城乡二元结构；经济发展；政府效用；互动发展；不发达地区；统筹城乡发展；特大镇改市；农业现代化；城市化滞后；中国城镇化
城市化	44	2013	可持续发展；低碳经济；城乡一体化；循环经济；生态经济；公共服务；地方治理；强镇扩权；被动市民化；主动市民化；空间城市化；城市化模式；清华大学；非农业人口；城市化建设；关键问题；分析讨论；研究综述；典型模式；小城镇发展模式
小城镇污水处理	32	2015	小城镇污水处理；系统解决方案；乡镇污水；smart；政社分设；平方千米；二元反差系数；香山饭店；城市精细化管理；总经济师；小城镇建设；大比例尺地形图；重大专项；高分辨率对地观测系统；世界自然遗产；重大科技专项；城市精细化管理；香山饭店；20世纪80年代；民政部部长
小城镇规划	25	2015	城市设计；大都市区；城市规划设计；屯溪老街；建筑与城市；历史文化街区保护；城市与区域规划；学术年会；南京市规划局；人民政府；电子报批；特色小镇；城市道路网密度；雄安新区；主题公园；农村人居环境；联合毕业设计；长江经济带；老旧小区改造；学会工作
中心城镇	22	2014	中小城镇；土地优化；遗传算法；遥感图像；配气管网；农村环境；中压A级管道；均衡发展；纽伦堡城市区域；地方自治；城镇功能；城镇化发展模式；城市规划师；城乡对立；生活品质；公共服务设施；净化污水；历史遗迹；建设启示；城镇规模
示范小城镇	17	2014	示范小城镇；产业园区；配套管网；污水处理设施；收运系统；建设工程；探索与思考；乡村振兴；多山地区；旅游小城镇；城乡规划编制；探索与思考；多山地区；实践调查；生态文明城市建设；新型城镇化；城镇化建设；乡村振兴；旅游小城镇；内生发展
费孝通	7	2018	费孝通；志在富民；中国农村；文化；脱贫攻坚

（1）乡村振兴与小城镇的功能定位

小城镇作为城乡的枢纽，是广大乡村的政治、经济和文化中心，且是商品交易场所、公共服务设施集聚之处，既是大中城市的腹地，又是农村迈向城市的必由之路，县城和建制镇掌控了乡村发展的总体格局。小城镇在促进城乡融合发展中发挥着关键作用，引导城乡二元结构向"城市—城镇—乡村"三维区域空间结构演变，助推乡村振兴。小城镇作为"就近转移"模式发生的载体，其城镇化的结果往往更为稳定和持续。发挥小城镇城乡融合发展的纽带作用，有助于城乡关系最终实现更高质量、更有效率、更加公平、更可持续的发展目标。以小城镇作为新型工农关系的着力点，全面推进县城高质量发展。[1]

由于小城镇对中国城镇化的战略意义重大，学术界对于小城镇的研究一直非常感兴趣，从不同视角切入的论述层出不穷。立足制度变迁和公共政策的学者强调制度设计对小城镇发展的影响，并提出小城镇制度改革方向和规划新思路。立足地区差异视角，讨论不同地域小城镇发展条件的差异，提出因地制宜的发展思路。基于产业发展视角，从乡镇企业集群和产业集聚效率讨论了小城镇发展的趋势及面临的问题。从资源利用角度，提出中小城市和小城镇由于掌控资源有限，其发展转型应更加注重特色和生态，走专业化、特色化和生态化的道路。[2]

因地制宜导入地方特色产业，以特色产业带动相关产业发展，组建地方产业群，将使小城镇建设成为有竞争能力的经济实体，乡村的专业化、特色化生产与新经济要素的结合也将成为当前乡村产业转型的新动力。可持续的生活环境的营造是小城镇可持续发展的需要，小城镇的魅力正在于其人性化与个性化的特征。在空间重构方面，研究热点集中于空间规划、农村居民点布局优化、中心村镇建设、空间形态解析、历史空间更新等；在社会管理方面关注公共服务供给与公众参与机制、镇域社区治理等，而较少关注公共服务供给能

---

1 冯健,刘玉,王永海.多层次城镇化:城乡发展的综合视角及实证分析[J].地理研究,2007(06):1197-1208;王小鲁."重点发展中小城市和小城镇"需慎重考虑[J].西部论丛,2010(11):12-14;黄杉,武前波,潘聪林.国外乡村发展经验与浙江省"美丽乡村"建设探析[J].华中建筑,2013,31(05):144-149;Gu C, Li Y, Han S S. Development and transition of small towns in rural China[J]. Habitat International, 2015, 50: 110-119;武前波,龚圆圆,陈前虎.消费空间生产视角下杭州市美丽乡村发展特征——以下满觉陇、龙井、龙坞为例[J].城市规划,2016,40(08):105-112;张京祥,申明锐.本期聚焦:乡村建设中的治理问题（二）[J].现代城市研究,2017(01):1;崔功豪.中国小城镇发展之路求索[J].小城镇建设,2018,36(09):5-6;耿虹,时二鹏,王立舟,谢然,喻冰洁.基于GIS-DEA的大城市周边小城镇发展效率评价——以武汉为例[J].经济地理,2018,38(10):72-79;程响,何继新.城乡融合发展与特色小镇建设的良性互动——基于城乡区域要素流动理论视角[J].广西社会科学,2018(10):89-93;白淑军,肖少英.城乡统筹视角下大城市郊区小城镇发展困境与路径研究——以石家庄为例[J].农业经济,2020(05):99-100;张琛,孔祥智.乡村振兴与新型城镇化的深度融合思考[J].理论探索,2021(01):92-100+120;吴宇哲,任宇航.以县域为重要载体的新型城镇化建设探讨——基于集聚指数的分析框架[J].郑州大学学报（哲学社会科学版）,2021,54(06):65-71;金三林,张海阳,孙昊等.大力推动县域城镇化进程助力大中小城市和小城镇协调发展[J].农业经济问题,2022,514(10):53-59.

2 陈前虎.浙江小城镇工业用地形态结构演化研究[J].城市规划汇刊,2000(06):48-49+55-80;邹兵.实施城乡一体化管理面临的挑战及对策——论《城乡规划法》出台可能面对的若干问题[J].城市规划,2003(08):64-67+85;李广斌,王勇,谷人旭.我国中西部地区小城镇发展滞后原因探析[J].城市规划,2005(10):40-44;杜宁,赵民.发达地区乡镇产业集群与小城镇互动发展研究[J].国际城市规划,2011,26(01):28-36;魏后凯.我国城镇化战略调整思路[J].中国经贸导刊,2011(07):17-18;施德浩,陈前虎,陈浩.生态文明的浙江实践:创建类规划的模式演进与治理创新[J].城市规划学刊,2021(06):53-60;张立,杨明俊,白郁欣,庞磊.发展与规划视野下我国小城镇研究的主要进展及重要议题[J/OL].城市规划:1-9[2023-06-25];]冷红,肇禹然,于婷婷.小城镇土地利用变化对碳排放的影响及优化策略研究——以浙江省长兴县为例[J].现代城市研究,2022(06):54-60+66.

力、公共治理能力提升路径研究；在资源环境方面，开展了镇域土地利用、景观生态、土地整治及其效应等相关研究，但对于镇域发展规模、产业类型特征与资源环境效应的基本关系仍不明晰，对镇域系统的资源环境效率缺乏综合认知。此外，乡土文化是小城镇的宝贵资源，在城市化的过程中注意保护、创新乡土文化是增加小城镇文化亲和力的关键（表2-04）。[1]

小城镇的功能定位和发展特点	表2-04
不同功能定位下小城镇发展特点	
1. 都市型小城镇：在中心城市都市区化进程中将成长为都市网络功能体系中的重要功能节点，承担着某些独特的都市型功能； 2. 特色小镇：具有优越区位、独特自然或人文资源禀赋的小城镇，在工商资本和新经济要素的推动下，将成为旅游、文创、互联网经济、体验经济等新产业、新业态集聚的空间； 3. 乡村地域服务中心：在远离中心城区、缺乏特色优势和发展条件的乡村腹地	
1. 毗邻中心城市的小城镇：通过融入都市区实现高质量发展； 2. 县城及其毗邻小城镇：通过成长为小都市区实现高质量发展； 3. 其他小城镇：通过乡镇合并扩大城镇规模、扩展市场服务范围以及发展特色产业提升发展质量	
1. 都市一体化型（与之对应的为区域内非都市一体化类型，分为区域增长极型与公共服务中心型）； 2. 区域增长极型：成长为拥有综合功能的小城市，发展为兼具特色和活力的旅游服务型聚落； 3. 公共服务中心型：成为承担广大农村地域服务职能的公共设施中心	
1. 中心镇：位于中心城市或重要节点城市内部，以高附加值产业为支柱； 2. 卫星镇：位于中心城市外围、都市区内部，承接中心城市转移出的第二产业； 3. 专业镇：位于城市群之间发展带沿线，无法直接享受中心城市辐射，通常发展旅游行业及历史经典产业	
1. 中心镇：常住人口规模在5万以上，且地区生产总值在10亿元以上的建制镇； 2. 潜力镇：常住人口规模在2万—5万，或者地区生产总值在5亿—10亿元的建制镇； 3. 一般镇：常住人口规模在2万以下，且地区生产总值在5亿元以下的乡	

---

1 徐维祥，唐根年.产业集群与城镇化互动发展模式研究[J].商业经济与管理，2005(07)：40-44；段进，章国琴.政策导向下的当代村庄空间形态演变——无锡市乡村田野调查报告[J].城市规划学刊，2015(02)：65-71；李娜，仇保兴.中英小城镇发展特点及存在问题比较研究[J].城市发展研究，2017，24(12)：23-27；李国平，李迅，冯长春，王耀麟，陆军，赵鹏军，陈鹏，桂萍，凌云飞.我国小城镇可持续转型发展研究综述与展望[J].重庆理工大学学报（社会科学版），2018，32(06)：32-49；彭震伟.新时代谋划小城镇的新发展[J].小城镇建设，2018，36(09)：1；武前波，孙文秀.湾区经济时代浙江省域经济发展态势及其空间格局[J].浙江社会科学，2018(09)：29-38+156；张洁.基于耦合协调函数的新型小城镇发展协调程度测算[J].统计与决策，2018，34(04)：68-72；陈前虎，冯梦祺，潘兵.浙江省小城镇特色成长的机制、障碍与路径——可持续发展的扩展模型及应用[J].经济地理，2019，39(11)：69-75；李裕瑞，尹旭.镇域发展研究进展与展望[J].经济地理，2019，39(07)：1-8；王颂吉，魏后凯.城乡融合发展视角下的乡村振兴战略：提出背景与内在逻辑[J].农村经济，2019(01)：1-7；汤放华，汤慧.小城镇城乡统筹发展与一体化发展对策研究[J].山西建筑，2020，46(01)：1-3；张京祥，张尚武，段德罡，陈前虎，马向明，史怀昱，赵炜，闾海，赵毅.多规合一的实用性村庄规划[J].城市规划，2020，44(03)：74-83；刘莉，侯利文.超大城市镇域社区治理：何以可能，何以可为？——以上海市M镇为例[J].城市发展研究，2022，29(01)：1-6；苏薇，倪欢，张毅.小城镇失落历史空间更新活化的规划路径——以南宁雁江古镇规划设计为例[J].规划师，2022，38(S1)：80-87；徐云飞，李钰，刘粟伊.传统小城镇空间形态基因提取与量化表征方法研究——以汉中地区为例[J].城市发展研究，2023，30(03)：73-80+2.陈伟伟.以镇域经济发展促进城乡融合的思路[J].中国经贸刊（中），2019(11)：9-11.

（2）小城镇发展模式

从经济发展模式上划分，小城镇发展模式有乡镇企业推动的"苏南模式"、民营经济主导的"温州模式"、外来经济驱动的"珠江三角洲模式"和产业带动的"义乌模式"；按小城镇参与主体的性质和建设方式划分，有政府主导型、农民自主建设型、市场主导型；按小城镇推进的空间模式划分，有内部要素重组型、外部边界发展型、独立跳跃发展型、就地集聚发展型；按小城镇产业和职能类型划分，有产业型、资源依托型、区位型。[1]

在工业化中后期以发展都市圈和城市群为主的背景下，小城镇根据所处的地域特点和自身的资源禀赋，呈现各具特色的发展模式，经济发达地区的小城镇在经济累积升级和市场自由竞争下分化发展的趋势尤为明显，小城镇存在普遍收缩和高度分化并存的特征，功能多样的特色小城镇建设已经成为中国新型城镇化建设的重要目标。在产业技术不断更新、要素信息频繁流动的全球化时代，小城镇的发展越来越依赖于城乡区域整体的社会、经济系统和空间网络。[2] 全球化生产网络的构建、高速交通网络的完善、高品质的集约发展诉求以及社会消费需求的升级都是区域小城镇加速差异化发展的主要外部因素。全球化生产网络的构建扩展了小城镇的成长空间，依托区域内城市的发展平台，小城镇接轨全球经济，参与全球产业分工，将实现从传统农业到轻工业的转型；高快速交通网络的建设完善重新定义了小城镇的发展角色，得益于交通网络提供的均质化发展机会，部分产业将在生产成本更低的小城镇地区集聚。高品质的集约发展诉求重塑了小城镇的发展方式，具有一定基础和规模的小城镇通过加快基础设施和公共服务配套建设、增强城镇综合职能，将承接中心城市转移产业。社会消费需求的升级提供了小城镇发展的新路径，乡村公共消费需求的快速增长要求小城镇增强农村地域综合服务中心的职能，高密度城市居民的休闲消费需求则为大量具有良好自然生态环境的小城镇带来新的发展契机，发达地区小城镇将向后工业型城镇和生态型城镇发展。

（3）小城镇特色发展

小城镇发展过程中出现了一系列问题，如乡镇企业未形成一定规模；小城镇空间布局不合理，土地利用效率低下，城镇功能单一；我国大多数小城镇缺少明显的特色，对

---

[1] 费孝通.小商品大市场[J].浙江学刊，1986(03)：6-15；仇保兴.发展小企业集群要避免的陷阱——过度竞争所致的"柠檬市场"[J].北京大学学报(哲学社会科学版)，1999(01)：25-29；陆立军."义乌模式"的成因及其与"浙江模式"的关系[J].财经论丛，2008(04)：1-7；沈静.不同类型产业集群发展中地方政府行为的比较研究[J].人文地理，2010，25(02)：125-129；郭荣朝，康洋鸣.我国小城镇发展研究综述[J].创新科技，2017(03)：17-18.
[2] 罗震东，何鹤鸣.全球城市区域中的小城镇发展特征与趋势研究——以长江三角洲为例[J].城市规划，2013，37(01)：9-16.

城市和农村均缺少吸引力。为解决小城镇的产业发展与经济发展问题，国家提出"特色小城镇"的发展模式。特色小城镇（主要指建制镇）作为小区域的政治、经济和文化中心，在本区域内发挥着产业资源协调和城乡空间融合的基础功能，具有人口集聚功能、经济增长点以及辐射功能等特征，有效带动了周围地区的资源集聚效应。特色中小城镇（市、县、重点镇）是"城镇地域系统—乡村地域系统"空间连体的生态大循环体系中城乡空间的对接点和支撑点。2016年国家发展和改革委员会颁布《关于加快美丽特色小（城）镇建设的指导意见》，将特色小城镇正式定义为以传统行政区划为单元、特色产业鲜明的建制镇。与此同时，住房和城乡建设部发布了我国第一批特色小城镇名单，共127个。2017年，住房和城乡建设部公布了我国第二批特色小城镇名单，共276个，两次合计403个。特色小城镇成为我国小城镇发展模式的再认知。特色小城镇发展的一大核心目标是建立环境优美、生态和谐的小城镇，鼓励有条件的小城镇按照不低于3A级景区的标准规划建设特色小城镇的特色旅游区。特色小城镇的打造不应只停留在特色空间打造、特色风貌塑造等表象中，更应从城镇经济、社会和环境发展方面综合考虑城镇的特色成长。2014年，浙江省开始建设特色小镇，作为重振历史经典产业，将文化竞争力转化为产业竞争力的有效载体，特色小镇应坚持"环城区布点""功能区带动"和"资源型驱动"策略，并且遵循传统经典产业与发展科技新兴产业和地方特色产业并举的产业发展思路，用创建制代替传统的审批制。

在"以城市群为主体构建大中小城市和小城镇协调发展的城镇格局，加快农业转移人口市民化"的背景下，尊重客观规律和发展趋势，鼓励大城市群内部或周边的特色小城镇发展，充分发挥特色小城镇的空间集约经济效应和产业升级作用，将促进区域和城镇体系协调发展。在功能定位基础上（按照产业和职能类型对小城镇进行划分），小城镇应进一步根据地域特点和自身资源禀赋实行特色分类发展得到了业界的普遍认同。[1] 相关学者结合产业集群、生产专业化、专业镇、特色经济等特色化发展概念进行特色小（城）镇的研究。[2] 厉华笑等人提出特色小城镇强调生产、生活、生态融合，将成为超越传统工业园区的层级

---

[1] 彭震伟.大都市地区小城镇发展的职能演变及其展望——上海地区小城镇发展的思考[J].城市规划汇刊，1995(02)：32-36+53-64；陈前虎，郦少宇，马天峰.浙江小城镇职能发展的系统考察及优化建议[J].小城镇建设，2002(02)：42-43；李松志，陈烈，武友德.不同区位小城镇成长理论与模型——以欠发达地区为例[J].城市问题，2004(04)：23-27；沈迟.分类指导——有效促进我国小城镇发展的关键[J].小城镇建设，2006(12)：75-78；段进军.关于我国小城镇发展态势的思考[J].城市发展研究，2007(06)：52-57；游宏滔，王士兰.从典型实证探析中心镇培育中小城市的规划设计——以浙江省绍兴县杨汛桥镇总体规划为例[J].城市规划，2008(03)：93-96；卢道典，袁中金.苏南小城镇发展分化与整合模式研究[J].小城镇建设，2009(04)：31-35；陈前虎，潘兵，冠梦祺.城乡融合对小城镇区域专业化分工的影响——以浙江省为例[J].城市规划，2019，43(10)：22-28；武前波.知识经济背景下中国城镇化的第三次浪潮[J].经济地理，2020，40(09)：62-69；武前波，惠聪聪.新时期我国中心城市人口城镇化特征及其空间格局[J].世界地理研究，2020，29(03)：523-535.
[2] 石忆邵.专业镇：中国小城镇发展的特色之路[J].城市规划，2003(07)：27-31+50；张玉梅.我国专业镇研究综述[J].广东科技，2008(15)：47-50.

更高的产业载体。[1] 仇保兴提出了特色小城镇建设的四个版本，以"三农"为服务目标的1.0版本采取"小镇+一村一品"模式，从浙江省发源的2.0版本为"小镇+企业集群"模式；3.0版本为"小镇+服务业"模式；4.0版本为国家倡导大力发展的"小镇+新经济体"模式，将特色小镇作为城市修补、生态修复、产业修缮的重要手段。基于第三代系统论复杂适应理论，仇保兴提出特色小城镇应具有如自组织、共生性、多样化、强链接、产业集群、开放性、超规模效应、微循环、自适应和协同等特性。[2] 段进等人指出，在生态文明发展理念下，特色村镇的认知方法要实现从"要素—类型"向"地区—基因"的"在地性"转变。基于此，在操作层面上，提出"特色村镇地区"这一关键概念，结合特色村镇的理论内涵，从对象、价值、技术、目标等层面提出具体的实施路径。[3] 王雪芹提出小城镇特色要素定位方法，从微观到中宏观视角提出"特色识别—特色优势度评价—特色综合定位"逻辑框架，构建"特色三步定位法"挖掘小城镇特色化发展模式。

在不同地区小城镇的特色化分类发展研究方面，汪珠基于新一轮浙江省城镇体系规划对浙江省小城镇分类发展的模式与对策进行了综合研究[4]；卜雪旸等人将闽北的中心城市——南平市的山地型小城镇作为研究对象，分析当地小城镇在景观资源优势突出的条件下分类型选择不同发展模式[5]；裴东伟以扬州市的小城镇为例，探讨了小城镇分类发展的制约因素及其未来发展对策[6]；王岱霞等人对浙江省小城镇发展进行了分类评估与空间格局特征研究[7]；倪明等人基于"职能—区位—规模"的维度对符合主题功能区划的小城镇依据规模大小进行了分类系统化研究[8]；宋豪对重庆市五大功能区的小城镇基于新常态城乡统筹的要求进行了分类发展的探索研究[9]；任一田等人基于职能与区位角度，以西南地区山地型小城镇为例进行了分类发展研究。[10] 特色小城镇产业发展与城镇空间高质量耦合有利于生态环境的和谐发展，进一步从根植性因素、政策因素和市场经济因素研究特色小城镇发展机制，根植性是特色小城镇产业发展的根本，充分利用自身的专业化优势或资源基础优势，通过

---

1 厉华笑，杨飞，裘国平. 基于目标导向的特色小镇规划创新思考——结合浙江省特色小镇规划实践[J]. 小城镇建设，2016(03): 42-48.
2 仇保兴. 复杂适应理论(CAS)视角的特色小镇评价[J]. 浙江经济，2017(10): 20-21.
3 段进，殷铭，陶岸君等. "在地性"保护：特色村镇保护与改造的认知转向、实施路径和制度建议[J]. 城市规划学刊，2021, 262(02): 25-32.
4 汪珠. 浙江省小城镇的分类与发展模式研究[J]. 浙江大学学报(理学版)，2008(06): 714-720.
5 卜雪旸，石瑶. 景观资源富集型山地小城镇创新发展模式与策略研究——以闽北中心城市南平市为例[J]. 建筑与文化，2014(10): 128-129.
6 裴东伟. 小城镇分类发展实施对策探析——以扬州市为例[J]. 小城镇建设，2016(01): 61-65.
7 王岱霞，施德浩，吴一洲，陈前虎. 区域小城镇发展的分类评估与空间格局特征研究：以浙江省为例[J]. 城市规划学刊，2018(02): 89-97.
8 倪明，易德琴，许骏，谢力，尹晓水，王法成. 重庆小城镇分类系统构建研究[C]// 城乡治理与规划改革——2014中国城市规划年会论文集(14 小城镇与农村规划)，2014: 1205-1212.
9 宋豪. 重庆五大功能分区下小城镇分类发展的探索与实践[J]. 农村经济与科技，2016, 27(16): 221-222+224.
10 任一田，罗芸，陈洋，易雪. 基于"职能—区位"两维视角的西南地区山地小城镇发展分类研究[J]. 建设管理研究，2018(01): 89-105.

塑造专业化地域经济形态，重构传统区域城镇体系，提高美丽乡村、小城镇在新时期网络化城镇体系中的功能地位，推动城乡区域一体化发展进程。特色小城镇以广大乡村地区为发展基底，推动特色小城镇与美丽乡村的协同与创新发展，通过乡村振兴推动城乡融合发展，确保乡村发挥涵养水源、净化环境、保护传统文化和生活方式、保护生物多样性的作用的同时，优化乡村地域系统，重构乡村经济、社会和空间，激发乡村发展的活力；李帅等人以丁蜀特色小城镇为例，探讨了特色小城镇产城融合的影响因素与实施路径。[1]

（4）小城镇发展评价

小城镇发展评价指标，从单一注重经济发展转向经济、社会、生态、管理和空间等的协调发展；在技术方法方面，运用结构方程模型、多因子空间叠合评价模型、耦合协调度模型、聚类分析法、主成分分析法、钻石模型图示指标法、层次分析法、TOPSIS 评价法、空间分析法、多元线性回归等。《浙江省美丽城镇建设评价办法》探索建立了以美丽城镇发展指数为代表的综合评估体检机制，创新提出了分类型、分特色的美丽城镇综合评价体系，为小城镇特色化、品质化、高质量发展提供了探索导向和评价范本。美丽城镇建设的共性指标对应美丽城镇建设的基本要求，为约束性指标；美丽城镇建设的个性指标突出美丽城镇样板特色发展。要求小城镇建设注重规划的合理性，形成城镇风格和特色，重视人居环境建设；注重保留文化遗产，

---

1 顾朝林. 论中国城市持续发展研究方向 [J]. 城市规划汇刊，1994(06)：1-9+2；崔功豪. 小城镇规划的若干问题 [J]. 小城镇建设，2000(01)：44-45；刘卫东，陆大道. 我国城镇化及小城镇发展态势分析 [J]. 今日国土，2005(Z3)：21-23；吴康，方创琳. 新中国 60 年来小城镇的发展历程与新态势 [J]. 经济地理，2009，29(10)：1605-1611；郭翔宇. 科学发展：我省"十二五"时期农村经济与社会发展的主题 [J]. 奋斗，2011(01)：22-23；简新华. 中国工业化和城镇化的特殊性分析 [J]. 经济纵横，2011(07)：56-59+30；倪鹏飞. 新型城镇化的基本模式、具体路径与推进对策 [J]. 江海学刊，2013(01)：87-94；夏斌. 城镇化战略应明晰十二问题 [J]. 西部大开发，2013(08)：50-53；李兵弟，郭龙彪，徐素君，李浛. 走新型城镇化道路，给小城镇十五年发展培育期 [J]. 城市规划，2014，38(03)：9-13；韩保江. 中国经济中高速增长的"多元动力"——论习近平经济发展思想的基本内核与逻辑框架 [J]. 中共中央党校学报，2015，19(06)：5-12；武前波，俞霞颖，陈前虎. 新时期浙江省乡村建设的发展历程及其政策供给 [J]. 城市规划学刊，2017(06)：76-86；孙轩，张晓欢，陈锋. 中国特色小城镇发展空间格局特征与政策建议 [J]. 中国经济报告，2018(09)：94-97；宋冬林，姚常成. 改革开放四十年：中国城镇化与城市群的道路选择 [J]. 辽宁大学学报（哲学社会科学版），2018，46(05)：45-52；杨开忠. 经济地理重塑与空间治理结构的完善 [J]. 区域经济评论，2018(05)：16-18；陈前虎，司梦祺. 1990-2015 年浙江省人口时空变迁特征与趋势分析 [J]. 现代城市研究，2018(03)：8-14+38；郭克莎. 中国产业结构调整升级趋势与"十四五"时期政策思路 [J]. 中国工业经济，2019(07)：24-41；陈伟伟. 以镇域经济发展促进城乡融合的思路 [J]. 中国经贸导刊（中），2019(11)：9-11；王岱霞. 美丽城镇台州实践——浙江省台州市小城镇环境综合整治研究 [M]. 北京：中国建筑工业出版社，2019；周骏，王娟，陈前虎. 乡村振兴背景下乡村规划的转型发展——以浙江省浦江县薛下庄村为例 [J]. 现代城市研究，2019(07)：2-7；李帅，彭震伟. 特色小城镇产镇融合的影响要素与实施路径——以丁蜀特色小城镇为例 [J]. 城市规划学刊，2023(01)：111-118.

展现文化内涵；通过产业集聚带动小城镇发展的同时加强生态环境建设。[1]

主导产业为旅游业的小城镇定位为文旅特色型美丽城镇，依托自身独特的自然风光或人文景观资源优势，塑造特色空间，形成城镇整体特色风貌，提高配套服务设施的服务水平与质量，发展凸显当地特色的文旅产业并形成具有自身特色的旅游产品，最终带动第一、二、三产业的同步发展。主导产业为商贸流通的小城镇定位为商贸特色型美丽城镇，依靠当地特色产业集群打造专业商贸市场，为商户搭建便捷的交易平台，培育本地特色产品生产基地，吸纳大量农村富余劳动力，形成完善的市场体系或通过交通和物流基础设施建设加强与邻近产业基地、中心城市的交通联系。主导产业为工业的小城镇定位为工业特色型美丽城镇，对于资源型的工业城镇，结合当地资源优势，加快产业转型升级延伸产业链，培育新兴产业提高技术附加值，打造持续竞争力；对于工业园区型的工业城镇，加强集聚化建设和规模化提升，提高土地利用效率，培育乡镇企业和发展产业集群，引导生产模式向规模化和绿色化转变。主导产业为特色农业的小城镇定位为农业特色型美丽城镇，在充分利用优势农业资源的基础上，完善农业基础设施，提升专业化技术水平，通过在镇域内形成农业规模化经营发展特色种植养殖业、绿色生态农业、设施农业、观光休闲农业等，在传统农业基础上发展农村电子商务，拓宽农产品流通渠道，实现农业现代化，充分发挥农业型美丽城镇的生态服务提供功能、文化保护和生物多样性功能。

部分具有区位优势、特色资源或政策倾斜的小城镇发展成为工业生产型、商贸服务型美丽城镇，吸引了较多学者关注。而数量众多、分布广阔的农业型小城镇和一般型小城镇的研究相对较少。陈前虎、宋珍兰、宋炳坚等人对传统农业型小城镇发展中存在的问题进行了深入剖析，并提出综合性的农业经济重镇、专业化的农业经济强镇和规模化的农产品基地镇三种发展转型方向。[2] 解锰、石萌将都市农业型小城镇发展模式视为实现城镇跨越式发展的重要谋略，并结合长沙市格塘镇进行实证研究。[3] 杨忠信、马金莲、肖希清对宁夏农业型城镇的空间分布和发展进行研究，认为农业型城镇发展主要原因是经济增长带动和农村剩余劳动力推动。[4] 赵潇研究发现农业型小城镇产业发展与城镇空间存在明显的耦合关系，

---

1 曹小琳，马小均.小城镇建设的国际经验借鉴及启示[J].重庆大学学报（社会科学版），2010, 16(02): 1-5; 杜宁，赵民.发达地区乡镇产业集群与小城镇互动发展研究[J].国际城市规划，2011, 26(01): 28-36; 朱晓清，甄峰，蒋跃庭.国外慢城发展情况及对中国城市发展的启示[J].城市发展研究，2011, 18(04): 84-90; 武前波，俞霞颖，陈前虎.新时期浙江省乡村建设的发展历程及其政策供给[J].城市规划学刊，2017(06): 76-86; 张立，白郁欣.403个国家（培育）特色小城镇的特征分析及若干讨论[J].小城镇建设，2018, 36(09): 20-30; 施德浩，王岱霞，吴一洲，陈前虎.浙江省小城镇的发展评价及空间格局研究：基于空间相关性的分析[J].现代城市研究，2019(06): 86-94; 晏涛.浅谈杭州市美丽城镇建设规划中的问题及策略[J].科技与创新，2019(12): 84-85; 唐永，李小建，娄帆等.快速城镇化背景下中国小城镇时空演变及影响因素[J].经济地理，2022, 42(03): 66-75; 孙东琪，鲁嘉颐，张明斗等.借用规模与集聚阴影视角下中国小城镇服务功能评估——以苏南地区为例[J].地理科学进展，2022, 41(02): 199-213.
2 陈前虎，宋珍兰，宋炳坚，杨萍萍.浙江省农业型小城镇转型发展思路[J].浙江工业大学学报（社会科学版），2011, 10(03): 272-276+326.
3 解锰，石萌.都市农业型小城镇发展探析[J].小城镇建设，2013(05): 96-99+104.
4 杨忠信，马金莲，肖希清.宁夏农业型城镇发展研究[J].农业科学研究，2012, 33(01): 92-94.

一方面，农业规模化镇村体系重构具有促进作用，产业化有力推动了镇域用地结构调整；另一方面，城镇空间提供了大量就业岗位，为农业提供了设施支持和广阔的商品市场。[1]

（5）小城镇发展路径

我国拥有近 2 万个小城镇，地区发展差异较大，能发展起来的小城镇是少数，大部分小城镇仍将是农村中心，继续扮演服务"三农"的重要角色，为农村提供更加完善和便捷的公共服务。而部分具有特色产业、特色资源的小城镇将在区域经济格局中发挥更加重要的作用，成为区域经济增长极。20 世纪末，伴随着乡镇企业的崛起，小城镇以个体最优化为导向实现了要素的局部集聚，以个体规模增长、区域位序上升为表现的自我发展使部分小城镇完成了第一次分化。网络化的新型城镇化背景下，实现区域小城镇的非均衡协调发展成为战略共识，小城镇再分化将从"个体最优化"向"效能最大化"转变，从以往的经济水平最优决定论转化为注重公共服务效率提升。小城镇已基本完成以区域高度分化与个体规模差异为特征的第一次分化，小城镇合理"再分化"应针对根本性职能进行品质化提升，引导小城镇适应动态性、网络化的区域分工结构。制度政策作用的力度和周期成为小城镇再分化的直接影响因素，小城镇区域生态价值成为根本性的决定维度。因地制宜地走适合乡镇的特色发展道路，充分发挥小城镇在乡村性中的生态效能，关注居住环境、风貌特色和涵养价值，兼顾社会与经济效益。

目前，我国大部分小城镇发展目标仍停留在改善民生及经济上，较高层级的目标应为通过产业升级、消费升级带动经济、生态、环境共同发展，实现高质量特色化发展。产业经济实力较强的城镇大多为工业型城镇，这些城镇的工业企业一般从小型私营企业或乡镇企业起步，并逐步增大规模甚至设置工业园区，作用要素逐渐多元化。决定特色小城镇发展的两大基本和核心要素是产业与城镇空间，产业的发展直接推动了经济水平的提高，而经济水平的提高将带来生活质量与生活环境的改善，同时，产业的发展离不开城镇空间的带动，高质量的生活环境建立在城镇空间体系发展完善的基础上。小城镇通过特色产业培育形成专业化和差异化发展优势，利用区位、政策及创新优势打造竞争优势，依托独特资源禀赋形成地理标志产品和旅游目的地。空间层面的特色化强调小城镇适宜的空间尺度、街区格局、建筑形态、文化特色以及邻里关系；生态层面的特色化强调优美的山水生态景观和优良的环境品质，社会管理和制度创新上的独特性将进一步改善发展环境、增强吸引力，形成特色化发展优势。小城镇应根植主体特色与创新要素基础，耦合政策引导、企业主体与市场化运作，并以高品

---

1 赵潇. 农业型小城镇产业发展与城镇空间的耦合关系研究 [D]. 西安：西安建筑科技大学，2020.

质要素聚集助推可持续道路建设，这将成为特色小城镇发展的普适路径。[1]

2.2.2 国外小城镇发展研究

（1）小城镇的功能定位和发展战略

国外发达国家已具备较好的经济发展基础和公共服务配套，城镇发展侧重考虑活动空间、交流空间、休憩空间等软环境因素。政府通过直接或间接的公共财政支持创造就业机会，极大地提高了城镇居民居住生活质量，城镇人口吸引力不断增强。[2]

---

1 石忆邵. 专业镇：中国小城镇发展的特色之路 [J]. 城市规划，2003(07)：27-31+50；陈前虎，寿建伟，潘聪林. 浙江省小城镇发展历程、态势及转型策略研究 [J]. 规划师，2012，28(12)：86-90；贾雁飞. 快速城镇化背景下小城镇特色发展路径——以昆山市巴城镇为例 [J]. 规划师，2016，32(07)：72-75；安诣彬. 产城融合发展的小镇实践路径——以桐乡毛衫时尚小镇为例 [J]. 小城镇建设，2016(03)：83-86；厉华笑，杨飞，裴国平. 基于目标导向的特色小镇规划创新思考——结合浙江省特色小镇规划实践 [J]. 小城镇建设，2016(03)：42-48；吴一洲，陈前虎，郑晓虹. 特色小镇发展水平指标体系与评估方法 [J]. 规划师，2016，32(07)：123-127；耿虹，朱海伦. 试点市农业转移人口市民化成本分担机制——首批新型城镇化综合试点的探索 [J]. 北京规划建设，2017(02)：15-19；戴晓玲，陈前虎，谢晓如. 特色小（城）镇社会融合状况评估——以杭州市为例 [J]. 城市发展研究，2018，25(01)：110-118；何仁伟. 城乡融合与乡村振兴：理论探讨、机理阐释与实现路径 [J]. 地理研究，2018，37(11)：2127-2140；王ిే飞，李婷婷. 小城镇特色化发展的实现机制 [J]. 城乡建设，2018(13)：54-56；田雯婷. 特色小城镇的产业发展与城镇空间的耦合关系研究 [D]. 西南交通大学，2018；王岱霞，施德浩，吴一洲，陈前虎. 区域小城镇发展的分类评估与空间格局特征研究：以浙江省为例 [J]. 城市规划学刊，2018(02)：89-97；武前波，徐伟. 新时期传统小城镇向特色小镇转型的理论逻辑 [J]. 经济地理，2018，38(02)：82-89；庄园，冯新刚，陈玲. 特色小城镇发展潜力评价方法探索——以 403 个国家特色小城镇为例 [J]. 小城镇建设，2018，36(09)：31-42；龙彬，司方慧. 协同、创新、共建——特色小城镇与美丽乡村关系初探 [J]. 重庆建筑，2019，18(01)：5-8；陈前虎，刘学，黄祖辉，黄向球，厉华笑，段德罡，温春阳，梅永平，赵辉. 共同缔造：高质量乡村振兴之路 [J]. 城市规划，2019，43(03)：67-74；杨明俊，张立，邓观智，耿鲁平. 小城镇特色化发展的潜力评价方法探析——基于烟台市 106 个乡镇（街道）的实证 [J]. 现代城市研究，2019(05)：9-16；武前波，张露茗，俞妹妹. 知识经济时代杭州近郊大型社区消费设施特征 [J]. 城市规划，2019，43(02)：35-45；孙卓元，黄勇，万丹等. 工业型小城镇用地演变的驱动机制分析——以四川省绵阳市松垭镇为例 [J]. 现代城市研究，2021(11)：106-114；葛梦兰，曾繁荣，王金叶等. 旅游特色小镇建设动力及提质增效路径——以广西恭城县莲花镇为例 [J]. 桂林理工大学学报，2021，41(02)：325-331；乔晶，耿虹. 小城镇从"分化"到"再分化"的价值内涵辨释 [J]. 城市规划，2021，45(05)：46-55+82；覃盟琳，宋苑震，朱梓铭等. 基于核心竞争力评价的特色小城镇可持续发展路径仿真研究 [J]. 现代城市研究，2022(11)：92-99.

2 Howard E. Garden cities of tomorrow[M]. MIT Press, 1965; McGee T G. Urbanisasi or Kotadesasi?Evolving patterns of urbanization in Asia[J]. Urbanization in Asia: Spatial dimensions and policy issues, 1989: 93-108; Kwiatek-Sołtys A. Small towns in Poland-barriers and factors of growth[J]. Procedia-Social and Behavioral Sciences, 2011, 19: 363-370; Wirth P, Elis V, Müller B, et al. Peripheralisation of small towns in Germany and Japan-Dealing with economic decline and population loss[J]. Journal of Rural Studies, 2016, 47: 62-75; Postma A, Buda D M, Gugerell K. The future of city tourism[J]. Journal of Tourism Futures, 2017; Brülhart M, Carrère C, Robert-Nicoud F. Trade and towns: Heterogeneous adjustment to a border shock[J]. Journal of Urban Economics, 2018, 105: 162-175; Shaw R, Das A. Identifying peri-urban growth in small and medium towns using GIS and remote sensing technique: A case study of English Bazar Urban Agglomeration, West Bengal, India[J]. The Egyptian Journal of Remote Sensing and Space Science, 2018, 21(2): 159-172; You H, Hu X, Wu Y. Farmland use intensity changes in response to rural transition in Zhejiang province, China[J]. Land Use Policy, 2018, 79: 350-361.

（2）小城镇与城市群空间结构、城乡二元关系

小城镇与城市群协同发展，从城市群空间结构布局探讨小城镇与大城市之间功能分工与协作关系；小城镇通过借用邻近大城市的规模效应获得发展机会，承担更多高级别的经济功能。小城镇发展有利于促进城乡一体化发展；城乡接合区的小城镇发展有助于缓解城乡二元矛盾。[1]

（3）小城镇发展模式

国外小城镇发展的典型模式主要有：英国的工业化模式、美国的自由市场模式、意大利的内生发展模式、德国的均衡化城镇发展模式、日本的行政管理导向模式、韩国的新村运动模式以及拉美国家的外部经济模式，均选择了符合本国国情和自身地域特点的小城镇发展道路，形成了差异化的城镇形态和人文景观，注重保护民族传统和地域特色。[2]

欧洲有超过56%的城市居民（约占欧洲总人口的38%）居住在人口为5000—10万的中小城镇。第二次世界大战后英国的快速工业化使近郊区小城镇得到了快速发展，英国小城镇发展遵循工业化模式，通过建立新镇分散大城市人口，并提出新镇的人口规模不应超过6万。"第三意大利"模式是区域内生发展的典型案例；法国形成以卫星城为代表的小城镇内生发展模式；德国的均衡化城镇发展模式使得小城镇具有完善的基础设施和较强的人口吸纳能力。

美国约50%的人居住在5万人口以下的小城镇中，美国在20世纪60年代通过"示范城市"充分发展了小城镇，美国小城镇化发展模式为自由市场模式，以都市村庄化为代表，首先在部分城市借助市场力量建设小城镇。

高度集中型的城镇化发展背景下，日本通过"村镇综合建设示范工程"的推进，20世

---

[1] Unwin R，Chabard P. L'étude pratique des plans de villes[M]. impr. Protat frères，1922；Alonso W. Urban zero population growth[J]. Daedalus，1973：191-206；Jabareen Y R. Sustainable urban forms: Their typologies, models, and concepts[J]. Journal of planning education and research，2006，26(1)：38-52；Vimal R，Geniaux G，Pluvinet P, et al. Detecting threatened biodiversity by urbanization at regional and local scales using an urban sprawl simulation approach: Application on the French Mediterranean region[J]. Landscape and Urban Planning，2012，104(3-4)：343-355.

[2] Kwiatek-Sołtys A. Small towns in Poland-barriers and factors of growth[J]. Procedia-Social and Behavioral Sciences，2011，19：363-370；Wirth P，Elis V，Müller B, et al. Peripheralisation of small towns in Germany and Japan-Dealing with economic decline and population loss[J]. Journal of rural studies，2016，47：62-75；Brülhart M，Carrère C，Robert-Nicoud F. Trade and towns: Heterogeneous adjustment to a border shock[J]. Journal of Urban Economics，2018，105：162-175；谷人旭.日本关西经济圈21世纪产业发展构图及其启示[J].世界地理研究，2000(01)：68-74；李兵弟，郭龙彪，徐素君，李浩.走新型城镇化道路，给小城镇十五年发展培育期[J].城市规划，2014，38(03)：9-13；张洁，郭小锋.德国特色小城镇多样化发展模式初探——以Neu-Isenburg、Herdecke、Berlingen为例[J].小城镇建设，2016(06)：97-101；孙阳.新型城镇化视角下的小城镇发展模式研究[D].武汉工程大学，2017.

纪 70 年代提出了"村镇综合建设示范工程",依托行政力量加快小城镇建设进而缩小城乡差距。韩国的"新村运动"也兴起于 20 世纪 70 年代,小城镇得到了重视与发展。

2.2.3 共同富裕与小城镇发展的交叉研究

以"共同富裕"与"城镇化""小城镇"为交叉关键词在知网搜索中文文献,共有 613 篇学术期刊论文。[1] 最早的期刊文献是 1995 年发表于《经济纵横》的论文《共同富裕过程中的收入差距》,从改革开放到新时代中国特色社会主义时期,人们对于城乡差距、收入差距、地区差距等问题更加关注,特别是随着第一个百年奋斗目标的实现以及浙江省作为共同富裕示范区的建立,中国在实现共同富裕目标的道路上不断向前推进。利用 Citespace 对 438 篇期刊论文的关键词进行分析,得到研究热点的聚类结果,见图 2-13。

由 Citespace 聚类结果可知,共同富裕与小城镇、城镇化交叉研究热点主要围绕"共同富裕""基尼系数""乡村振兴""城镇化"等内容展开。此外,"公有制""收入分配""乡镇企业""现代化"等关键词也开始受到关注。基于"共同富裕""收入分配"的相关研究,在经历"乡村振兴"战略后,浙江省提出了建设"共同富裕"示范区发展战略,形成了全国示范性的以推动共同富裕为目标的城镇发展模式和机制。各聚类主要文献信息见表 2-05。

共同富裕与小城镇的交叉研究的各聚类信息汇总 表 2-05

聚类名称	文献数	出版年份(均值)	关键词(LSI:潜在语义索引)
共同富裕	84	2013	共同富裕;基尼系数;中国梦;初次分配;城镇居民
基尼系数	51	2005	基尼系数;收入差距;平均主义;收入差别;差距过大
乡村振兴	41	2019	乡村振兴;城乡差距;城乡融合;相对贫困;贫困治理
城镇化	34	2013	城镇化;中国特色;建设部;共产党人;市民社会
公有制	28	2003	公有制;社会主义;非公有制企业;偷税漏税;城镇化率
收入分配	24	2005	收入分配;差距;调控;内陆地区;企业分配结构
乡镇企业	21	2005	乡镇企业;市场经济;市场分工;工业体系;剩余劳动力
现代化	18	2005	现代化;小康社会;比重;毛泽东;社会政策

---

[1] 文献搜集至 2023 年 7 月。

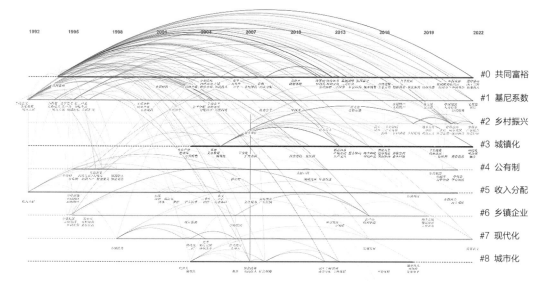

图 2-13 共同富裕与小城镇的交叉研究分析

（1）衡量共同富裕水平的量化分析

共同富裕指标体系：基于新时代共同富裕新内涵，从就业与收入、社会福利、生活质量、健康状况、人力资本、精神生活五个维度构建了居民共同富裕指标评价体系；立足于公平与效率、发展与共享的理论框架，从国民总体富裕和全面居民共享富裕两个维度选取相应的指标，构建具有中国特色且能够广泛比较的共同富裕量化方法。

基于城乡融合、新型城镇化发展研究：从新型城镇化对共同富裕的影响进行探究，构建共同富裕指标体系，测算281个城市的共同富裕水平，并采用SARAR模型分析城镇化对共同富裕的影响；从数字经济推动共同富裕发展出发，构建数字经济和共同富裕测度指标，再通过面板数据考察数字经济发展赋能共同富裕的影响效应及其作用机制；基于县域城镇化发展路径，对浙江省县城集聚发展水平进行测度，提出特色小镇和未来社区模式中"以人为本"的理念，有助于实现共同富裕目标。[1]

---

[1] 向云，陆倩，李芷萱. 数字经济发展赋能共同富裕：影响效应与作用机制[J]. 证券市场导报，2022，05: 1-12；万海远，陈基平. 共同富裕的理论内涵与量化方法[J]. 财贸经济，2021，42(12): 18-33；吴宇哲，任宇航. 以县城为重要载体的新型城镇化建设探讨——基于集聚指数的分析框架[J]. 郑州大学学报(哲学社会科学版)，2021，54(6): 65-71；徐凤增，袭威，徐月华. 乡村走向共同富裕过程中的治理机制及其作用——一项双案例研究[J]. 管理世界，2021，37(12): 134-151，196，152；解安，侯启缘. 新发展阶段下的共同富裕探析——理论内涵、指标测度及三大逻辑关系[J]. 河北学刊，2022，42(1): 131-139；孙学涛，于婷，于法稳. 新型城镇化对共同富裕的影响及其作用机制——基于中国281城市的分析[J]. 广东财经大学学报，2022，(2): 71-87.

（2）提升共同富裕水平的路径研究

立足于发展层面： 从经济制度角度出发，提出坚持"国民共进"格局，做强最大公有制经济，发挥国有资产的基础性和主体性作用；从收入分配格局角度，扩大中等收入者的比重，缩小城乡、区域、人群收入差距，以期形成橄榄形分配格局；从劳动力发展和流动角度，提高劳动者的教育程度和实现劳动力跨部门流动有利于缩小收入差距，推动区域协调发展；从城乡高质量发展角度，提出城镇化发展对于提高农民收入、缩小城乡收入差距具有重要作用。

立足于共享层面： 从税收角度，提出国家农业税收改革有利于减轻农民压力和农业农村负担、降低基尼系数，发挥政府二次分配的作用；从户籍管理角度，认为流动人口市民化进程牵动多方利益，在教育、医疗与社会保障方面实行全方面改革，实现人民群众共享发展成果；从制度管理角度，研究制度逻辑对乡村振兴和共同富裕的作用，提出乡村实现共同富裕的路径；从城市治理角度，政府需要从被动、僵硬、固化治理转向灵活、弹性、常态化治理。[1]

2.2.4 国内外研究评述

近十年来，国内小城镇研究的热点主要集中于"新型城镇化""小城镇""乡村振兴"以及"城镇化""城市化"等领域。从文献的被引用情况来看，"新型城镇化""小城镇"和"乡村振兴"相关文献被引量最多，且近两年也有一定程度的被引量，说明在小城镇研究领域里，这三个研究方向是与小城镇研究最为相关的，研究热度也最为持久。

国内对小城镇的研究十分丰富，相关研究涵盖了乡村振兴与小城镇功能定位、小城镇发展模式、小城镇特色发展、小城镇发展评价、小城镇发展路径等方面。针对小城镇在新时代中的发展，国内学者从产业、空间重构、社会管理以及资源环境等方面进行研究总结；同时针对小城镇的分化发展，分析具体实践案例，阐述了作用机制；并从协调发展的角度出发，运用多种基数方法对小城镇的发展进行评价。综上，国内学者偏重对小城镇发展的实践总结，强调通过优化产业结构、高效配置资源、空间重构、加强社会管理、保护生态环境等不断完善小城镇发展以推动新型城镇化与城乡协调发展。

国外学者主要针对小城镇的功能定位和发展战略、小城镇与城市群空间结构、城乡二

---

1 侯为民.立足完善基本经济制度实现共享发展[J].思想理论教育导刊,2016,(3):69-73；李兰冰,姚彦青,张志强.农村劳动力跨部门流动能否缩小中国地区收入差距？[J].南开经济研究,2020,(4):127-143；肖若石.实现共同富裕与缩小地区收入差异因素分解研究[J].价格理论与实践,2021,(8):87-90,186；史清华,韦伟,魏霄云.共同富裕：浙江农家的努力与行动——来自浙江观察点的报告[J].农业经济问题,2022,(3):29-43；叶超,杨东阳,赵江南.中国超大城市户籍人口转化的实证研究[J].地理学报,2022,77(2):369-380.

元关系以及小城镇发展模式三个方面展开研究。国外发达国家在小城镇发展研究中，更为侧重各类空间的协调、政策的实施提升居住质量、就业等方面；在城镇体系中，小城镇被视为缓解城乡二元现象、促进城乡一体化发展的着力点；差异化的城镇形态及地域特色，使得国外衍生出各类不同的小城镇发展模式。综上，国外学者注重小城镇发展理论层面的研究，提出小城镇在城市群、城乡一体化中的辩证关系。

共同富裕与小城镇、城镇化交叉研究热点主要围绕"共同富裕""基尼系数""乡村振兴""城镇化"等内容展开。相关研究主要是：早期，政治学、哲学等领域学者从理论层面对共同富裕的内涵进行逻辑研究；进而，公共管理学、政治经济学学者等从经济层面对共同富裕的发展进行机制研究；近年来，为推动共同富裕取得实质性进展，城市地理学、规划学等领域从空间层面对推动共同富裕的实现进行实证研究。

现有研究取得的成果，对本书具有十分重要的借鉴意义，但仍存在以下局限：研究对象上，主要集中分析小城镇发展过程中某一方面或阶段的问题，对小城镇发展问题的总体性思考和系统性把握相对不足；研究内容上，侧重于对共同富裕以及小城镇自身发展问题的讨论，尚未清晰描绘共同富裕建设与小城镇发展之间的内在关系。站在新的历史起点上，面对浙江省美丽城镇所处历史方位的变化，应科学梳理和把握面向共同富裕的美丽城镇的建设历程、现状情况和发展态势，对美丽城镇建设发展战略和策略进行系统深入的探讨。

2.3 小城镇发展理论总结及建设指引

2.3.1 共同富裕的中国化特征

（1）土地制度与致富途径的关系

与资本主义国家如英国、美国、法国、德国等土地私有制度和土地自由交易市场不同，我国土地制度的核心是土地公有制。我国宪法规定，城市土地属于国家所有。农村和城市郊区土地，除法律规定属于国家所有的以外，属于集体所有；宅基地和自留地、自留山也属于集体所有。这就使得我国城乡居民的致富途径与资本主义土地私有制国家有所不同，如国外的地主、庄园主可以通过土地进行财富积累，农场主可以通过大规模现代化农业生产致富，但是由于我国土地的公有制度，个人很难通过土地本身直接获得大量财富。

此外，我国实行农村土地承包经营制度和严格的耕地保护制度。农村的耕地通过承包分田到户，经营规模小，农户依靠传统种植不能成为富裕主体。与欧洲、美国的"百亩""千亩"农户相比，竞争力相对较差。我国基本农田普遍占各行政区域内耕地总面积的80%以上，实行严格的用途管理，永久基本农田只能用于粮食等重要农产品的生产和教育、科研，不能以其他的建设性质改变用途。相应地，我国农民的致富途径在农村主要是培育产业基地、农业企业、专业合作社组织和发展乡村旅游等，或者农民通过外出到城镇务工，增加收入。

（2）经济水平与收入差距的关系

共同富裕的实现离不开经济水平的提升、经济总量的增长。基尼系数是指全部居民收入中，用于进行不平均分配的那部分收入所占的比例（图2-14）。国际经验显示，一个国家的人均收入越高，基尼系数越低，收入分配越平均。"十三五"时期，浙江全省生产总值年均增长6.5%，三次产业增加值比例从2015年的4.1∶47.4∶48.6调整为2020年的3.3∶40.9∶55.8，经济结构调整呈现积极变化。浙江是中国改革开放先行地，在国有经济主导作用的基础上，以民营经济的发展带动经济的腾飞，多种所有制经济共同发挥作用，形成鲜明特色的"浙江经济"。2019年，浙江省国有经济创造增加值14054亿元，占GDP比重22.5%；民营经济份额不断扩大，2020年，民营经济占GDP比重66.3%。经济总量的持续增长、经济结构的持续优化、经济活力的持续提升，为推进共同富裕起到至关重要的作用。

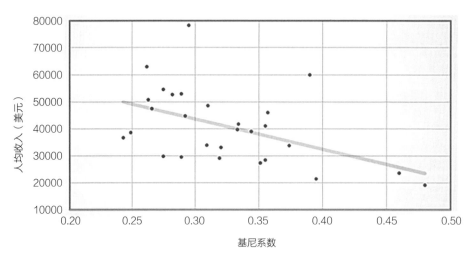

图2-14　全球城市人均收入—不平等关系
图片来源：The Gini Coefficient, Index & Inequality, since the 1970s (dyingeconomy.com)
数据来源：OECD

（3）公共品供给与美好生活需要的关系

共同富裕的内涵是"人民群众物质生活和精神生活都富裕"，既要推进物质生活质量的提升，也要促进人民精神生活共同富裕，需要促进人的全面发展和社会全面进步。我国社会主要矛盾已经转化为人民日益增长的美好生活需要和不平衡不充分的发展之间的矛盾。解决好主要矛盾，既要满足物质需要和社会需要，还要满足精神文化需要，为人民提供更为丰富多样和更高精神品位的文化产品、文化服务等，构筑强大精神家园，促进人民精神生活共同富裕。

浙江省杭州市、宁波市等主要大城市已进入罗斯托理论中的"追求生活质量阶段"，生活服务质量成为新的经济发展目标，公共品供给关注改善服务和生活质量，包括教育、卫生保健、市政建设、住宅、社会福利、（私人投资的）学校、诊疗所、文化娱乐、旅游等。省内其他中小城市、城镇大多进入"大规模消费阶段""趋于成熟阶段"，多数人的人均收入水平已满足基本的衣食住行，开始关注和享受其他消费项目，需要政府关注社会福利目标、增加社会保障、改善收入分配等。此外，国外经验表明，私营机构/私人可以提供公共产品且在某些特定情况下有效，国内相关政策指引尚未完善，未来值得关注；但由于私人提供远不能满足社会需求，需要在政府及私人供给之间寻找最优的公共品供给结构均衡点，总体提升公共品供给效率和品质。

（4）建成环境与精神需求满足的关系

从空间视角出发，物质需求的满足需要物理空间的直接供给，精神需要的满足需要空间品质的提升。以住区空间为例，构建空间属性与精神需求结构关系，需要结合物质和非物质空间，物质空间环境目标包括环境、空间形式、休憩、设施、道路交通、建筑、标识物等；非物质空间环境目标包括社会组织和居住活动。依据马斯洛精神需求理论，住区应该满足安全性、识别性这些基本的居住需求，满足此类需求基础之上再去追求别的更高层次的需求，体现在住区的可认知性、归属性、地域文化性。可认知性是每个居住者都希望自己的住区有个性，能被识别；归属性是指住区内部的可识别性；地域文化特性是居住者对自己文化的肯定的表现，是对当地历史文化的继承。因此，城镇建设应充分考虑空间功能与不同层次需求的关系，更好地满足居民的物质需要、社会需要和精神文化需要（图2-15）。

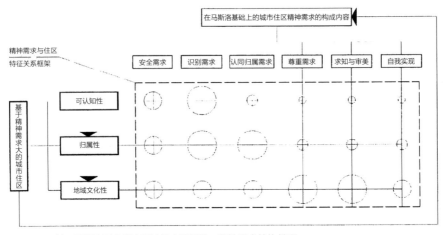

图 2-15　基于马斯洛需求层次理论的空间属性—精神需求结构关系
图片来源：叶海辉.基于精神需求的城市住区研究[D].大连理工大学，2012.

2.3.2 共同富裕的城镇建设理论体系构建

综合政治经济学、社会环境学、空间地理学、共同富裕四个方面的相关理论，基于中国特色政治经济及社会环境，聚焦城镇（建制镇）与城市和乡村在城镇化发展中的差异化作用，构建中国特色共同富裕理论框架（图 2-16）。共同富裕的实现路径需要统筹考虑以下八个方面的内容。

（1）**创造整体财富：**产业结构升级。当前浙江省的发展已经进入整体财富越多、收入差异越小的阶段，因此整体财富的增加是实现共同富裕的前提，是优化三次收入分配、减少城乡居民差距的基础。城镇的产业升级优化是增加社会整体财富的重要途径。

（2）**增加个体财富：**就业能力提升。个体收入，与个体在市场和社会中发挥的价值有关。就业群体，尤其是农民工群体就业能力的提升是提高个人收入的关键。城镇的发展吸引劳动力实现就地城镇化，带动劳动者就业能力的提升，有助于减少中低收入群体与高收入群体的收入差距。

（3）**均衡城乡发展：**促进产业融合。虽然当前我国已经跨越了刘易斯第一拐点，但是与城乡融合的第二拐点还有较大差距，城与乡的劳动边际产品价值仍存在明显差异。城镇作为城与乡的桥梁，在产业融合发展中起到承上启下的作用，随着城镇与城区差距缩小、城镇吸纳的农村劳动力增加，将逐渐趋近城乡融合的发展方向。

（4）**优化收入分配：**增加中产阶级占比。收入结构的优化方向是从"葫芦型"到"橄榄型"的收入分配结构发展，以及减少城市与乡村收入结构的差异。城镇的发展有助于吸纳在城市中无法定居又不想返回乡村的居民群体，这类群体在城镇的长期发展和收入提升

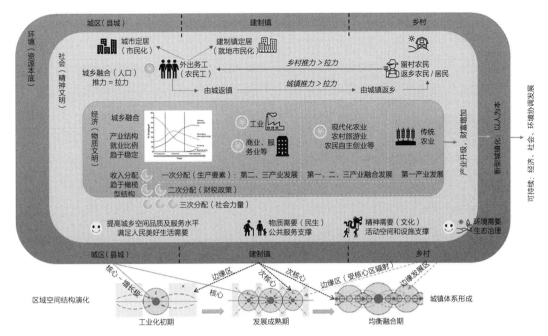

图 2-16 中国特色共同富裕的系统性理论框架及路径探索

有助于增加中产阶级人口,优化整体收入结构。

(5) **均等公共服务**: 科学布局各类设施。以人为本的城镇化,关注居民生活品质,尤其是公共服务支撑的物质需求满足。城镇公共服务设施的完善,可以增强城镇对人口的拉力,让更多的人留得下来并且生活得好。

(6) **丰富精神生活**: 改善建成环境和场景营造。精神生活的需求正随着整体经济发展不断增长,尤其是对于到达"追求生活质量"发展阶段的重要城镇,生活空间的建成环境及高品质的生活场景营造,可以有效提升居民的幸福感。

(7) **保护环境生态**: 注重生态治理与生态产业发展。环境资源的保护是经济和社会可持续发展的基石,"绿水青山就是金山银山"。浙江省不少城镇具有优美的自然环境和颇具特色的山水格局,更需要将环境问题与发展问题有机地结合起来。环境生态的保持也提供了可持续生存的基本条件,如新鲜空气,保护和满足社会全体人民的基本需要。

(8) **均衡空间结构**: 理性应对空间差异性。随着城镇体系日趋成熟,区域发展差异越发突出,不少城镇的核心、边缘属性已经发生了质变。发展较快的城镇成为区域的核心或次核心,发展较慢的城镇成为边缘,难以被核心或次核心辐射带动影响。在经济及人口增速放缓的背景下,需要尊重城镇体系发展规律,理性面对空间的均衡性及城镇的差异性特征,有针对性地制定共同富裕发展策略。

2.3.3 共同富裕目标下的小城镇建设指引

将共同富裕系统性路径与浙江省美丽城镇建设的"五美"目标相结合，提出共同富裕目标下的美丽城镇建设方向指引（图2-17）。"共"即一起，需要通过治理美与环境美的建设，调节收入分配，鼓励多主体参与，推动可持续发展。"同"是相同，即不同居民的需求可以在相同程度上得到满足，需要通过生活美与人文美的建设，均等公共服务，提升生活品质。产业美，推动产业升级，促进收入增加，在共同富裕中起到至关重要的作用。"富裕"是"共同"的前提，浙江省已经进入地区经济发展有助于缩小居民收入差距的阶段，产业美建设有助于促进共同富裕；同时，物质文明已经发展到一定程度，居民的需求逐渐延伸到对精神生活的需求，产业美进而促进了人文美的建设。因此，共同富裕目标下的小城镇建设，既是城乡产业和人口的融合，又是社会需求层次的提升，为小城镇未来的建设发展指明了方向。

图2-17 共同富裕目标下的美丽城镇建设方向指引

第 3 章

改革开放以来浙江省小城镇发展脉络与演进规律

New era

3.1　第一阶段：夯实基础

3.2　第二阶段：整治环境

3.3　第三阶段：完善功能

3.4　小城镇演进规律总结

改革开放以来，浙江省紧跟国家的战略谋划和经济社会的发展脉络，小城镇交出了独具"浙江特色"的优秀答卷。纵观小城镇的发展历程，可以划分为夯实基础、整治环境、完善功能三个阶段。在城镇化发展初期，小城镇以数量膨胀"取胜"，随后的撤乡并镇"转型"和要素集聚又有效促进了小城镇向规模化、中心化转型。在城镇化发展中期，浙江省以民营经济为主导的发展模式对小城镇的建设提出新的时代要求——打破块状经济低、散、乱的"卡脖子"问题，小城镇随之开展一系列环境综合整治行动成功"破局"，全力打造宜居、宜业、宜游的生态环境。至城镇化发展后期，小城镇步入整体提质转型发展的巩固阶段，开展以"美丽城镇"为代表的一系列行动，产业转型与特色化发展成为小城镇发展的重点，进一步增强了小城镇在城乡统筹中的综合承载力、辐射带动力和城镇向心力。未来，浙江省小城镇将持续向高质量、特色化、可持续方向发展，推动共同富裕建设。

3.1 第一阶段：夯实基础

1978—2000年，浙江省处于改革开放后的快速发展期，从改革开放前的温饱阶段转向加快发展的总体小康阶段。浙江省常住人口规模从1978年的3751万增长到2000年的4679万。城镇化水平由4.5%增长到48.70%，即将突破城镇化水平50%的门槛，达到城镇化中期发展水平。人均GDP由331元增长到13461元，实现了快速增长。1978—1984年，浙江省处在经济恢复和快速增长阶段，城乡居民收入比值由1978年的2.01下降到1984年的1.50，后因快速城镇化发展使得2000年的城乡居民收入比值上升至2.18。一般公共预算收入从27.45亿元上涨到342.77亿元，提升了约12倍。

1978—2000年是浙江省小城镇培育阶段，小城镇数量增加、质量提升。得益于"小城镇、大战略"的实施，小城镇的迅速发展为城乡发展奠定了深厚的基础。1979年《中共中央关于加快农业发展若干问题的决定》的出台标志着国家层面的小城镇建设进入快速发展期，尤其是1994年党的十四届三中全会提出《关于加强小城镇建设的若干意见》，标志着小城镇进入蓬勃发展期。

3.1.1 数量扩张：撤区、扩镇、并乡

1978—1997年，全省小城镇数量实现了快速膨胀。小城镇数量从1978年的2991个上升至1984年的3254个，1985年后开始逐年下降，1997年下降至1841个。1992年5月，浙江省境内实行"撤区、扩镇、并乡"政策，乡个数由2406个下降至950个，镇个数由766个增加到894个（图3-01），在一定程度上控制了小城镇个数的激增，促进了要素集聚，优化资源配置和区划格局，加快了快速城镇化建设步伐。期间，乡镇企业快速发展，小城镇工业总产值从1978年的21亿元上升至1997年的8318.65亿元，为小城镇的发展奠定了基础（图3-02）。

浙江省小城镇作为推动农村和农业发展、巩固块状经济优势的"大问题"开始得到重视。随着农村改革开放政策的不断深入及建镇标准的调整，城乡之间的壁垒逐渐松动并被打破，得益于农村联产承包责任制的推行，农村经济得到了快速发展，乡镇企业兴起，也容纳了大批农村剩余劳动力，极大地促进了小城镇的繁荣，小城镇人口迅速增加。农村商品经济的繁荣使小城镇作为城乡之间桥梁与纽带的功能凸显，农业工业化发展也促进了小城镇对剩余劳动力的广泛吸纳。

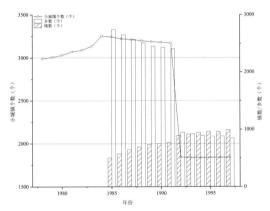

图3-01　1978—1997年浙江省小城镇及乡镇个数
数据来源：国家统计局网站

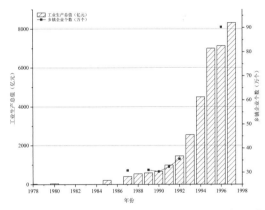

图3-02　1978—1997年浙江省工业生产总值及乡镇企业个数
数据来源：《1978—1998年中国乡镇企业年鉴》

3.1.2 质量提升：小城镇、大战略

1998—2000年，小城镇发展从数量的增加转向质量的提升，小城镇数量从1832个下降至1723个。2000年小城镇常住人口为3871.57万，占同期全省常住人口总量的82.73%（图3-03）。乡镇企业快速发展，小城镇工业总产值从1998年的9480.94亿元上升至2000年的12438.6亿元（图3-04）；2000年小城镇一般公共预算收入为156.6亿元，占同期全省总量的45.69%（图3-05）。

1998年，《中共中央关于农业和农村工作若干重大问题的决定》首次提出"小城镇、

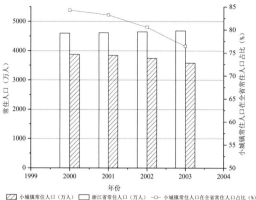

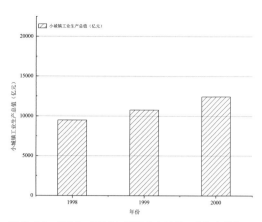

图 3-03　2000—2003 年浙江省小城镇常住人口及其在全省的比重
数据来源：《2000—2004 年中国县域统计年鉴（乡镇篇）》、国家统计局网站

图 3-04　1998—2000 年浙江省小城镇工业生产总值
数据来源：《1998—2004 年中国乡镇企业年鉴》

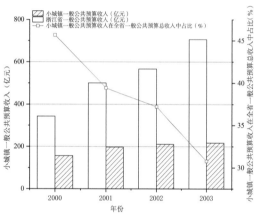

图 3-05　2000—2003 年浙江省小城镇一般公共预算收入及其在全省的比重
数据来源：《2000—2004 年浙江省财政年鉴》、国家统计局网站

大战略"问题，发展小城镇是带动农村经济和社会发展的一个大战略，明确了小城镇的重大作用。1999 年，浙江省推进城市化工作会议指出："加强对小城镇建设的指导，严格控制小城镇数量，暂停撤乡建镇审批，把重点放在聚集要素、形成特色和提高品位上，使小城镇在农村现代化中起到更重要的作用。" 2000 年，国家出台了《关于促进小城镇健康发展的若干意见》。同年，《浙江省政府关于加快推进浙江城市化若干政策的通知》提出鼓励和引导农村人口向小城镇集聚，小城镇被提升至"带动农村经济和社会发展""缓解国内需求不足，为工业和服务业发展拓展新空间，实现工业化与城镇化协调发展"的国家战略的高度。浙江省促进小城镇"要素集聚"的发展政策使小城镇成为城市体系的重要组成部分，推动形成了以镇一级小区域为单位，人口和产业高度集聚、相互并列的块状经济区的格局。

3.1.3　阶段总结：夯实小城镇基础

1978—2000 年，小城镇的发展由数量扩张转向绩效提升。撤乡并镇有效促进了产业和人口向集镇集中，推动形成较大规模的城镇格局，进一步强化了小城镇的中心带动作用，提高了小城镇的综合承载能力、辐射带动能力和创新体制机制，构筑了小城镇发展的坚实基础。但是工业文明导向下的小城镇快速发展在一定程度上也忽视了生态文明的重要性，"低、散、乱"的产业发展路径造成的生态环境危机，给小城镇的进一步发展埋下了隐患。

3.2 第二阶段：整治环境

2000—2018 年，浙江省由深化改革的全面小康阶段向高水平小康建设阶段转变。浙江省人口规模从 4679 万增长到 6273 万，人口增长稳定；城镇化水平由 48.7% 增长到 68.9%，2018 年，超过同年全国和世界城镇化水平[1]，达到城镇化进程中后期发展水平。人均 GDP 由 13461 元增长到 98643 元，接近发达国家人均 GDP 门槛[2]，实现了经济快速增长；随着乡村振兴、"三农"建设初见成效，城乡居民收入差距逐渐缩小，比值由 2.18 下降到 2.04。全省一般公共预算收入从 342.77 亿元上涨到 6598 亿元，增长了约 19 倍。

2000—2018 年，浙江省小城镇处在环境整治阶段。小城镇数量从 2000 年的 1723 个下降到 2018 年的 908 个，小城镇常住人口从 2000 年的 3871.57 万下降到 2018 年的 2849.23 万，占同期全省常住人口总量的 49.66%（图 3-06）。

小城镇工业生产总值从 2000 年的 12438.6 亿元上升至 2015 年的 45598.05 亿元（图 3-07）；

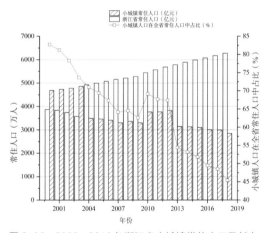

图 3-06 2000—2018 年浙江省小城镇常住人口及其在全省的比重
数据来源：《2004—2019 年中国县域统计年鉴（乡镇篇）》

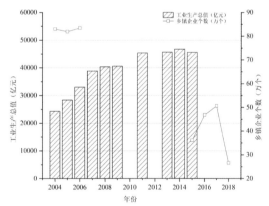

图 3-07 2000—2018 年浙江省工业生产总值及乡镇企业个数
数据来源：《2004—2019 年中国乡镇企业年鉴》

1　2018 年，中国城镇化水平为 59.58%，全球城镇化率为 55.3%。
2　根据全球一些机构认定，人均 20000 美元是世界发达国家最低标准，中等标准是 30000—40000 美元。

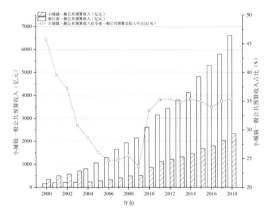

图 3-08　2000—2018 年浙江省小城镇一般公共预算收入及其在全省的比重
数据来源：《2004—2019 年浙江省财政年鉴》

小城镇一般公共预算收入从 2000 年的 156.6 亿元上升至 2018 年的 2501.8 亿元，占全省的 35.37%（图 3-08）。

3.2.1　战略部署：从"八八战略"到"两美浙江"

（1）"八八战略"

浙江省以"块状经济+专业市场"为代表的民营经济发展模式极大地推动了小城镇的发展，然而，块状经济"低、散、乱"的先天不足劣势也使浙江经济饱受其"制约之痛"。2003 年，时任浙江省委书记习近平同志意识到浙江发展的"关口"已经到来，浙江省进入了经济增长方式的转变期、各项改革的攻坚期、开放水平的提升期、社会结构的转型期和社会矛盾的凸显期。[1] 习近平同志在广泛深入调查研究的基础上，创造性地作出了实施"八八战略"的重大决策部署，概括了浙江省发展的八个优势，提出了面向未来的八项举措，部署了"千村示范、万村整治"工程，开启环境污染整治行动，引领浙江省走进生态文明新时代。"八八战略"为浙江省经济高质量发展、百姓高品质生活和"两个高水平"建设注入了新动能。

（2）"两山""两美"理论

2005 年 8 月 15 日，时任浙江省委书记的习近平同志考察安吉县天荒坪镇余村时，首次提出"绿水青山就是金山银山"的论断，即"两山理论"。2014 年 5 月 23 日，浙江省委十三届五次全会在继承"两山理论"基础上，发展性地提出"两美浙江"理念。它把生态文明建设融入经济建设、政治建设、文化建设、社会建设各个方面和全过程，形成人口、资源、环境协调和可持续发展的空间格局、产业结构、生产方式、生活方式，建设富饶秀美、和谐安康、人文昌盛、宜业宜居的美丽浙江。"两美浙江"充分呼应了人民群众对美好生活的更高期待，充分体现了"绿水青山就是金山银山"中以人为本的发展理念。"两美浙江"贯穿于经济社会发展全过程，是浙江生态文明发展理念的一次升华和深化。

1　央广网. 顺应发展规律的战略谋划——写在浙江实施"八八战略"15 周年之际 [OL].(2018-7-18)[2022-5-13] https: //baijiahao.baidu.com/s?id=1606328831941874383&wfr=spider&for=pc

3.2.2 行动计划：从"千村工程"到"五水共治"

为充分落实"两美浙江"理念，浙江省从2003年起相继发布一系列政策文件，以"千村示范、万村整治"为突破口，紧密围绕"两美浙江"，持续开展"五水共治""四边三化""三改一拆"等一系列行动。

（1）"千村示范、万村整治"

2003年6月，在时任浙江省委书记习近平同志的倡导、主持和亲自部署下，以改善农村生态环境、提高农民生活质量为核心，以农村生产、生活、生态的"三生"环境改善为重点，浙江在全省启动"千村示范、万村整治"工程，即用5年时间，从全省4万个村庄中选择1万个左右的行政村进行全面整治，把其中1000个左右的中心村建成全面小康示范村。

自2003年浙江省全面推进"千村示范、万村整治"工程以来，造就了万千美丽乡村。截至2017年年底，浙江省累计有2.7万个建制村完成村庄整治建设，占全省建制村总数的97%；74%的农户厕所污水、厨房污水、洗涤污水得到有效治理；生活垃圾集中收集、有效处理的建制村达到全覆盖，41%的建制村实施生活垃圾分类处理。

（2）"四边三化"

2012年，浙江省委、省政府针对国道、省道公路边一定区域和铁路线路安全保护区内影响环境的"脏、乱、差"问题，提出"四边三化"行动。经过全面整治，打造出一批环境优美的景观带和风景线，城乡环境卫生长效管理机制进一步完善，城乡居民环境卫生意识和生活品质明显提高。

（3）"三改一拆"

2012年6月，浙江省第十三次党代会召开，做出干好"一三五"、实现"四翻番"的决策部署。作为其中一项重要任务，2013—2015年全省深入开展旧住宅区、旧厂区、城中村改造和拆除违法建筑三年行动，简称"三改一拆"。

（4）"五水共治"

2013年，浙江省委逐渐形成了以治水为突破口倒逼转型升级的战略思路。抓住治水这个转型升级最关键的突破口,就能真正实现有质量、有效益、可持续发展。2014 年起全面开展治污水、防洪水、排涝水、保供水、抓节水等"五水共治",并以此深化改革,促进转型,推动升级。

3.2.3　全域统筹：小城镇综合整治

2016 年 9 月 26 日,浙江省委、省政府发布《中共浙江省委办公厅 浙江省人民政府办公厅关于印发〈浙江省小城镇环境综合整治行动实施方案〉的通知》,并召开全省小城镇环境综合整治行动会议,进行全面动员和部署。2017—2019 年,小城镇环境综合整治阶段投资共计 1593.18 亿元,其中 2017 年第一阶段投入 1286.23 亿元,2018 年第二阶段投入 280.29 亿元,到 2019 年 6 月整治结束投入 26.66 亿元。

小城镇环境综合整治的主要对象分为两类:一为乡镇政府[1]的驻地建成区,要求对建成区范围内环境进行全面整治;二为驻地行政村(居委会)的行政区域范围以及仍具备集镇功能的原乡镇政府驻地范围,对此类区域实行兼顾整治。全省范围内共包含 1191 个整治对象,实现集镇全覆盖,其中包括 180 个省级中心镇、456 个一般镇、271 个乡集镇、123 个独立于城镇的街道、152 个仍具有集镇功能的原乡镇政府驻地。

浙江省小城镇环境综合整治行动将按照全面推开、分类推进、突出重点、循序渐进的总体思路,排出任务书、时间表、作战图,明确阶段目标、重点任务和实施步骤。以规划设计引领、卫生乡镇创建、"道乱占"治理、"车乱开"治理、"线乱拉"治理和"低、小、散"块状行业治理 6 个专项行动为重点,全面落实"一加强、三整治"[2]18 项工作任务,全面提升小城镇生产、生活、生态环境质量,决不把"脏、乱、差"带入全面小康,为全国小城镇发展提供"浙江样板"。截至 2019 年 7 月,浙江省 1191 个小城镇全部通过环境综合整治考核验收,累计拆违 1.3 亿平方米,整治道路 6503 条,整治"低、散、乱"企业(作坊)37191 家,新增公园绿地 1822 万平方米、绿道 7747 公里。

3.2.4　阶段总结：改善小城镇环境

2000—2018 年是浙江省小城镇环境整治阶段。由于早期高污染低效能的快速发展导致小城镇的生态环境遭到严重破坏,陷入"既不如村,更不如城"的困境。面对小城镇发展生态环境破坏的"制约之痛",对小城镇的整体风貌提升刻不容缓,小城镇环境综合整治行动计划应运而生。在"八八战略"和"两美浙江"战略引领下,浙江省践行生态文明和绿色发展理念,提出包括"千村示范、万村整治""四边三化""三改一拆""五水共治"以及小城镇综合整治等一系列行动。不仅在一定程度上缓解了生态破坏、水质污染、环境

1　乡镇政府,包括独立于城区的街道办事处。
2　"一加强、三整治",即加强规划设计引领、整治环境卫生、整治城镇秩序、整治乡容镇貌。

"脏、乱、差"等问题，还实现了小城镇物质空间上的腾升、生活环境的提升、精神面貌上的焕然一新，吸引了一大批创新企业的入驻和外出人口的回流。该时期小城镇环境综合整治计划全力打造宜居、宜业、宜游的生态环境，为小城镇未来发展提供了更多的可能。

3.3 第三阶段：完善功能

2014—2021年，浙江省进入新形势下高水平小康建设阶段。浙江省人口规模从5508万增长到6540万，人口增长处在稳定阶段；城镇化水平由64.87%增长到72.70%，越过城镇化水平70%的门槛，达到城镇化后期发展水平；人均GDP由72966.56元增长到113032元，正在跨越发达国家人均GDP 2万美元的门槛，实现了快速增长；城乡居民收入差距逐渐缩小，比值由2.09下降到1.95。一般公共预算收入从2014年的4122.02亿元上涨到2021年的82633亿元，是2014年的2倍。

2014—2021年，浙江省小城镇处在功能完善阶段。小城镇数量从887个下降到876个，小城镇常住人口从2014年的3131.9万下降到2019年的2741万，占同期全省常住人口总量的42.9%。2020年后小城镇人口出现上升趋势，从2019年的2741万上升至2021年的3234.7万，占同期全省常住人口总量的49.5%（图3-09）。

乡镇企业数量从2015年的36.11万个下降到2019年的24.94万个，小城镇工业总产值从2014年的46769.7亿元下降至2019年的45598.05亿元（图3-10）；小城镇一般公共预算收入从2014年的1456.68亿元上升至2020年的2501.89亿元（图3-11，图3-12）。

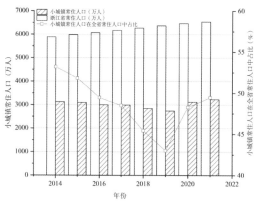

图3-09 2014—2021年浙江省小城镇常住人口及其在全省的比重
数据来源：2014—2019年小城镇人口数据来自《2014—2020年中国县域统计年鉴（乡镇篇）》，2020年、2021年小城镇常住人口数据来自浙江省住房和城乡建设厅，浙江省常住人口数据来自《2022年浙江统计年鉴》

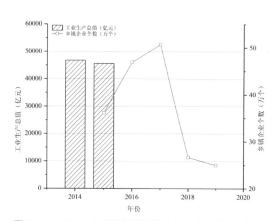

图3-10 2014—2020年浙江省工业生产总值及乡镇企业个数
数据来源：《2014—2021年中国乡镇企业年鉴》

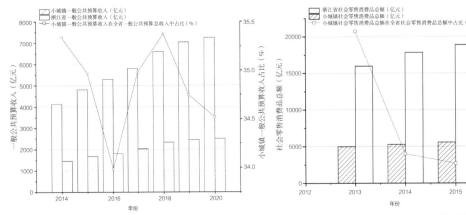

图 3-11 2014—2020 年浙江省小城镇一般公共预算收入及其在全省的比重
数据来源：《2014—2021 年浙江省财政年鉴》

图 3-12 2013—2015 年浙江省小城镇社会零售消费品总额及其在全省的比重
数据来源：《2014—2016 年浙江省统计年鉴》

3.3.1 战略部署：从"两个高水平"到"四大建设"

（1）"两个高水平"

中共浙江省委十四届二次全体（扩大）会议认真学习贯彻党的十九大精神，对"两个高水平"奋斗目标进行谋划，提出"两个阶段、两个十五年"的部署安排：到 2020 年高水平全面建成小康社会；从 2020 年到 2035 年高水平完成基本实现社会主义现代化目标；从 2035 年到 21 世纪中叶在我国建成社会主义现代化强国的新征程中继续走在前列，勇立潮头。

浙江省第十四次党代会报告提出，确保到 2020 年高水平全面建成小康社会，并在此基础上，高水平推进社会主义现代化建设，"更进一步、更快一步"建设"六个浙江"，这为今后五年浙江的发展指明了方向。"两个高水平"和"六个浙江"是"五位一体"总体布局和"四个全面"战略布局在浙江的具体体现，也是浙江按照社会主义现代化建设"三步走"战略部署确定的新的行动目标。

（2）"四大建设"

2018 年 5 月，时任浙江省省长袁家军在宁波调研时指出："大湾区、大花园、大通道、大都市区建设，是浙江省第十四次党代会作出的重大战略部署，是现代化浙江建设的主战场和大平台。"

"四大建设"包括：大湾区建设全面启动、大花园建设开局良好、大通道建设明显加快、大都市区能级提升。"四大建设"强调实施有机更新行动：实施城市有机更新，推进老旧小区改造和棚户区改造，建设美丽城市、美丽县城；实施乡镇有机更新，深化小城镇环境综合整治，建设美丽城镇；实施园区有机更新，运用特色小镇的思路和方式，分类、分块、分步改造100个传统开发区（园区），建设美丽园区。

3.3.2 行动计划：从"特色小镇"到"未来社区"

（1）特色小镇

2015年以来，小城镇进入特色发展期，浙江省率先提出"特色小镇"这一概念，相继推进了特色小镇建设，迅速将特色小（城）镇这种创新空间模式打造为生产、生活、生态一体化的空间经济平台，使其成为产业创新升级的新载体和推进新型城镇化建设的新抓手，并在全国范围内形成了良好的示范作用。同时，小城镇呈现出收缩发展特征，特色小镇作为生产力空间布局优化的重要举措，对产业转型升级和区域经济发展具有重要意义。

2016年，《中华人民共和国国民经济和社会发展第十三个五年规划纲要》提出"加快发展中小城市和特色镇，……因地制宜发展特色鲜明、产城融合、充满魅力的小城镇"。2016年，住房和城乡建设部、国家发展和改革委员会、财政部联合发布《关于开展特色小镇培育工作的通知》，提出"培育特色鲜明、产业发展、绿色生态、美丽宜居的特色小镇"，从战略层面为小城镇的特色发展提供了方向。

从浙江省到国家层面，特色小镇的内涵进一步提升，从片区推广到全域层面，从特色小镇延伸到特色小城镇，是顶层设计对底层架构的修正，是增量规划向存量规划的转变，是"以产促城"过渡到"以城兴产"，最终形成"产城融合"的过程。

特色小镇强调产业开发引导小城镇建设的市场主导发展模式，特色小城镇则强调小城镇的建设引导当地特色产业发展的政府主导发展模式。尽管两者的发展模式有所不同，但都强调"产城融合"对于小城镇发展的重要性。基于现实发展情况，特色小镇是相对空白的建设空间，加上政府相关的优惠政策使得其对企业的吸引要强于特色小城镇，抓住发展机遇实现了前期快速发展。然而，随着特色小镇管理不当、公共服务设施欠缺、特色产业同质化严重等问题的暴露，特色小镇后期出现发展动力不足、城镇风貌衰落的现象。特色小城镇则是基于小城镇，具有一定的人口、公共服务设施、乡镇基层管理基础，通过对小城镇社会服务水平功能的改善、当地历史文化特色的挖掘，结合地方产业进而发展特色产业，是功能逐步完善的过程。如果说，特色小镇是快餐化发展，那么特色小城镇则旨在稳健化发展，实现小城镇的长远发展。

（2）未来社区

2019年，浙江省率先按下"未来社区"建设的启动键，在省政府工作报告中首次提出"未来社区"这一概念，并着手推进首批24个试点项目。相较传统社区，未来社区更加"以人为本"，注重满足居民对美好生活的需求及优质环境的打造，重视数字技术在社区建设运营中的应用及低碳生活方式和生产方式的实施。

"未来社区"围绕社区全生活链服务需求，以"社区生活"为切入点、"人本化"为核心、"生态化"为特色、"数字化"为路径，围绕以未来邻里、教育、健康、创业、建筑、交通、低碳、服务和治理为引领的"九大场景"进行科学布局，并将这一理念贯穿于旧城改造与新型社区打造，在实践中大胆探索建设具有归属感、舒适感、未来感的新型城市，积极探索全国可持续的智慧化服务社区生态圈的实施。

"未来社区"九大场景的打造更加凸显了现代社会对于生活品质提升的需求，尽管"未来社区"是与美丽乡村相配套的"城市单元"，但以人为本的全面发展理念可以延伸至小城镇的未来建设当中。不同于城市社区的精细化管理，小城镇的建设情况、辐射范围、生活需求有着本质的差别，小城镇的人口密度相对较低，城镇与乡村风貌并存，生活方式较为简单。随着城镇化发展以及人民收入水平的提高，小城镇居民逐渐从乡村质朴的低端消费需求转向城镇创意的文化需求。然而，小城镇目前仍处在基础设施建设、功能发展完善阶段，造成人民日益增长的美好生活需要和不平衡不充分的发展之间的矛盾[1]，未来社区的建设为小城镇的未来发展提供路径参考。当前一些发达的特色小镇正探索着小镇与未来社区相结合的营造路径。[2]

3.3.3 全域统筹：美丽城镇建设

2019—2022年，美丽城镇以"五美"为核心，以"十个一"为抓手，高质量打造城乡融合、全域美丽新格局。 2019年，在小城镇综合整治取得阶段性成效的基础上，为进一步推动小城镇高质量发展，打通从美丽环境到美丽经济的"最后一公里"，浙江省委、省政府正式提出了建设美丽城镇的构想，出台了《关于高水平推进美丽城镇建设的意见》《浙江省美丽城镇建设指南》《浙江省县域美丽城镇建设行动方案暨"一县一计划""一镇一方案"编制技术要点》等诸多标准规范，自此浙江省全面开展"百镇示范、千镇美丽"的新时代美丽城镇建设行动。2020—2022年，美丽城镇建设阶段投资共计9268亿元，其中2020年第一阶段投入3286亿元，2021年第二阶段投入3216亿元，截至目前投入2766亿元。

---

1 习近平总书记在中国共产党第十九次全国代表大会中指出，中国特色社会主义进入了新时代，我国社会主要矛盾已经转化为人民日益增长的美好生活需要和不平衡不充分的发展之间的矛盾。
2 舟山如心小镇打造"现实版未来社区"，嘉兴桐乡打造"科创小镇里的未来社区"等。

美丽城镇建设投资远远高于小城镇环境综合整治，小城镇投入力度的加强、建设标准的提高、评价体系的完善，充分反映了浙江省域层面对于小城镇建设的重视，小城镇在建设水平、功能体系、城镇风貌方面也逐渐向中小城市靠拢，构筑了浙江省行政层级的坚实地基。

美丽城镇建设以全省1010个小城镇为对象，按照每年推选100个左右的进度，到2022年打造300个省级样板，以百镇样板引领千镇美丽。到2035年高质量全面建成功能便民环境美、共享乐民生活美、兴业富民产业美、魅力亲民人文美、善治为民治理美的新时代美丽城镇，打造新时代"富春山居图"。推进新时代美丽城镇建设，关键是塑造既有清丽山水又有净美人居的城镇风景，创造既有城市文明又有田园诗意的城镇品质，培育既有特色集群又有新兴业态的城镇经济，讲好既有乡愁古韵又有文明新风的城镇故事，实现既有党建统领又有"三治融合"的城镇善治。

2020年5月9日，省、市两级美丽城镇办组织专家对169个样板创建乡镇行动方案进行了评审，最终确定杭州市萧山区瓜沥镇等66个样板创建乡镇行动方案为优秀方案（表3-01）。

浙江省第一批优秀样板方案创建城镇统计表 表3-01

设区市	都市节点型	县域副中心型	特色型
共计 66个	22个	19个	25个
杭州市 9个	瓜沥镇、前进街道	塘栖镇、於潜镇、昌化镇、汾口镇、分水镇、梅城镇	转塘街道（龙坞）
宁波市 8个	集士港镇、慈城镇	泗门镇、周巷镇	戚家山街道、东钱湖镇、梁弄镇、前童镇
温州市 7个	柳市镇、鳌江镇	—	东屏街道、桥下镇、百丈漈镇、司前畲族镇、矾山镇
绍兴市 5个	安昌街道、儒岙镇	丰惠镇	东浦街道、山下湖镇
湖州市 4个	织里镇	练市镇、新市镇	天荒坪镇
嘉兴市 4个	凤桥镇、王江泾镇、濮院镇	钟埭街道	—
金华市 7个	雅畈镇、佛堂镇、尖山镇	游埠镇、苏溪镇、郑宅镇	虞宅乡
衢州市 7个	廿里镇、贺村镇	溪口镇、球川镇	七里乡、莲花镇、詹家镇
丽水市 7个	大港头镇、壶镇镇	—	住龙镇、崇头镇、竹口镇、王村口镇、大均乡
台州市 7个	新前街道、泽国镇、楚门镇	宁溪镇、横街镇	河头镇、石梁镇
舟山市 1个	—	—	普陀山镇

数据来源：浙江省城乡环境整治工作领导小组美丽城镇建设办公室

2020年9月18日，省、市两级美丽城镇办组织专家对第二批共353个样板创建城镇行动方案进行了评审，最终公布了浙江省第二批优秀样板创建城镇行动方案名单，确定杭州市萧山区浦阳镇等121个样板创建城镇行动方案为优秀方案（表3-02）。

浙江省第二批优秀样板方案创建城镇统计表　　　表3-02

设区市	都市节点型	县域副中心型	特色型
共计121个	38个	39个	44个
杭州市20个	浦阳镇、衙前镇、党湾镇、靖江街道、闲林街道、五常街道	中泰街道、高虹镇、太湖源镇、富春江镇、姜家镇、枫树岭镇、大同镇	黄湖镇、胥口镇、上官乡、万市镇、瑶琳镇、临岐镇、下涯镇
宁波市20个	洪塘街道、小港街道、观海卫镇、长街镇、西店镇	鄞江镇、章水镇、朗霞街道、洎林镇、石浦镇、松岙镇	云龙镇、东吴镇、横溪镇、九龙湖镇、黄坛镇、强蛟镇、晓塘乡、茅洋乡、大堰镇
温州市15个	藤桥镇、塘下镇、马屿镇、桥头镇	虹桥镇、大荆镇、高楼镇、南田镇	大门镇、雁荡镇、岩坦镇、西坑畲族镇、凤卧镇、筱村镇、桥墩镇
绍兴市6个	皋埠街道、马鞍街道、钱清街道	店口镇	上浦镇、沃洲镇
湖州市6个	乾元镇	埭溪镇、画溪街道、孝丰镇	双林镇、莫干山镇
嘉兴市7个	大桥镇、油车港镇、姚庄镇	盐官镇、崇福镇	广陈镇、通元镇
金华市13个	汤溪镇、后宅街道、廿三里街道、芝英镇、古山镇、桐琴镇	琅琊镇、江东镇、赤松镇、诸葛镇、唐先镇、尚湖	王宅镇
衢州市10个	高家镇、湖镇镇、华埠镇	湖南镇、峡口镇、池淮镇、马金镇	九华乡、何家乡、大桥头
丽水市10个	八都镇、温溪镇、古市镇	石塘镇、新建镇、沙湾镇	山口镇、北山镇、百山祖镇、湖山乡
台州市11个	下陈街道、桐屿街道、杜桥镇、平桥镇	大麦屿街道、健跳镇	屿头乡、石塘镇、坞根镇、曙滩乡、蛇蟠乡
舟山市3个		干览镇	东极镇、秀山乡

数据来源：浙江省城乡环境整治工作领导小组美丽城镇建设办公室

2020年12月，省美丽城镇办经现场检查、资料审查、满意度调查、综合评定等环节，并报省政府同意，确定杭州市西湖区转塘街道（龙坞集镇）等110个城镇为第一批美丽城镇省级样板（表3-03，图3-13）。

2020年度美丽城镇建设省级样板名单 表3-03

设区市	都市节点型	县域副中心型	特色型
共计110个	21个	27个	62个
杭州市 17个	瓜沥镇、仓前街道	瓶窑镇、塘栖镇、新登镇、昌化镇、於潜镇、分水镇、梅城镇、寿昌镇、汾口镇	转塘街道（龙坞集镇）、临浦镇、楼塔镇、莪山乡、威坪镇、前进街道
宁波市 15个	集士港镇、慈城镇、庄市街道、姜山镇	周巷镇	龙观乡、咸家山街道、东吴镇、溪口镇、萧王庙街道、梁弄镇、掌起镇、前童镇、定塘镇、东钱湖镇
温州市 12个	柳市镇、鳌江镇	虹桥镇、塘下镇、雅阳镇	泽雅镇、东屏街道、曹村镇、桥下镇、玉壶镇、矾山镇、藻溪镇
绍兴市 8个	安昌街道	丰惠镇、甘霖镇、儒岙镇	东浦街道、王坛镇、山下湖镇、同山镇
湖州市 6个	织里镇、乾元镇	菱湖镇、新市镇	煤山镇、天荒坪镇
嘉兴市 8个	新埭镇、长安镇、濮院镇	西塘桥街道	七星街道、王店镇、大云镇、乌镇镇
金华市 9个	佛堂镇、苏溪镇	傅村镇、尖山镇	安地镇、湖溪镇、龙山镇、郑宅镇、柳城畲族镇
衢州市 10个	航埠镇、廿里镇	溪口镇、贺村镇、球川镇	七里乡、莲花镇、詹家镇、廿八都镇、音坑乡
丽水市 10个	壶镇镇	舒洪镇	大港头镇、宝溪乡、山口镇、崇头镇、竹口镇、王村口镇、大东坝镇、东坑镇
台州市 11个	泽国镇、楚门镇	大溪镇、健跳镇	大陈镇、宁溪镇、新桥镇、河头镇、石梁镇、白塔镇、淡竹乡
舟山市 4个	—	—	东极镇、花鸟乡、普陀山镇、六横镇

数据来源：浙江省城乡环境整治工作领导小组美丽城镇建设办公室

2021年12月，浙江省美丽城镇办对全省2021年度创建城镇进行了考核验收。经综合评定，并报省政府同意，确定杭州市萧山区新街街道等110个城镇为第二批美丽城镇建设省级样板，杭州市萧山区靖江街道等299个城镇为美丽城镇建设基本达标，衢州市柯城区荷花街道等4个城镇为美丽城镇建设山区县县城城镇省级样板（表3-04，图3-14）。

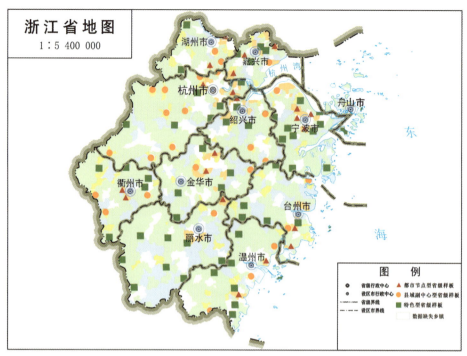

图 3-13 2020 年度美丽城镇建设省级样板分布

2021 年度美丽城镇建设省级样板名单

表 3-04

设区市	都市节点型	县域副中心型	特色型	一般型
共计 110 个	13 个	20 个	76 个	1 个
杭州市 17 个	良渚街道、义蓬街道	闲林街道	新街街道、戴村镇、衙前镇、崇贤街道、运河街道、场口镇、洞桥镇、高虹镇、河桥镇、合村乡、富春江镇、姜家镇、乾潭镇、大洋镇	—
宁波市 13 个	高桥镇、洪塘街道、庄桥街道、招宝山街道	莼湖街道、观海卫镇	春晓街道、横溪镇、西坞街道、大岚镇、龙山镇、晓塘乡、大榭街道	—
温州市 11 个	—	马屿镇、水头镇	藤桥镇、大门镇、北白象镇、雁荡镇、桥头镇、百丈漈镇、凤卧镇、司前畲族镇、霞关镇	—
绍兴市 10 个	—	枫桥镇	孙端街道、齐贤街道、兰亭街道、上浦镇、小越街道、大唐街道、三界镇、镜岭镇、澄潭街道	—
湖州市 8 个	—	练市镇、孝丰镇	埭溪镇、莫干山镇、下渚湖街道、画溪街道、水口乡、鄣吴镇	—

续表

设区市	都市节点型	县域副中心型	特色型	一般型
嘉兴市 11个	大桥镇、油车港镇、姚庄镇、乍浦镇	西塘镇、尖山新区（黄湾镇）	广陈镇、新仓镇、澉浦镇、袁花镇、石门镇	—
金华市 11个	孝顺镇、后宅街道	廿三里街道	雅畈镇、南马镇、六石街道、城西街道、唐先镇、檀溪镇、游埠镇、新斡街道	—
衢州市 7个	—	湖镇镇、峡口镇、芳村镇、华埠镇	湖南镇、沐尘乡、白石镇	—
丽水市 9个	—	八都镇、新建镇	住龙镇、高湖镇、石塘镇、黄田镇、大洋镇、云峰街道、新兴镇	—
台州市 11个	桐屿街道	松门镇、平桥镇、横溪镇	新前街道、横街镇、尤溪镇、石塘镇、清港镇、鸡山乡、蛇蟠乡	—
舟山市 2个	—	—	干览镇	枸杞乡

数据来源：浙江省城乡环境整治工作领导小组美丽城镇建设办公室

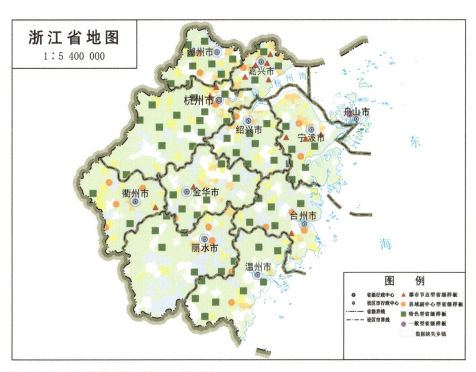

图 3-14　2021年度美丽城镇建设省级样板分布

2022年12月，浙江省城乡环境整治工作领导小组正式公布2022年度全省美丽城镇建设工作考核结果，确定杭州市双浦镇等143个城镇为第三批美丽城镇建设省级样板，杭州市进化镇等279个城镇为美丽城镇建设基本达标城镇，杭州市千岛湖镇等17个城镇为美丽城镇建设山区县县城城镇省级样板（表3-05，图3-15）。

2022年度美丽城镇建设省级样板名单 表3-05

设区市	都市节点型	县域副中心型	特色型	一般型
共计143个	8个	20个	112个	3个
杭州市20个	五常街道、河庄街道	—	双浦镇、河上镇、南阳街道、浦阳镇、径山镇、中泰街道、乔司街道、临江街道、胥口镇、春建乡、太湖源镇、湍口镇、玲珑街道、瑶琳镇、三都镇、大慈岩镇、下涯镇、枫树岭镇	—
宁波市18个	小港街道	西店镇、石浦镇	鄞江镇、瀣浦镇、蛟川街道、瞻岐镇、咸祥镇、云龙镇、江口街道、裘村镇、陆埠镇、大隐镇、匡堰镇、新浦镇、坎墩街道、梅林街道、墙头镇	—
温州市16个	—	大荆镇、陶山镇、泗溪镇	山福镇、仙岩街道、霓屿街道、蒲岐镇、高楼镇、岩头镇、大若岩镇、南田镇、腾蛟镇、萧江镇、马站镇、桥墩镇、钱库镇	—
绍兴市9个	店口镇	崧厦街道、陶朱街道、浦口街道	斗门街道、富盛镇、马鞍街道、崇仁镇、沃洲镇	—
湖州市8个	—	泗安镇、梅溪镇	妙西镇、和孚镇、双林镇、禹越镇、洛舍镇、溪龙乡	—
嘉兴市13个	新埭镇、许村镇	王江泾镇、崇福镇	新塍镇、惠民街道、干窑镇、沈荡镇、盐官镇、周王庙镇、高桥街道、洲泉镇	独山港镇
金华市16个	横店镇	上溪镇	罗店镇、赤松镇、女埠街道、诸葛镇、马涧镇、义亭镇、赤岸镇、古山镇、芝英镇、虞宅乡、王宅镇、方前镇、尚湖镇、罗埠镇	—
衢州市11个	—	—	石室乡、全旺镇、杜泽镇、峡川镇、小南海镇、清湖街道、石门镇、保安乡、东案乡、青石镇、池淮镇	—
丽水市13个	—	碧湖镇、安仁镇、温溪镇、古市镇	安溪畲族乡、百山祖镇、淤上乡、仙都街道、东方镇、湖山乡、高坪乡、大漈乡	方山乡
台州市15个	杜桥镇	院桥镇、金清镇、箬横镇	下陈街道、屿头乡、蓬街镇、括苍镇、小芝镇、温峤镇、沙门镇、大麦屿街道、白鹤镇、下各镇、亭旁镇	—
舟山市4个	—	—	展茅街道、岱东镇、五龙乡	双桥街道

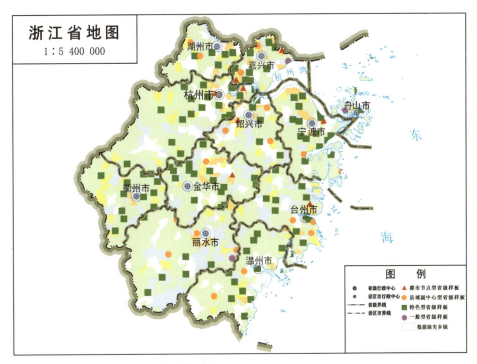

图 3-15　2022 年度美丽城镇建设省级样板分布

①**功能完善重在生活圈："十个一"工程保障**

美丽城镇的"十个一"标志性基本要求具体内容如下：一条快速便捷的对外交通通道，一条串珠成链的美丽生态绿道，一张健全的雨污分流收集处理网，一张完善的垃圾分类收集处置网，一个功能复合的商贸场所（指便利店、连锁超市、综合市场、商贸综合体或商贸特色街等），一个开放共享的文体场所（指图书馆、体育场馆、全民健身中心或文体中心等），一个优质均衡的学前教育和义务教育体系，一个覆盖城乡的基本医疗卫生和养老服务体系，一个现代化的基层社会治理体系，一个高品质的镇村生活圈体系；简称"2道2网2场所4体系"。"十个一"工程保障了美丽城镇居民基本的日常生活物质需求和精神需求，构建了舒适便捷、全域覆盖、层级叠加的镇村生活圈体系，保障了基本公共服务城乡全域覆盖。

②**功能完善涵盖各个层面："五美"体系建立**

"五美"体系是浙江省着力建设具有时代特征、现代品质、浙江特色的美丽城镇的美好愿景，是推进新时代美丽城镇建设的总目标；以"五美"体系为标准建设美丽城镇，对加快实现城乡融合、全域美丽的浙江城镇体系新格局具有重大意义。"五美"体系的主要内容包含功能便民环境美、共享乐民生活美、兴业富民产业美、魅力亲民人文美、善治为民治理美。"环境美"包括深化环境综合整治、构建现代交通网络、推进市政设施网络建设以及提升城镇数字化水平等；环境美是"五美"建设的基础层面，是对小城镇综合整治的延续与深化，主要围绕环境整治、基础设施建设、推进小城镇现代化建设等展开。"生活美"包括提升住房建设水平、加大优质商贸和文体设施供给、提升医疗健康服务水平、促进城乡教育优质均衡以及加大优质养老服务供给等；生活美是"五美"建设的关键层面，围绕以人为本的理念，改善居民的物质生活环境，保障居民的日常生活需求，是"五美"建设中投入最多、涵盖面最广、建设需求最多的一环。"产业美"主要包括整治提升"低、散、乱"、搭建主平台、培育新业态等；产业美是"五美"建设中的重要层面，旨在倒逼小城镇产业转型、实现传统业态更新、建设特色乡镇。"人文美"包括彰显人文特色、推进有机更新、强化文旅融合等，是"五美"建设中面向未来品质提升的衔接层面，其目标是保护小城镇历史文化资源、推动城镇有机更新，延续传统文化脉络，但未跳脱物质功能完善层面，仅作为未来品质提升的物质前提。"治理美"包括建立健全长效机制、全面提升公民素养、加强社会治理体系和治理能力建设，是"五美"建设中的管理机制层面，促进基层社会治理体系以及治理能力现代化。

3.3.4　阶段总结：完善小城镇功能

2014 年至今，是小城镇整体提质转型发展的巩固阶段，产业转型与特色化发展成为小城镇发展的重点。浙江省"十三五"规划中强调通过强化省域中心城市与周边县市协调融合发展，大力推进县域经济向都市区经济转型，从而减小城市与乡镇之间的发展差距。"十三五"期间政策的持续落实和深化，为小城镇的特色分类发展提供了良好的载体。美丽城镇是浙江在小城镇环境综合整治的基础上，对小城镇发展提出的更高要求和部署，即从基本物质环境改善阶段上升到综合功能完善阶段。其中，美丽城镇中的"五美""十个一"建设标准全面概括了该时期小城镇综合发展要求，不仅关注产业转型、城镇风貌建设、生活环境改善等基础要求，更将目光放远到文化历史传承、基层制度创新等高阶要求上。新的建设要求、新的发展理念、新的发展目标使小城镇迎来新时代发展建设转型的关键期，浙江省小城镇抓住建设发展机遇，实现发展道路转型，进一步增强小城镇在城乡统筹中的综合承载力、辐射带动力和城镇向心力，使其成为乡村振兴的"龙头"。随着"美丽城镇"行动计划的完美收官，对于小城镇生活品质提升的需求逐渐显露，并将成为小城镇下一个发展阶段的目标要求。

3.4 小城镇演进规律总结

生态文明建设成为城乡发展的关键,"千万工程"、小城镇综合整治计划、特色小城镇、美丽城镇等后续一系列的实践过程始终贯穿了生态理念,将生态文明理念嵌入浙江省城乡建设的制度和机构中,推动生态理念贯彻落实到浙江省城乡建设的实践中,形成一条清晰明确的"理论—实践"的探索历程,从"浙江经验"迈向清晰、稳定的"浙江模式"。

纵观"美丽城镇"创建行动的源与流,其行动目标逐渐从人居环境改善迈向规划治国理政,核心价值也不再固于城乡建设带来的土地财政,而是整合环境整治、财政税收和空间设计等多个方面的综合治理。同时,如何补足人居环境的短板,满足地方居民对美好生活的需求,使其安居乐业,稳步迈向共同富裕,并将其整合进全省、市、县的工作中,以实现自我约束和动态调整,成为这一行动的最终目标。

3.4.1 品质提升:小城镇前进的必然趋势

(1)"共建共享共创"的城乡发展新路径

浙江省小城镇的发展之路,逐渐从过去单个体的小城镇建设,转变为小城镇集群协同发展的全新探索。单个小城镇会在发展过程中逐渐面临低水平竞争、重复投入、后期难以运营维护等问题,而组团集群发展的模式,能使小城镇再度成为一定区域范围内的增长中心。

共建小城镇集群,是对浙江省"美丽城镇"创建行动的进一步拓展,是应对新时代背景下城乡一体化发展趋势的必要举措。通过共建小城镇集群,增进城镇之间生产要素流通,发挥产业上下游效应与集聚效应,实现跨域产业集群化、规模化发展,有效提升小城镇产业竞争力,城乡地区共享发展成果。随着发展成果的共享,城镇集群内部公共服务设施、基础市政设施、政府政策扶持等实现全面互通,共创城乡品质生活。

(2)"高质量导向"的城镇建设新需求

2021年,《中共中央国务院关于支持浙江高质量发展建设共同富裕示范区的意见》正式发布,提出浙江省高质量发展高品质生活先行区、城乡区域协调发展引领区、收入分配制度改革试验区、文明和谐美丽家园展示区的战略定位。浙江省小城镇将持续向高质量、特色化、可持续方向发展,实现基本公共服务均等化、城乡差距持续缩小、人民精神文化生活富足、生活环境美丽宜居的发展目标。

居民的精神文化需求逐渐转变为小城镇高质量建设的主导方向。根据马斯洛需求层次理论，精神的需求居于最顶层。浙江省小城镇在经济发展方面已经取得了显著成就，但城乡之间、区域之间的精神文化生活质量还存在一定差距。随着"特色小城镇""未来社区"等一系列行动政策的出台，加强精神文明建设、满足人民精神文化需求逐渐提上发展日程，小城镇的建设重点逐渐转向生活品质优化、精神面貌提升、教育文化产业。

3.4.2 美丽城镇：小城镇发展的历史归宿

（1）从"千万工程"的上级遴选到"美丽乡村"的申请准入

习近平总书记主政浙江时提出的"千村示范，万村整治"工程是浙江省人居环境营建的第一步。为应对"点多面广，密集小散"的乡村空间格局，"千万工程"首次提出一种"创建"的城乡规划思想，即通过5年时间对全省1万个左右的行政村进行全面整治，其中1000个左右中心村建成全面小康示范村。这种实施对象的有限遴选不仅意味着"千万工程"区别于传统规划的全面覆盖，更暗示着其底层逻辑是为特定对象实现有限目标的一种创建式指引。"千万工程"分为规划、实施和考核过程，数量众多的乡村整治势必需要建立统一的话语体系以高效衔接各个流程，因此"千万工程"明确指出"示范村"着重物质、精神文明综合提升的农村新社区建设，"整治村"关注乡村"脏、乱、差"的基础环境整治，如水净化、垃圾处理等。"千万工程"重构了规划目的、编制方法和实施路径，并以此奠定创建类规划的范式雏形。

历经5年环境整治，浙江省乡村建设不再止于基础性的物质空间改善。2008年，浙江省安吉县提出《建设中国美丽乡村行动纲要》，将乡村创建的内容延伸至乡村基础设施、城乡公共服务均等化和土地综合整治等内容。缺乏现代治理架构的村集体难以独立承担"美丽乡村"创建工作，而具有一定资源整合和治理能力的县（市）、镇政府成为创建类规划的实施主体，从2016年浙江省首批美丽乡村创建以县和乡镇作为主要表彰对象（6个示范县和100个示范乡镇）就可见一斑。

（2）从"小城市培育"的产业集聚到"特色小镇"的分类指引

浙江省的乡镇企业和县域经济是推动全省经济发展和城镇化的主要引擎，也是藏富于民、共同富裕的核心密码。随着20世纪90年代末土地、劳动力等要素成本上升以及传统中小企业管理模式滞后，彼时"精、专、特"的乡镇企业彻底沦为"低、小、散"的代名词。2007年浙江省出台《关于加快推进中心镇培育工程的若干意见》，并将"千亿产业集聚提升工程""引导乡镇企业向中心镇聚集"作为核心要求，随后2011年《关于支持小城市培育试点工作的实施意见》也提出推动试点镇的工业功能区与全省开发区（园区）合作，做大做强产业发展平台。"生态化""生活化"的理念转型催生了浙江省特色小镇和小城镇的雏形，奠定了浙江省特色的产镇融合路径。借助分类、多元的评价指标体系，将各产业空间的个性化需求纳入规划编制的模式化语言中以框定"创建"的编制内容。沿袭美丽乡村的创建路径，2015年《浙江省人民政府关于加快特色小镇规划建设的指导意见》提出三年创建100个左右特色小镇，在编审流程、准入机制和财政支持等方面均借鉴了美丽乡村的思路，并且明确指出"宽进严定"的创建机制。鉴于各类产业的独特空间需求，《特色小镇评定规范》在乡村创建的基础上进一步构建了由"共性指标"和"特色指标"相结合的多级评价指标体系。

（3）从"环境整治"的纵向传导到"美丽城镇"的横向整合

经过"美丽乡村"和"特色小镇"的两轮创建，浙江省摸索出一套创建类规划的实施顺序：先由省市自上而下地实行基础且普惠性的环境整治，再由地方政府结合自身情况分类型、分层级地申报综合性的创建行动。基于此，2016年浙江省委、省政府印发了《浙江省小城镇环境综合整治三年行动计划》，提出通过三年对全省1191个乡镇街道开展物质环境整治；随后，2019年顺势推出《关于高水平推进美丽城镇建设的意见》，明确"环境美、生活美、产业美、人文美、治理美"等综合美化作为下一步小城镇发展的目标，同时鼓励有条件的小城镇通过自主申报、创建300个左右的美丽城镇，为全省提供城镇建设样板，以期形成与"美丽乡村"比肩的全国示范效应。"美丽城镇"期望通过跨部门抽调人员组建专班的"横向整合"和省市县镇多级同构的"纵向传导"来理顺美丽城镇"创建"的治理体系，自此，创建类规划的基本形制得以确立。

3.4.3　规划理政：小城镇建设的空间善治

从美丽乡村到美丽城镇的20多年探索不仅是浙江人居环境的历史演进，也是全省城乡治理的模式创新。申请准入、指标体系和专班模式在美丽城镇创建行动中趋于成熟，并逐渐嵌入空间治理的府际关系之中，进而形成一套非常规性、博弈妥协、自我调整的制度和机构。

（1）政策传导：事权与财权的相互约束与自发激励

一方面，"申请制"意味着美丽城镇创建行动充分赋予地方政府自主性，由地方政府充分考虑自身发展情况和未来发展预期后进行自主申请和编制规划。另一方面，"准入制"则体现在并非所有编制规划的城镇均能成功创建，以此充分调动地方政府的竞争意识。浙江省1365个乡镇街道中，第一批省级样板城镇申报个数为249个，成功创建110个，分别仅占18%和8%。此外，《县域美丽城镇建设行动方案编制参考大纲》规定以县（市、区）为编制主体并负责资金配套和补助，申报城镇为实施主体，设置县区自评、市级初评等多个环节，通过门槛化和分级化的考核防止城镇的过度冒进。

美丽城镇创新行动通过"地方申请—分级准入"的方式实现了省、市、县等多级政府在事权上的相互约束，而"前期兜底—后期补偿"则代表对应的财权激励。在美丽城镇行动中，省级政府优先理顺"上级"与"地方"的责权关系并形成双向约束，随后通过"以事权赋财权"的手段实现"约束中的激励"，以此推动创建工作的有序落实。

（2）规划实施：刚性与弹性的有机协同与动态调整

美丽城镇创建行动根据自身短期规划、建设、评审的特点，探索出一条能兼顾省级政府意图传导和地方政府因地制宜的实施路径。在创建规划编制阶段，《浙江省美丽城镇建设评价办法操作手册》依据省政府对于人居环境的"五美"解读，构建对应的三级指标体系，并将其作为美丽城镇创建行动的核心内容和"共性指标"以实现刚性传导。同时，充分考虑块状经济下小城镇发展的个体差异，创建行动总结出六类美丽城镇创建场景，并针对其未来发展路径分设"个性指标"，以满足各类城镇的弹性选择。

此外，美丽城镇的评审原则也明确指出共性指标的刚性门槛，但在个性指标和总得分上留有弹性空间。比如浙东片区的洪塘街道和庵东镇均申报都市节点型美丽城镇，在满足共性指标80分的前提下，洪塘街道依托连通都市圈的高铁和地铁着重争取"环境美"中"现代化交通网络"的指标分数来提升总分，而庵东镇对照评分细则后发现自身的优势在于优质的公共服务设施承接市中心溢出的人口和产业，进而在"生活美"方面做足文章。

（3）专班机构：垂管与直管的信息传达与条块整合

充分响应国家治理现代化的号召，浙江省将"因事而设"的专班制度逐步整合进城乡规划建设的具体行动。在美丽城镇创建行动中，省委、省政府从所有相关部门中抽调人手组建浙江省城乡环境整治工作领导小组美丽城镇建设办公室，统一地点，集中办公，并赋予省级专班有关美丽城镇的所有事权，包括考评奖惩的规则制定、下级专班的责权赋能等。另一方面，各级政府也设立地方专班，直接对接上级专班以实现美丽城镇创建的相关思想和行动的及时传达，极大提高了政策实施的时效性。此外，得益于跨部门的人员组成，发改、经信、规资、住建等部门在城镇建设上的博弈被转化为各部门在专班内部"代理人"的博弈，并以美丽城镇评价指标体系和分值权重来体现，极大缓解了"政出多门"带来的不确定性，也是我国治理现代化转型的关键一步。

回顾浙江省小城镇的发展历程，总体上是由村镇经济到县域经济再到都市区经济、由低端到高端、由粗放到集约的工业化和城镇化的过程。早期粗放型的传统工业化驱动城镇化发展，小城镇的发展以"低、小、散"的民营企业为主导。随后，以县域经济为依托，小城镇向产业规模化、生产绿色化、环境生态化转型。进而，小城镇逐渐走向融入都市区经济、城乡功能一体化的高端发展道路。每一次推动小城镇成功转型的战略供给，都是基于特定时期背景下的区域需求分析，从"千万工程""美丽乡村"到"特色小镇""美丽城镇"，都是浙江小城镇针对当下发展瓶颈所做出的大胆探索与突破。未来，浙江省小城镇通过制定高质量建设标准，深化发展特色产业集群，推动共同富裕建设，持续向高质量、特色化、可持续方向发展。

第 4 章

浙江省小城镇发展现状特征与问题

4.1 小城镇发展现状特征

4.2 小城镇发展问题梳理

4.1 小城镇发展现状特征

4.1.1 小城镇经济发展现状特征 [1]

（1）经济发展趋势

小城镇发展向特色化、专业化突围。 1987—1994 年，浙江省小城镇的产业处在改革开放初期的蓬勃发展阶段。乡镇企业犹如雨后春笋般迅速发展，乡镇企业[2]的数量从 30.73 万个增长到 57.76 万个。由此带来小城镇工业生产总产值的快速上升，从 1987 年的 402.85 亿元提升至 1994 年的 4496 亿元；小城镇工业总产值的年均增长率为 41.15%。小城镇的产业处在高速度、低水平发展状态，片面追求量的发展，忽略了产品质量的提升。

1995—2015 年，浙江省小城镇的产业开始转向提质发展。乡镇企业个数由 58.4 万下降至 36.11 万，小城镇工业生产总值从 7004 亿元增长到 45598 亿元，年均增长率为 9.82%（图 4-01）。2001 年中国加入 WTO，浙江省小城镇进一步改变原有小作坊的分散式家庭生产，转向工业园区的集中发展模式。原材料集中供给、技术工人的集聚流动，以及生产设施共享等形成了乡镇产业集聚的规模效应，实现产量的大幅提升和产品质量的改善，推动浙江省小城镇工业化质量水平的不断提高。然而，与同类省份相比较，浙江省小城镇工业产值低于江苏、山东及广东，浙江省乡镇企业在全省发挥的作用逐渐变小（图 4-02）。

2015—2020 年，小城镇的产业发展向特色化、专业化转型。2020 年，浙江省研究与试验发展（R&D）经费投入为 1859.9 亿元，位居全国各省区市第四位，仅次于广东、江苏、北京。2017 年，浙江省科技厅官网公布浙江首批省级高新技术特色小镇名单，高端制造业、金融产业、人工智能、数字产业等新兴产业入驻，为小城镇的发展带来了全新的面貌，民

---

1 本节中未标注数据来源的图表均基于《2021 年全省美丽城镇主要指标统计表》数据整理绘制。
2 按行业划分的工业乡镇企业个数。

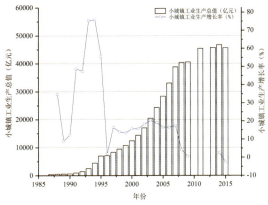

图 4-01　1978-2015 年浙江省小城镇工业生产总产值及其增长率
数据来源：《1978—2016 年中国乡镇企业年鉴》

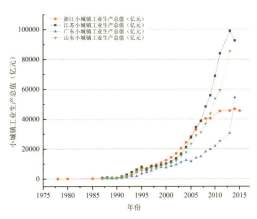

图 4-02　1978-2015 年四省小城镇工业生产总产值
数据来源：《1978—2016 年中国乡镇企业年鉴》

营企业朝向高质量发展的方向前进（表 4-01）。

浙江省特色小镇创建案例　　　　　　表 4-01

特色小镇名称	产业类型	小镇科技、创新水平
物联网小镇	物联网＋产业发展高地	2021 年，滨江物联网小镇拥有上市企业 16 家、世界 500 强企业及其投资项目 15 个，中国 500 强、中国民营 500 强企业 4 家，独角兽、准独角兽企业 12 家，国家高新技术企业 118 家，拥有省级及以上企业技术中心（研发中心、研究院）50 家，发明专利拥有量近万件，小镇内每万人发明专利拥有量达到 1056 件；小镇集聚孵化器 8 家，众创空间 5 家，其中，国家级孵化器 1 家，国家级众创空间 2 家，已形成"众创空间＋孵化器＋加速器"的科技孵化链条
互联网小镇	"互联网＋"数字健康、数字电商、数字创造三大产业	2020 年年底，滨江互联网小镇集聚了世界 500 强企业 2 家，中国 500 强企业 3 家，上市企业 16 家，国家高新技术企业 251 家，科技型中小企业 177 家。2021 年前三季度，小镇实现营收 1822 亿元，同比增长 28.3%，税收 145.8 亿元，同比增长 27.1%。小镇拥有以阿里巴巴、网易、华为和新华三为代表的领军企业团队，连连科技、创业慧康、恒生电子，以及网盛生意宝、丁香园、尚健、谦寻、辰帆等细分领域的数字"军团"
高端制造业小镇	高端制造业	为推动高端装备制造产业，浙江省积极发展高端装备制造业特色小镇。2021 年，浙江命名高端装备制造特色小镇 4 个，包括江北膜幻动力小镇、长兴新能源小镇、秀洲光伏小镇、新昌智能装备小镇。浙江省创建高端装备制造特色小镇 28 个，培育高端装备制造特色小镇 9 个
金融小镇	金融业	浙江省金融特色小镇共计 11 个，分别为上城玉皇山南基金小镇、鄞州四明金融小镇、拱墅运河财富小镇、西湖西溪谷互联网金融小镇、海曙月湖金汇小镇、南湖基金小镇、义乌丝路金融小镇、富阳黄公望金融小镇、萧山湘湖金融小镇、梅山海洋金融小镇、台州微金融小镇

（2）地区生产总值

地区生产总值区域差异显著。在县（市、区）级层面，2020年各区县地区生产总值（GDP）从东北向西南呈现较明显的高、中、低三个层次。GDP最高的杭州市余杭区、宁波市鄞州区、宁波市北仑区、宁波市慈溪市均超过2000亿元。GDP最高的三个县为别是宁波市宁海县、湖州市长兴县、嘉兴市嘉善县，722.6亿元、702.0亿元、655.8亿元。GDP最低的县（市、区）为丽水市的景宁畲族自治县、庆元县、云和县，分别为74.8亿元、78.9亿元、87.0亿元（图4-03）。

从人均地区生产总值（人均GDP）来看，虽然仍呈现东北高西南低的总体态势，但高、中、低三个层次不再明显，出现团块状特征。最高的杭州市滨江区、宁波市北仑区、宁波市镇海区，人均GDP均超过20.1万元。人均GDP最高的县是舟山市岱山县和嵊泗县，分别为18.5万元和17.4万元。人均GDP最低的县是温州市文成县和苍南县，分别为3.9万元和4.3万元（图4-04）。

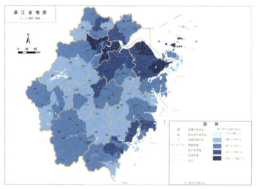

图4-03 2020年各区县地区生产总值
数据来源：数据浙江

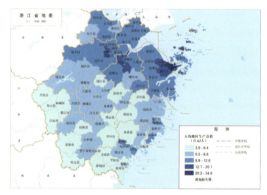

图4-04 2020年各区县人均地区生产总值
数据来源：数据浙江

（3）三次产业产值

三次产业结构存在地域差异。从2021年统计数据及可视化分布图来看，浙江省小城镇农业产值以衢州市—金华市—台州市为分割线，整体呈现北高南低的态势（图4-05）。小城镇工业产值则为北部靠近江苏、上海及北部沿海部分地区显著优于其他地区。宁波市杭州湾庵东镇近三年年均工业产值最高，为1622亿元（图4-06）。小城镇旅游业发展方面，旅游接待收入与接待人次在全省小城镇的分布比第一产业和第二产业更为均衡，高收入乡镇分布较为分散。丽水市、温州市明显低于其他地市（图4-07，图4-08）。

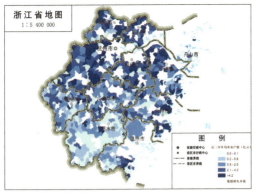

图 4-05 各乡镇近三年年均农业产值

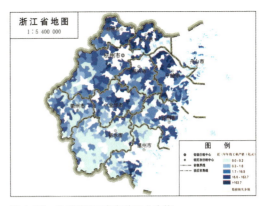

图 4-06 各乡镇近三年年均工业产值

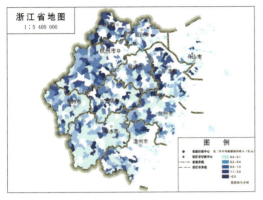

图 4-07 各乡镇近三年年均旅游接待收入

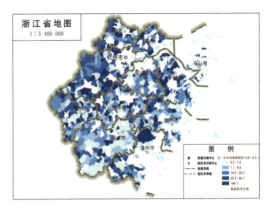

图 4-08 各乡镇近三年年均旅游接待人次

（4）分类分级特征

对小城镇进行分级，按人口规模将小城镇分为<5万人、5万—10万人、10万—15万人、>15万人四个级别。基于美丽城镇分类，全省小城镇分为七种类型，即都市节点型、县域副中心型、工业特色型、商贸特色型、农业特色型、文旅特色型及一般型。小城镇分级分类的数量特征及两者关系见表4-02。

小城镇分类与分级数量关系表　　　　表 4-02

行标签	>15万人	10万—15万人	5万—10万人	<5万人	总计（按分类）
都市节点型	12	8	12	4	36
分级占比（%）	33.4%	22.2%	33.3%	11.1%	100.0%
县域副中心型	3	7	35	24	69
分级占比（%）	4.4%	10.1%	50.7%	34.8%	100.0%
工业特色型	1	4	21	43	69

续表

行标签	>15万人	10万—15万人	5万—10万人	<5万人	总计（按分类）
分级占比（%）	1.5%	5.8%	30.4%	62.3%	100.0%
商贸特色型	0	0	3	16	19
分级占比（%）	0.0%	0.0%	15.8%	84.2%	100.0%
农业特色型	1	1	8	126	136
分级占比（%）	0.8%	0.7%	5.9%	92.6%	100.0%
文旅特色型	0	2	16	257	275
分级占比（%）	0.0%	0.7%	5.8%	93.5%	100.0%
一般型	0	1	18	205	224
分级占比（%）	0.0%	0.5%	8.0%	91.5%	100.0%
总计（按分级）	17	23	113	675	828

基于分级的5—10万人小城镇农业产值优势凸显。各级别小城镇年均农业产值的平均值，体现了该级小城镇的农业产业能力，排名依次为：5万—10万>5万以下>15万以上>10万—15万（图4-09）。**基于分类的县域副中心型及农业特色型小城镇农业产值较高。**按类别划分的小城镇农业产业能力排名为：县域副中心型>农业特色型>文旅特色型>一般型>都市节点型>工业特色型>商贸特色型（图4-09）。

小城镇工业产值随人口规模的级别提升而增加。各级别小城镇年均工业产值的平均值，体现了该级小城镇的工业产业能力，排名依次为：15万以上>10万—15万>5万—10万>5万以下（图4-10）。**都市节点型小城镇工业产值明显高于其他类型小城镇。**按类别划分的小城镇工业产业能力排名为：都市节点型>工业特色型>县域副中心型>商贸特色型>农业特色型>一般型>文旅特色型（图4-10）。

小城镇商贸服务业水平随人口规模的级别提升而增加。采用平均品牌连锁超市（个）、平均商贸综合体（个）、平均上市公司（个）指标，表示不同级别小城镇的商贸服务业水平，排名依次为：15万以上>10万—15万>5万—10万>5万以下（图4-11）。**都市节点型小**

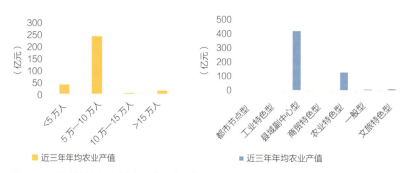

图4-09 按小城镇分级（左）及分类（右）的农业产值均值特征

城镇商贸服务业表现最优，一般型小城镇表现高于平均水平。按类别划分的小城镇平均品牌连锁超市和平均商贸综合体两项指标的表现相似，排名为：都市节点型＞一般型＞其他类型。平均上市公司（个）指标表现的排名为：都市节点型＞工业特色型＞其他类型（图4-11）。

最小规模级及最大规模级的小城镇旅游业水平突出。采用年均旅游接待人次指标，表示不同级别小城镇的旅游业水平，排名依次为：5万以下＞15万以上＞5万—10万＞10万—15万（图4-12）。**文旅特色型小城镇旅游业具有显著优势**。按类别划分的小城镇旅游业表现排名为：文旅特色型＞都市节点型＞县域副中心型＞一般型＞农业特色型＞工业特色型＞商贸特色型（图4-12）。

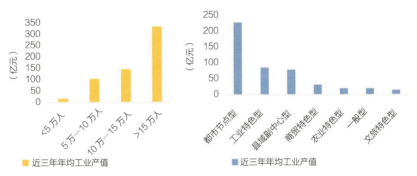

图 4-10 按小城镇分级（左）及分类（右）的工业产值均值特征

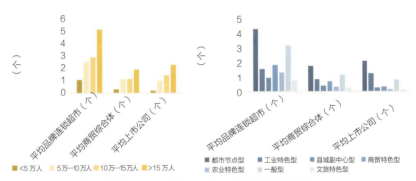

图 4-11 按小城镇规模分级（左）分类（右）的商贸服务业指标表现

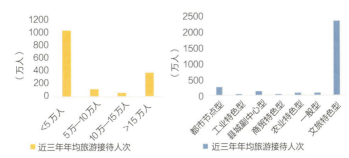

图 4-12 按小城镇分级（左）及分类（右）的旅游接待人次均值特征

（5）财政收支趋势

一般公共预算收入总量上升，占比趋于稳定。 2000—2020年小城镇一般公共预算收入总量上升，在全省一般公共预算收入中的占比先降后升，直至趋于稳定。2000—2009年，小城镇一般公共预算收入从156.6亿元上升到506.0亿元，在全省占比从45.69%下降到23.62%；2010—2020年，小城镇一般公共预算收入从506.0亿元上升到2501.8亿元，在全省占比从23.62%上升到34.5%（图4-13）。一般公共预算收入用于保障和改善民生，从该趋势可以看出政府对小城镇社会发展的投入有着先下降、后上升稳定的态势。与同类省份相比较，江苏省一般公共预算收入呈现出先上升、后下降的趋势，普遍高于浙江省占比；2000—2006年，小城镇一般公共预算收入从224.3亿元上升到1210.8亿元，在全省占比从58.2%上升到73.1%；2007—2020年，小城镇一般公共预算收入从1512.0亿元上升到3750.3亿元，在全省占比从67.6%下降至41.4%（图4-14）。

财政支出占GPD比重不断增加。 德国经济学家阿道夫·瓦格纳提出：随着人均收入水平的提高，政府支出占GDP的比重将会提高，即财政支出的相对增长。1995年后，随着全省人均收入水平的提高，政府支出占GDP的比重不断提高，至2020年达到15.59%（图4-15）。这一变化趋势

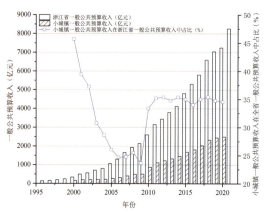

图4-13 1995—2020年浙江省小城镇一般公共预算收入及其在全省的比重
数据来源：《1978—2021年浙江省财政年鉴》

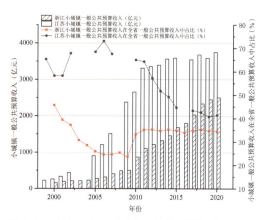

图4-14 1999—2020年浙江、江苏小城镇一般公共预算收入及其在全省的比重
数据来源：《1999—2021年浙江省财政年鉴》《1999—2021年江苏统计年鉴》

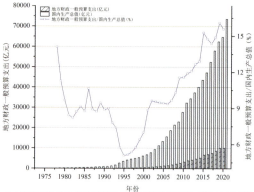

图4-15 1978—2020年浙江省地方财政一般预算支出及其与国内生产总值的比值
数据来源：《1978—2021年浙江省统计年鉴》

反映出：**浙江省的发展符合瓦格纳法则，即随着人均收入水平的提高，政府支出占GDP的比重将会提高，财政支出相对增加**。政府财政支出的增加意味着政府职能的扩展和国家活动范围的扩大，居民能够通过二次分配获得更多福利，包括教育、医疗、社会保障等方面。"千万工程"、小城镇综合整治以及美丽城镇等政策的提出，正是响应了以人为本的发展理念，通过增加民生事业投入，不断提升民生幸福度指数。

4.1.2 小城镇社会发展现状特征 [1]

（1）人口规模分布特征

第七次人口普查数据显示浙江省618个建制镇的常住人口为2495.16万，259个乡的常住人口为179.85万（以2020年11月1日零时为标准时点）。2019年建设统计数据显示建制镇户籍人口为2449.70万，乡户籍人口为303.34万。

各地级市小城镇人口数量和比例差异明显。从全省小城镇（建制镇+乡）户籍人口分布情况来看：温台地区小城镇人口最多，宁波市、杭州市、金华市、嘉兴市次之，衢州市、丽水市和舟山市最少（图4-16）。从人口比例（小城镇户籍人口/全市总户籍人口）分布情况来看：杭州市和宁波市最低，金华市、嘉兴市、绍兴市次之，衢州市和丽水市的小城镇人口比例最高（图4-16）。

各地级市建制镇、乡的人口规模差异明显。从各地级市的建制镇和乡人口规模来看，全省镇均人口规模为3.96万，乡均人口1.17万。台州市和温州市的建制镇平均规模大且总体数量多，宁波市和绍兴市的乡平均规模大但总体数量少，丽水市的乡平均规模小且总体数量多（图4-17）。

图4-16 浙江省小城镇户籍人口的地级市分布情况

---

1 本节中未标注数据来源的图表均基于《2021年全省美丽城镇主要指标统计表》数据整理绘制。

图 4-17 各地级市建制镇个数及平均人口规模（左）与乡个数及平均人口规模（右）

由此可见，浙东南沿海地区的温州市和台州市小城镇人口总量最高且占比在 50% 左右，说明该地区发展较为均衡，小城镇对人口有较强的容纳能力；浙西南山区的衢州市和丽水市城镇人口总量小却占比最高，说明该地区城市人口流失较为严重，发展动力不足；宁波市、杭州市、金华市、嘉兴市、绍兴市小城镇人口占比低，说明该地区城市对人口的吸引力强，小城镇人口受城市虹吸作用明显。

人口分布东北多、西南少。从建制镇和乡的层面看，全省小城镇人口呈现东北多、西南少的整体趋势。常住人口最多的三个建制镇为台州温岭市泽国镇、宁波慈溪市龙山镇、金华东阳市横店镇，分别为 19.54 万、18.70 万和 18.12 万。常住人口最多的乡为绍兴嵊州市贵门乡，人口 5.33 万。人口最少的三个乡均位于丽水市，依次为庆元县官塘乡、青田县万山乡、庆元县张村乡，常住人口数分别仅有 321、385 和 420（图 4-18）。

人口密度东北高、西南低。全省小城镇人口密度分布趋势与乡镇域总人口分布趋势基本一致，呈现东北高、西南低的整体态势。常住人口密度最高的三个建制镇是温州苍南县宜山镇、道林镇、宁波海曙区高桥镇，分别为 4632 人/平方公里、3655 人/平方公里、3502 人/平方公里。最高的乡为金华婺城区乾西乡，常住人口密度为 1361 万人/平方公里。常住人口密度最少的小城镇均位于丽水市的庆元县，依次为左溪镇、百山祖镇、官塘乡，密度分别为 3.2 人/平方公里、5.7 人/平方公里、5.8 人/平方公里（图 4-19）。

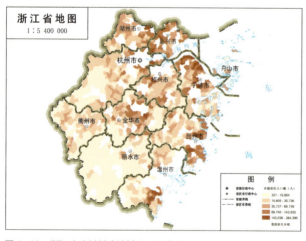

图 4-18 浙江省小城镇乡镇域人口分布特征

（2）人口规模发展趋势

人口蓄水池功能先减弱后回升。2000—2009年，浙江省小城镇镇域总人口数量呈现下降趋势，从3871万下降至3304万，同期小城镇数量由1770个下降至1180个。小城镇总人口的下降很大程度上归因于快速的城镇化发展，使得一部分乡镇人口向大城市集聚，这一时期全省的城镇化水平从46%提升到57.9%。与此同时，乡镇企业的发展在一定程度上维持了小城镇的人口吸引力，小城镇常住人口在全省总人口中的占比仍高达65%以上（图4-20），超过一半的人口仍然生活在小城镇。然而，与同类省份相比较，浙江省小城镇常住人口占比下降更为明显。如江苏省小城镇镇域总人口从6062.5万下降至5913.5万，在全省人口占比从82.7%下降至75.1%，仅下降7.6%。

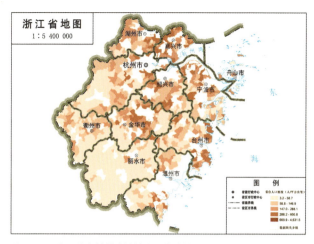

图4-19 浙江省小城镇乡镇域人口密度特征

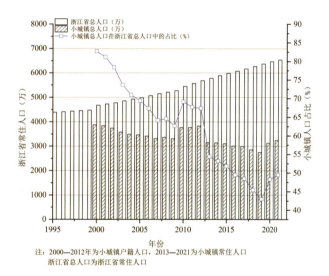

注：2000—2012年为小城镇户籍人口，2013—2021为小城镇常住人口
浙江省总人口为浙江省常住人口

图4-20 1978—2021年浙江省小城镇常住人口及其在全省的比重
数据来源：2000—2019年小城镇人口数据来自《2000—2020年中国县域统计年鉴（乡镇篇）》，2020年、2021年小城镇常住人口数据来自浙江省住房和城乡建设厅，浙江省常住人口数据来自《2022年浙江统计年鉴》

2010—2012年，浙江省小城镇总人口的数量从3766万进一步上升至3830万，但小城镇总人口在全省总人口中的占比总体呈现了上升态势，并在69.14%—69.92%的区间波动。同期小城镇数量由1171个下降至929个，城镇化水平从61.62%提升到63.2%。这个时期大城市部分劳动密集型工业企业向小城镇转移，小城镇承接了大量产业，带来了小城镇常住人口的回流，在省域常住人口中的占比也有所上升。

2013—2019年，浙江省小城镇总人口数量继续下降，从3144万下降至2741万。小城镇常住人口占全省常住人口的42.9%。同期小城镇数量由903个下降至877个，城镇化水平从64.0%提升到72.1%。这个时期，大城市的快速扩张产生了对周边地区的人口"虹吸"现象，小城镇人口向邻近的都市圈、中心城市集聚,同时小城镇自身发展动力不足,产业经济亟需转型升级,也造成了产业和人口的流出。2020年以后,随着美丽城镇三年行动计划的施行,小城镇人口出现回流,人口从2741.0万回升至3234.7万,占同期全省常住人口总量的49.5%。

(3)社会消费零售总额

小城镇社会消费品零售总额上升,占全省社会消费品零售总额比重下降。1978—2020年浙江省小城镇社会消费品零售总额持续上升。从2013—2015年的浙江省小城镇社会消费品零售总额以及小城镇人口数量看,小城镇社会消费品零售总额从5002.10亿元增长到5582.26亿元,但在全省社会消费品零售总额占比从31.3%下降到29.5%,同期小城镇常住人口占浙江省总常住人口的比值从57.1%下降到55.9%,说明小城镇居民消费增长水平仍低于城市居民消费增长水平(图4-21)。该趋势特征与江苏省情况相似,如2013—2014年,江苏省小城镇社会消费品零售总额从20878.2亿元增长到23458.1亿元,在全省占比从44.8%下降到43.4%,同期江苏省小城镇常住人口占江苏省常住人口比值从67.2%下降到64.7%(图4-22)。

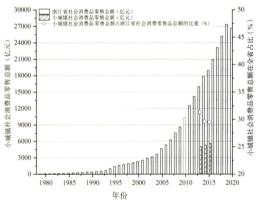

图4-21 1978—2020年浙江省小城镇社会消费品零售总额及其在全省的比重
数据来源:《1978—2021年浙江统计年鉴》

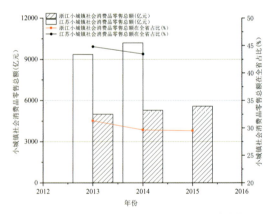

图4-22 2013—2015年浙江、江苏小城镇社会消费品零售总额及其在全省的比重
数据来源:《2013—2016年浙江统计年鉴》

(4)市政公用设施服务

市政公用设施建设基本完成。市政公用设施包括交通、给水、排水、燃气、环卫、防灾等各项设施。2019年的统计数据显示(图4-23),通有线电视、互联网的乡镇占比接近100%,即所有乡镇中的所有村庄均有建设,提升了城乡居民生活的数字化水平,丰富

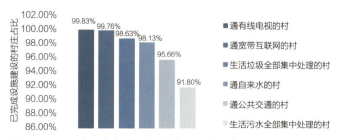

图 4-23 2019 年已完成设施建设的村庄占小城镇全部村庄的比例
数据来源：浙江省 2019 年乡镇统计数据

了日常生活的信息获取渠道。生活垃圾集中处理、通自来水、通公共交通的村庄占比分别为 98.6%、98.1%、95.7%，仍有提升空间。相比之下，"生活污水集中处理"指标的表现较差，其中共有 11 个乡镇未进行任何生活污水集中处理，生活污水集中处理的村庄占比为 91.8%。

4.1.3 小城镇环境发展现状特征[1]

（1）公园广场和绿道资源

公园建设总体量质兼顾，但存在区域差异。公园及休闲健身广场方面，从统计数据（2019年）来看，人均个数前 50 的乡镇中，所属地级市最多的是丽水市，共有 20 个，其次是金华和湖州。同时，共有 77 个乡镇人均公园及休闲健身广场个数为 0，其中衢州占比最高，共有 26 个；绍兴、嘉兴、宁波的占比是最低的（图 4-24）。

增加公园面积的约束，分析 "5 公顷以上公园数量"，全省约 42% 的乡镇有 5 公顷以上大公园。从 2021 年的数据分布图中可以得出，北部沿海及中部部分地区的大公园分布是比较密集的，其中嘉兴南湖区大

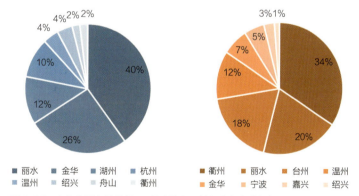

图 4-24 人均公园个数排前 50 的乡镇所属地级市占比（左）及公园个数为 0 的乡镇所属地级市占比（右）
数据来源：浙江省 2019 年乡镇统计数据

---

1 本节中未标注数据来源的图表均基于《2021 年全省美丽城镇主要指标统计表》数据整理绘制。

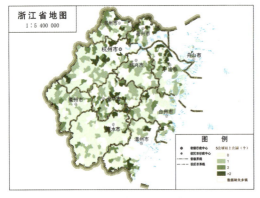
图 4-25 各乡镇大型公园（5 公顷以上）数量

图 4-26 各乡镇城乡绿道长度

桥镇有 10 个大公园，在全省小城镇中数量最多。这与 2019 年没有考虑公园面积的分析结果中，人均公园个数"所属地级市最多的是丽水市"有一定的差异，说明丽水市人均公园面积大的乡镇数量最多，主要与人口较少有关；面积大的公园少说明公园品质待提升。从数量和质量两方面评价公园绿地表现，可以反映小城镇不同角度的人居环境特征（图 4-25）。

绿道建设成果显著。 从 2021 年乡镇城乡绿道长度的数据及分布情况来看，浙江省的绿道建设成果显著，约 62% 的乡镇建设有 5 公里以上的绿道。从分布上看，丽水市、衢州市、以及温州市西部乡镇的绿道建设低于全省其他地区（图 4-26）。

（2）休闲旅游景区资源

小城镇旅游资源相对均质分布。 旅游景区是人们休憩游乐和社会交往的重要空间场所，全省 3A 景区的乡镇覆盖率约为 50%，全域总体旅游景观资源较丰富。从小城镇分级角度，人口规模在 15 万以上的小城镇 3A 景区的乡镇覆盖率最高，为 70.6%；从小城镇分类角度，文旅特色型最高（71.3%），其次为县域副中心型（63.8%）（图 4-27）。

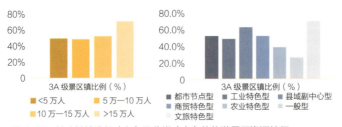
图 4-27 按小城镇分级（左）及分类（右）的旅游景区资源特征

4.2 小城镇发展问题梳理

4.2.1 宏观区域发展极化态势凸显

（1）人口流入与流出并存

选用常住人口/户籍人口的比值表现人口流动特征，分析全省小城镇的人口流动情况。当常住人口大于户籍人口（常住人口/户籍人口的比值>1）时，说明小城镇对人口存在吸引力；当常住人口小于户籍人口（常住人口/户籍人口的比值<1）时，说明小城镇存在人口流失。其中，流出人口为半年以上流出人口，流入人口为半年以上流入人口。

小城镇人口由南部向北部流动，东北部和中部的小城镇人口吸引力相对较强。全省范围内，宁波市、嘉兴市、湖州市、金华市、杭州市的小城镇对人口吸引力整体较强，台州市、温州市、衢州市的小城镇存在人口吸引与流失共存现象，丽水市的小城镇整体上人口流失较严重（图4-28）。

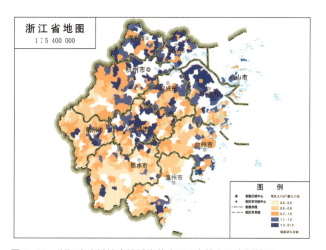

图4-28 浙江省小城镇乡镇域常住人口/户籍人口比例特征

（2）人口趋于向大镇集聚

人口规模分布极化趋势明显。5万以下规模层级的小城镇人口吸纳能力逐渐下降，15万以上规模层级的小城镇人口吸纳能力显著提升。2010—2020年，5万以下人口规模层级的小城镇人口总量占比由51.53%下降至36.61%，人口由吸入266.85万到流出218.34万，

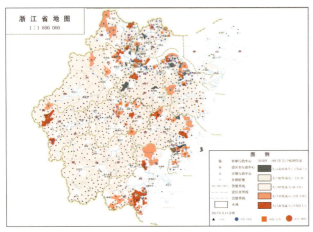

图 4-29　2010—2015 年基于分级的人口吸纳情况

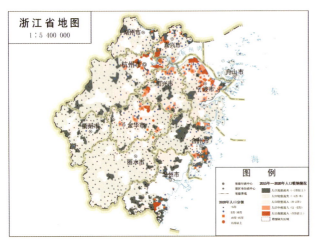

图 4-30　2015—2020 年基于分级的人口吸纳情况

人口吸纳能力逐渐下降。15 万以上人口规模层级的小城镇人口总量占比由 4.98% 增至 15.83%，人口由吸入 91.53 万升至吸入 147.56 万，人口吸纳能力显著提升（图 4-29，图 4-30）。

人口规模呈现逐级增加趋势。2010—2015 年，小城镇人口规模变化总体为 5 万—10 万规模层级的小城镇向 10 万—15 万规模层级发展，10 万—15 万规模层级的小城镇向 15 万以上规模层级发展；2015—2020 年，5 万以下规模层级的小城镇向 5 万—10 万规模层级的小城镇发展，5 万—10 万规模层级的小城镇向 10 万—15 万规模层级的小城镇发展，10 万—15 万规模层级的小城镇向 15 万以上规模层级的小城镇发展（表 4-03，表 4-04）。

2010 年、2015 年、2020 年小城镇基于分级的人口总量情况　　　　表 4-03

	2010 年			2015 年			2020 年		
	总个数（个）	总人数（万人）	总个数占比（%）	总个数（个）	总人数（万人）	总个数占比（%）	总个数（个）	总人数（万人）	总个数占比（%）
<5 万	768	1354.35	51.53%	720	1432.47	44.66%	707	1213.37	36.61%
5 万—10 万	134	908.75	34.58%	166	1120.51	34.93%	158	1091.25	32.93%
10 万—15 万	21	234.26	8.91%	31	375.42	11.70%	40	484.76	14.63%
>15 万	7	130.82	4.98%	13	279.3	8.71%	25	524.67	15.83%

表 4-04 2010—2015 年、2015—2020 年小城镇基于分级的人口规模层级变化

2010—2015 年人口分级变化				2015—2020 年人口分级变化			
2010 年人口层级	2015 年人口层级（万人）	变化个数（个）	人口变化总量（万人）	2015 年人口层级	2020 年人口层级（万人）	变化个数（个）	人口变化总量（万人）
<5 万	<5（不变）	712	+285.52	<5 万	<5（不变）	682	-172.30
	5-10	54	+89.34		5-10	38	+78.10
	10-15	2	+17.62		<5	24	-38.67
5-10 万	<5	8	-18.67	5-10 万	5-10（不变）	112	+47.49
	5-10（不变）	106	+50.64		10-15	22	+88.34
	10-15	18	+67.26		>15	8	+82.68
	>15	2	+23.08		<5	1	-7.37
10-15 万	5-10	6	-16.39	10-15 万	5-10	8	-18.07
	10-15（不变）	10	+15.31		10-15（不变）	15	-5.51
	>15	5	+32.07		>15	7	+43.52
>15 万	10-15	1	-2.48	>15 万	10-15	3	-13.22
	>15（不变）	6	+36.38		>15（不变）	10	+21.36
2010—2015 年人口分级总量变化（万人）				2015—2020 年人口分级总量变化（万人）			
<5			266.85	<5			-218.34
5-10			123.41	5-10			107.52
10-15			97.71	10-15			69.61
15 以上			91.53	15 以上			147.56

数据来源：第六次、第七次全国人口普查数据

（3）人口趋于向强镇集聚

小城镇人口由农业特色型、文旅特色型、一般型小城镇流向商贸特色型、工业特色型、都市节点型小城镇。

2010—2015 年，人口主要集聚于都市节点型、县域副中心型、文旅特色型小城镇。该阶段都市节点型、县域副中心型的小城镇承担了小城镇大部分人口，人口吸纳能力较强。特色型小城镇中的文旅型依靠数量优势，相比于其他特色型小城镇具有更高的人口吸纳总量（图 4-31，图 4-33）。

2015—2020 年，都市节点型、工业特色型、商贸特色型小城镇的人口吸纳能力增强。

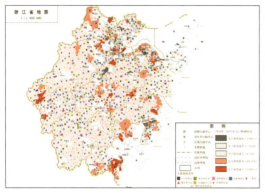

图 4-31 2010—2015 年基于分类的人口吸纳情况

图 4-32 2015—2020 年基于分类的人口吸纳情况

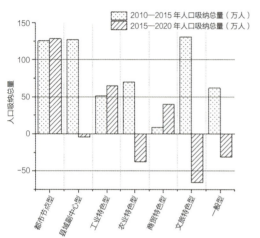

图 4-33 2010—2015 年、2015—2020 年基于分类的人口吸纳总量变化
数据来源：第六次、第七次全国人口普查数据

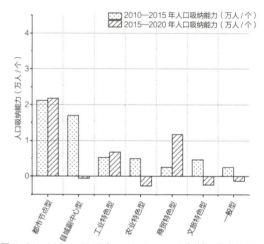

图 4-34 2010—2015 年、2015—2020 年基于分类的人口吸纳能力变化
数据来源：第六次、第七次全国人口普查数据

该阶段特色型小城镇中的文旅型、农业型小城镇人口流失较快，工业型、商贸型小城镇人口吸纳优势逐渐凸显。都市节点型小城镇人口一直在稳定上升，而县域副中心型小城镇人口出现一定程度的下降（图4-32，图4-34）。

4.2.2 中观集群发展协同联系不足

中观层面，省域小城镇集群发展面临以下问题：跨域发展不均衡，不全面；跨域协同水平随都市区逐级降低；市际边界小城镇的跨域联系以杭州市为中心向外蔓延，部分集群发展协同联系不足。

（1）跨域集群联系强度呈现分异

跨域联系强度呈现地区差异分布的特征。省域所有乡镇（街道）层面的整体网络密度为434492.219，中心势为0.36%，根据全省经济联系强度分布图（图4-35）来看，环杭州湾地区，即杭州与嘉兴、绍兴等地呈现跨市域、高值联系频繁的"Z"字网络化特征；浙东北沿海地区，即宁波、舟山等地则以跨县域密切联系为主，跨市域联系尚不明显；浙西南衢州、丽水等地区高值网络分布并不明显，经济联系整体仍处于低值状态，内部城镇集群化协同发展有待提升。

跨域联动发展呈现点状中心协同的特征。根据全省经济联系强度分布图（图4-35）来看，全省乡镇（街道）单元的最高值位于杭州市区内的街道单元，此外，宁波、温州的市区街道单元也有高值分布，金华则是义乌的街道单元联系更为突出。

由此可见，省域层面各个地级市的街道单元在城镇集群跨域发展中起到引领作用，呈现以点状中心主导的协同发展特征。其中杭州市区街道单元在省域层面呈现核心带动作用，且周围的高值引力联系已呈网络化；绍兴与杭州之间的跨域联动发展也以市区内街道单元间的高值联系为显著体现；此外，嘉兴、宁波以及金华（义乌）等地和杭州周边乡镇（街道）

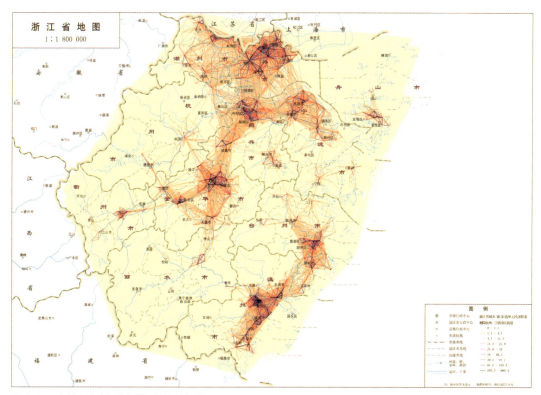

图4-35 省域乡镇（街道）单元经济引力联系

单元之间存在一定的引力联系,在点状层面建立起跨域协同发展关系。

(2)跨域边界资源融合度存在差异

用地跨域特征:杭州市周边城镇物质融合水平较高。位于市际边界小城镇的用地跨域发展主要集中在浙北平原地区,以杭州市为中心向外蔓延。从市际边界城镇用地跨界情况来看(图4-36),杭州、嘉兴、湖州、绍兴、宁波、温州市存在跨市发展属性的小城镇占比在25.6%—42.8%,金华、衢州、丽水、台州存在跨市发展属性的小城镇占比在13.9%—17.3%。从整体来看,杭州在市际边界小城镇土地空间联系网络中占据核心优势,特别是与嘉兴、湖州、绍兴、金华存在高强度的空间联系,温州、丽水、台州等市际边界小城镇存在低强度的空间联系。

杭州市作为浙江省的省会城市,具备用地扩展强度高、城镇化进程快的优势。同时,浙北多平原、浙南多丘陵的地形差异对建设用地发展也产生了一定的影响。从市际边界的小城镇来看,跨越市级边界两侧小城镇建设用地组团发展,甚至连绵形成跨界紧密城镇化地区的情形已屡见不鲜,这与小城镇发展方向、跨界交通建设、地形河流走向等因素有关。

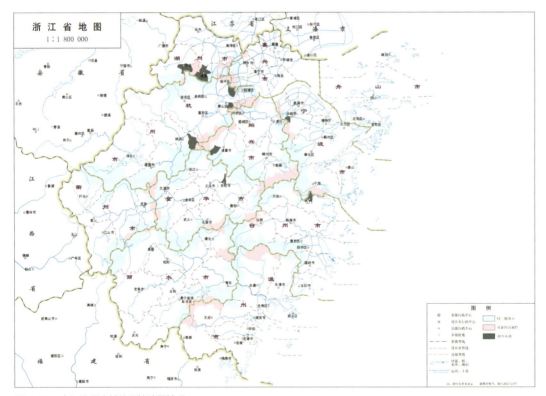

图4-36 市际边界小城镇用地跨界情况

这种用地连续与否能够较为直接地映射出边界两侧小城镇物质融合的程度。

人口跨域特征：环杭州市际边界自高向低蔓延趋势。位于市际边界小城镇的人口跨域发展呈现出环杭州市际边界自高向低蔓延趋势，从市际边界城镇人口空间联系总量来看（图4-37），杭嘉、杭绍、杭金衢等市际边界为人口流动频繁地段，其中杭州的良渚街道、运河街道、仁和街道，绍兴的店口镇的人口跨域联系显著，毗邻杭州市际边界的嘉兴、绍兴、湖州、金华等市际边界小城镇逐渐降低，而衢州、丽水、温州、台州等市际边界小城镇最低。

杭州市与周围地级市，尤其是绍兴、嘉兴的小城镇人口跨界流动要高于其他边界，出现小城镇人口跨界流动频繁的发展趋势，杭金衢、绍金、宁绍等市际边界在整条边界的部分地段出现小城镇人口跨界流动趋势。这与跨界交通建设、经济发展、地方文化等因素有关，这种人口流动的往来能够较为直接地体现出跨界区域的社会融合程度。

经济跨域特征：联系强度自东北向西南逐步减弱。位于市际边界小城镇的经济联系强度分布总体呈现东北高、西南低的特征，从市际边界城镇经济空间联系总量分布图来看（图4-38），杭嘉、杭绍等市际边界小城镇经济空间联系总量较高，其次为杭金衢、绍金、宁金等市际边界小城镇空间联系总量逐渐降低，宁波、台州与温州的市际边界小城镇空间联系总量为中等，而衢州、丽水等市际边界小城镇空间联系总量较低。

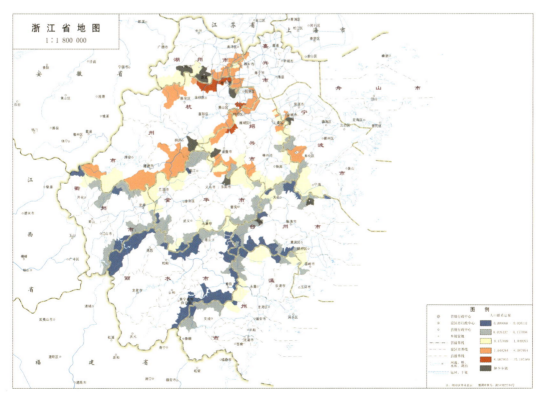

图4-37 市际边界城镇人口空间联系总量

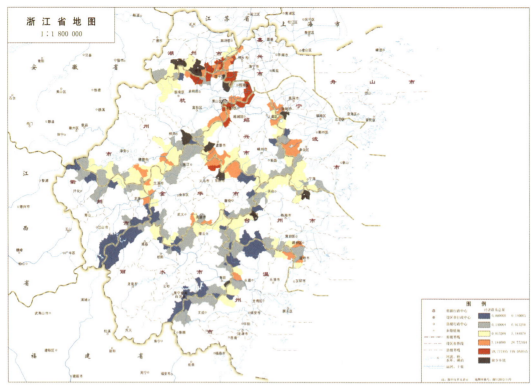

图 4-38 市际边界城镇经济空间联系总量分布

杭州市与周围地级市，尤其是绍兴、嘉兴、湖州的小城镇经济跨界联系要高于其他边界，呈现出小城镇经济跨界紧密联系的发展趋势；嘉湖、绍金、金丽等市际边界在整条边界的部分地段呈现出小城镇经济跨界发展趋势。这与企业组织、生产要素流动、特色产业发展等因素有关。

（3）四大都市区协同发展有待提升

根据全省经济联系强度分布图（图 4-35）来看，四大都市区集聚了省域主要经济联系。为更好地对四大都市区内小城镇的跨域集群协作情况展开特定分析，排除经济高度发达地区对周边小城镇间经济联系的影响，凸显其他地级市的高值经济联系，剔除杭州市区的街道单元后对全省乡镇（街道）单元经济引力联系展开计算，得出四大都市区协同发展的主要特征。

杭州都市区：跨域高度协同，网络化明显。 根据全省经济联系强度分布图（图 4-35）来看，高值主要集中在经济发达的杭州都市区周边，且逐渐向核心区范围外围区域辐射，如嘉兴、绍兴、湖州等地。杭州市内部各县（市、区）也呈现出跨县域协同发展情况，如拱墅与上城区，滨江区与萧山区，临安、富阳以及桐庐与余杭区。剔除杭州市区街道单元后（图4-39），杭州都市区范围内的绍兴、嘉兴市的高值联系开始突显，经济联系网络更趋于均衡状态，呈现显著的网络化空间特征。

由此可见，杭州都市区周边乡镇（街道）单元受杭州市的引领作用和经济辐射作用显著，都市区内部跨域联系密切，协同发展水平较为均衡。

宁波都市区：跨域中度协同，辐射范围有限。根据全省经济联系强度分布图（图4-35），宁波都市区内的经济联系高值集中在宁波市域内，如慈溪、余姚等地，在跨市域层面，主要与舟山市区形成一定的网状联系，但强度有限。剔除杭州市区街道单元后（图4-39），宁波都市区内部经济联系得到凸显，宁波—舟山集群被进一步划分为宁波市区—宁海县、北仑—象山—舟山两大子集群。

由此可见：首先，宁波都市区在带动区域发展上有一定的主导地位，但其范围相较杭州都市区有更明显的限制；其次，舟山地区及沿海一带的经济发展水平与宁波市区仍有差距，需进一步跨域协同发展。

金义都市区：跨域协同不平衡，点状高值联系。根据全省经济联系强度分布图（图4-35）来看，金义都市区内整体城镇间经济联系高值较少，呈现点状网络化分布，其中金华的义

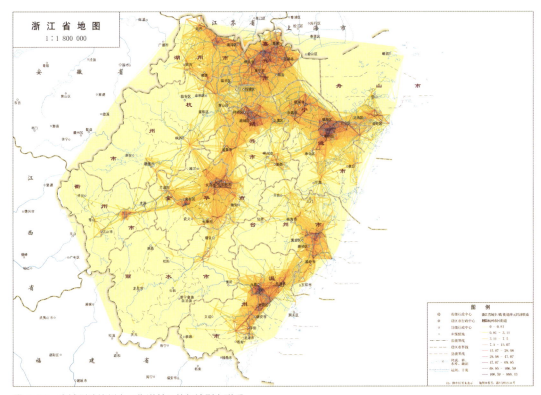

图4-39　省域剔除杭州市区街道单元的经济引力联系

乌市网络化特征较金华市市区显著。剔除杭州市区街道单元后（图4-39），金义都市区与衢州地区、桐庐地区乡镇出现点状的经济联系高值分布，在整体上呈现出一定的连绵状态，但与同样邻近的淳安、建德地区经济联系较弱。由此可见，义乌市对周边地区的经济引力明显大于金华市区，与二者的经济发展水平相吻合，都市区内部平衡有待提升；其次，金义都市区对周边城镇的经济引力体现了浙中、浙西地区经济水平的不均衡性，跨域发展有待进一步协同。

温台都市区：跨域协同不足，水平有待提升。根据全省经济联系强度分布图（图4-35）来看，温台都市区内高值分布相对较少，整体跨域联系有待提升；温州在客观上存在对部分台州、丽水地区的一定吸引力，但并未呈现明显的跨地级市联系的特征。剔除杭州市区街道单元后（图4-39），温台都市区内的高值联系开始凸显，主要局限在核心区与周边地区的经济联系，仅体现都市核心区对周边区域发展的带动作用。由此可见，温州与台州的经济联系较不明显，都市区跨域协同发展有待提升。

4.2.3 微观设施均等配置有待改善[1]

（1）公共设施享有水平分异明显

公共服务设施包括用于发展教育、科技、文化、卫生、体育等公共事业的设施。由等级幼儿园的统计数据可得，全省建设等级幼儿园的乡镇占比约88%，尚有约120个乡镇没有等级幼儿园，占比12%。浙江省乡镇幼儿园的建设情况是北部、中部、南部部分地区较为完善，其中，温州苍南县灵溪镇和金华婺城区白龙桥镇最多，分别达到60个和32个，在全省乡镇幼儿园的建设中表现突出。相比之下，西南部乡镇幼儿园建设比较落后，丽水和衢州部分地区甚至为0（图4-40）。

全省约200个乡镇建设有二乙级医院，占比约24%，没有二乙级医院的乡镇占比约为76%。其中金华东阳市横店镇和杭州富阳区新登镇建有3家二乙级医院，温州苍南县灵溪镇、嘉兴海盐县通元镇等8个乡镇建有2家二乙级医院，其他近200个乡镇建有1家二乙级医院（图4-41）。

全省乡镇中有图书馆（博物馆、展览馆）的占比约79%，共约210个乡镇没有建设图书馆（博物馆、展览馆），占比21%。从地区分布可以得出，北部、中部地区的建设数量比较丰富，但地区差异总体不大。其中，宁波海曙区高桥镇和金华义乌市大陈镇建设数量最多，分别达到了36个和35个（图4-42）。

---

1 本节中未标注数据来源的图表均基于《2021年全省美丽城镇主要指标统计表》数据整理绘制。

全省乡镇中有室内体育馆的占比约57%，约380多个乡镇没有建设室内体育馆，占比约43%，主要分布在西南大部分地区。室内体育馆建设数量最多的是台州玉环市楚门镇、宁波江北区慈城镇、宁波奉化区溪口镇，分别为30个、19个、18个（图4-43）。

小城镇人口规模级别越低，人均公共服务设施享有水平越高。基于小城镇每万人享有的等级幼儿园数量、二乙级医院数量、图书馆（博物馆、展览馆）数量、室内体育馆数量分析公共服务设施享有水平，呈现小城镇人口规模级别越低，设施享有量越高的趋势特征（图4-44）。

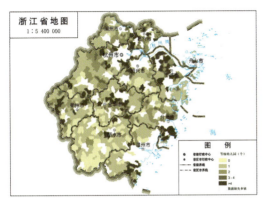

图 4-40　各乡镇等级幼儿园数量

图 4-41　各乡镇二乙级医院数量

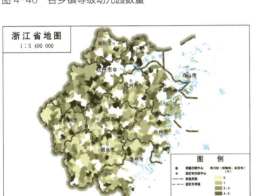

图 4-42　各乡镇图书馆（博物馆、展览馆）数量

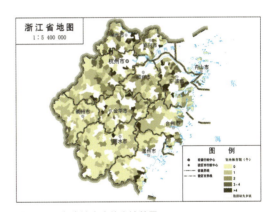

图 4-43　各乡镇室内体育馆数量

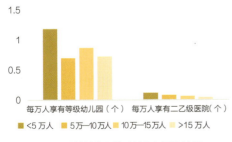

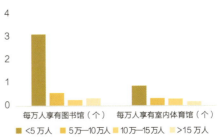

图 4-44　按小城镇分级的公共服务设施特征

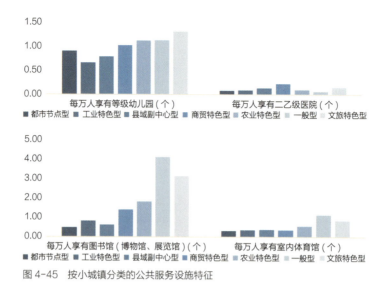

图 4-45 按小城镇分类的公共服务设施特征

不同类型小城镇人均设施享有水平差异较大，且不同设施间存在差异。文旅特色型、商贸特色型、一般型小城镇分别具有最高的等级幼儿园、二乙级医院、图书馆和室内体育馆享有量。都市节点型、工业特色型、县域副中心型小城镇在各类公共设施人均享有水平方面，几乎全部低于各类型平均水平，相对表现较差（图 4-45）。

（2）商业服务设施质量有待提升

商业服务设施包括与零售业、批发业、餐饮业和居民生活服务业发展相关的各类设施。商贸综合体乡镇覆盖率约为 38%，主要分布在中部部分地区、北部靠近江苏和上海的部分地区及北部沿海，其中金华、杭州、湖州、嘉兴、宁波等地的小城镇建设商贸综合体的数量高于西南部。湖州长兴县李家巷镇和宁波海曙区集士港镇商贸综合体数量最多，均为 5 个，其次为宁波海曙区高桥镇、金华东阳市南马镇、杭州桐庐县分水镇，均为 4 个（图 4-46）。

乡镇品牌连锁超市建设覆盖率达到 63%。衢州柯城区石室乡和台州温岭市泽国镇的品牌连锁超市数量最多，分别为 25 个和 24 个。尚没有品牌连锁超市的乡镇占比约 37%，主要位于丽水市以及温州市和衢州市的部分地区（图 4-47）。

乡镇星级农贸市场建设较为完善，乡镇覆盖率达到 61%。全省约 320 个乡镇没有星级农贸市场，占比 39%，主要分布在丽水市和台州市东部（图 4-48）。

小城镇人口规模级别越低，人均商业服务设施享有水平越高。基于小城镇每万人享有的星级农贸市场和品牌连锁超市分析商业服务设施享有水平，呈现小城镇人口规模级别越低，设施享有量越高的趋势特征（图 4-49）。

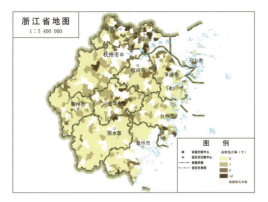

图 4-46　各乡镇商贸综合体数量

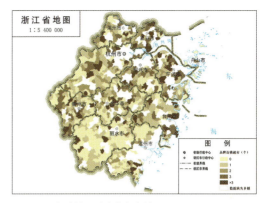

图 4-47　各乡镇品牌连锁超市数量

文旅特色型小城镇人均商业服务设施享有量最高。文旅特色型小城镇的每万人享有星级农贸市场（个）和每万人享有品牌连锁超市（个）均为最高。不同类型小城镇的星级农贸市场享有量相对均质。文旅特色型、商贸特色型、一般型的人均品牌连锁超市享有水平明显高于其他类型小城镇（图 4-50）。

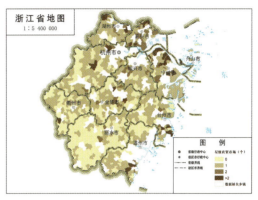

图 4-48　各乡镇星级农贸市场数量

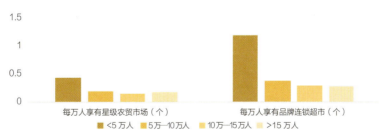

图 4-49　按小城镇分级的商业服务设施特征

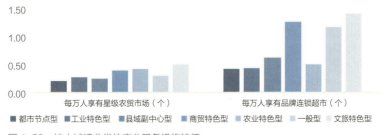

图 4-50　按小城镇分类的商业服务设施特征

（3）公共绿地设施品质存在差异

小城镇人口规模级别越低，人均公共绿地设施享有水平越高。 基于小城镇每万人享有 5 公顷以上公园（个）和每万人享有城乡绿道长度（公里）水平，呈现小城镇人口规模级别越低，设施享有量越高的趋势特征（图 4-51）。

商贸特色型小城镇人均大公园享有量最高，文旅特色型、一般型小城镇人均绿道享有量最高。 都市节点型、工业特色型、县域副中心型、农业特色型小城镇在公共绿地设施人均享有水平方面表现较差（图 4-52）。

图 4-51 按小城镇分级的公共绿地设施特征

图 4-52 按小城镇分类的公共绿地设施特征

综上分析可知，浙江省小城镇建设在经济、社会、环境等方面取得了举世瞩目的成就，逐步实现了小城镇环境美、生活美、产业美、人文美、治理美的发展目标。与此同时，小城镇发展仍面临以下问题：宏观层面，区域发展极化态势凸显，省域共同富裕面临挑战；中观层面，集群发展协同联系不足，小城镇间联系强度有待加强；微观层面，设施均等配置水平及居民生活品质仍有提升空间。因此，需要从宏观、中观、微观三个层面提出浙江小城镇发展建设的相应策略，绘就新时代美丽城镇高质量建设发展新图景。

第 5 章

新时代浙江美丽城镇发展态势与战略定位

New era

5.1　当前小城镇发展新态势
5.2　浙江省当前发展阶段研判
5.3　新时代浙江美丽城镇发展战略定位

改革开放以来，浙江小城镇在经济社会发展过程中往往都是"春江水暖鸭先知"，成了区域发展转型的"晴雨表"和改革探索的"先行地"。经过近四十年的建设，浙江小城镇从根本上改变了原来以"大规模生产"为导向的人类活动空间模式，居民收入水平和需求偏好的改变也驱动着生产生活空间组织的转型。当前人居环境存在问题包含了宏观结构控制失效造成的城市交通问题；中观空间组织失灵造成的出行环境向机动化倾斜、人性化尺度不足等；微观环境设计失败导致的空间冷漠化现象加剧等。这些人居环境面临的系列问题，阻碍了高端核心要素（人才、科技、金融）的空间聚集，严重影响了小城镇的持续健康发展。美丽城镇建设不仅是对上述人居环境的回应，更进一步促进了浙江小城镇发展特色的凸显，浙江的特色小城镇在国内家喻户晓，成了浙江区域经济发展中的一张金名片。毫无疑问，小城镇的持续特色发展是浙江城乡融合发展的奥秘所在，也是浙江走向共同富裕的必由之路。进入新时代，为适应生产生活方式的变化，城镇规划建设的思想和方法也应从过度强调"功能分区"的理性主义，转向更加关注"功能混合"的人本主义。而美丽城镇建设也必将进一步发挥浙江作为展示中国特色社会主义制度优越性"重要窗口"中的一道亮丽风景线的作用。如何通过对当前发展阶段和城镇发展态势的研判，对新时代美丽城镇的建设和发展提出相应战略与定位，使空间供给的品质改善能够成为有效引领城镇特色发展转型的抓手，是本章的核心研究问题与内容。

5.1 当前小城镇发展新态势

5.1.1 人口都市化

2000 年以来的 20 多年是我国快速城镇化的阶段。2000 年，全国的城镇化率为 36%，到 2011 年全国城镇化率突破 50%。至 2021 年，全国常住人口城镇化率达到 63.89%，浙江城镇化率更是达到 72.17%。在这一时期，人口向大城市、中心城市集聚趋势越来越明显。2020 年，全国城区常住人口超过 1000 万的超大城市达到 7 座，1000 万以下 500 万以上的特大城市共 14 座。同一时期，浙江在快速城镇化的同时，人口也在快速向大城市集中。2019 年，浙江省发布杭州、宁波、温州、金义四大都市区规划，着力提升大都市区吸纳集聚人口的能力，以此作为农业人口转移转化的重要平台。

（1）人口向都市区集中趋势明显

依据第五次、第六次和第七次人口普查数据，比较 2000—2010 年和 2010—2020 年两个十年间的人口增长变化率可知，杭州、金华、宁波、温州和嘉兴是人口增长程度最高的城市（图 5-01）。杭州、宁波、温州一直是浙江省人口最稠密和城镇最密集的区域，人口增长的速度也相对更高。这

图 5-01 浙江各市人口增长变化率
数据来源：浙江省第五次、第六次、第七次人口普查数据

十年间，中心城市的人口增长程度较为明显，且与原城市的人口规模关联性更强。人口变化率超过 25% 的市县主要有杭州市、宁波市、温州市、绍兴市、台州市、义乌市、嘉兴市等。人口变化率在 15%—25% 的城市包括慈溪市、瑞安市、乐清市、温岭市、金华市、余姚市、舟山市、海宁市等（图 5-02 左）。只有浙西南的丽水和衢州的人口数稍有下降。

自 2010 年进入经济"新常态"以来，城市化进程中的人口迁移出现了从"乡—城"向"非都市化—都市化"的新特征，而且趋势加快。自 2010 年以来，浙江基本确定了"强化省域中心城市功能，扶植培育和合理发展中等城市，大力提高小城市和小城镇建设水平"的城镇发展方针，出台了一系列与都市区、湾区发展相关的政策。2010 年浙江省城镇体系规划中确定的特大城市包括杭州、宁波、温州以及金华—义乌四个都市区核心区，目标是建设在长江三角洲地区城市群和浙江省发挥重要组织作用、具有综合功能、起着集聚或传导经济要素和各类信息的城市。

在 2010 年至 2020 年的十年间，人口的增长呈现出明显集聚于杭州、宁波、金华—义乌都市区核心区（图 5-02 右）。杭州都市区的绍兴、海宁、桐乡，以及金华—义乌都市区的义乌、永康、东阳等县市成为主要的人口吸引地。宁波都市区的宁波、余姚和慈溪是浙江沿海地区的主要人口迁入地。同时，人口的增长变化率与各县市原有的人口规模的关联性变弱。在 2020 年人口规模前 20 的县市中，只有一半的县市人口增长程度大于 15%，包

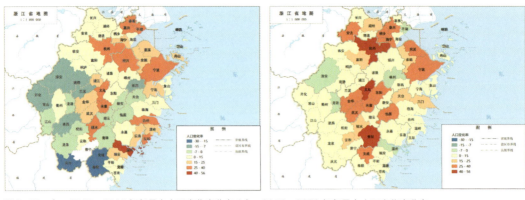

图 5-02 左：2000—2010 年各县市人口变化率分布 / 右：2010—2020 年各县市人口变化率分布
数据来源：浙江省第五次、第六次、第七次人口普查数据

括杭州都市区的桐乡市和海宁市、金义都市区的金华市和东阳市、宁波都市区的宁波市和慈溪市等，而温州市的人口增长程度明显放缓。

（2）都市区核心区内的城镇是吸纳人口的主力军

手机信令数据能准确、高精度反应使用者的停留位置，将其用于识别和监测人口流动已是近年研究的主流。本节通过分析联通手机信令数据，分别识别了 2017 年 11 月和 2022 年 4 月浙江全省联通用户的居住地。这 5 年间的镇（街道）范围内常住人口变动情况如图 5-03 所示。常住人口增长的城镇分布呈现明显的集聚特征，分别位于浙北的平原地区、温台沿海地区以及浙中盆地地区。排除各地级市中心城区的街道，常住人口增长的镇主要分布于四大都市区的核心范围内，如杭州都市区范围内，排除杭州市区的街道，人口增长的区域主要位于绍兴、诸暨、临安等都市区核心区内的城镇。其余三大都市区也呈现相同趋势。这些位于都市区核心区范围内的城镇，在长期的人口流动中，作为人口蓄水池，承接了大量流入都市区的人口，特别是经济发展较为快速的城镇，如萧山瓜沥镇、海宁许村镇、长安镇、乐清柳市镇、义乌佛堂镇等。这些经济基础较好的城镇，人口吸引力得到显著提升，人口集聚现象也较为明显，经济活动和人口的集聚，相应地也带来了各类服务的发展需求。

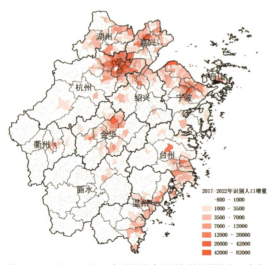

图 5-03 2017—2022 年手机信令识别各地区常住人口变化

5.1.2 经济发展特色化

改革开放以来,浙江省的小城镇在经济社会发展中起到了重要的先行作用,其经济发展呈现出显著的特色化趋势。浙江的小城镇凭借其灵活的经济体制和地理优势,吸引了大量的资本和劳动力,小城镇经济快速发展。至2022年,以小城镇经济为主体的县域GDP占浙江全省GDP比重超过40%,小城镇代表的县域经济是浙江高质量发展的引擎之一。在做大经济规模的基础上,小城镇经济分化形成了具有显著特色化的块状经济。这种特色化产业结构不仅提高了小城镇的经济活力,也促进了区域经济的整体发展。

小城镇的特色化产业发展不仅有助于推动区域协调发展,也能有效促进城乡之间的经济融合。通过发展特色产业,小城镇可以在区域经济体系中避免同质化竞争,形成错位发展和互补合作的局面。浙江小城镇依托自身的资源禀赋和区位优势,发展出了各具特色的产业体系和产业集群。例如,桐乡市依托丝绸和家纺产业,形成了以轻纺为主导的产业集群;永康市则以五金产业为龙头,逐渐发展成为"中国五金之都"。除了发展特色产业,当前浙江省小城镇的产业结构转型也在重点推动工业与服务业的融合发展,注重工贸互动和市场培育,形成"特色产业+专业市场"运营模式和产业集聚模式,打造小城镇为中小城市经济发展增长极。如"海宁皮革工业+皮革城""诸暨山下湖珍珠+华东国际珠宝城"以及"诸暨大唐袜业+大唐袜业城"的工贸互动模式。这种产业特色化的发展模式,使得浙江的小城镇在特定领域内具有较强的竞争力和市场影响力。

近年来,浙江省政府通过一系列政策措施,推动小城镇的产业转型升级,鼓励新兴产业和高新技术产业的发展。浙江省的小城镇经济发展经历了从传统农业向现代工业和服务业转型的过程。尤其是通过2003年开始的"千村示范、万村整治"工程,小城镇逐步实现了产业结构优化升级。通过对城镇特色化发展方向的培育,特别通过美丽城镇的建设,在因地制宜、分类施策的指导下,各地充分挖掘本地特色,做大做强特色产业。至2021年,全省已经发展培育了近200个具有特色产业的小城镇(图5-04),这些特色产业为全省小城镇的发展提供了强大的经济动力。未来,小城镇的产业特色化发展将依旧是小城镇建设的主题,只有通过小城镇的特色化发展,才能增强小城镇自身的吸引力,吸引更多的人才、资本和技术,提升小城镇的可持续发展能力。

图5-04 2021年特色型美丽城镇分布

5.1.3 社会空间极化

改革开放以来，浙江小城镇的建设经历了1980—2000年"低、小、散"的自由发展阶段和2000年至今"集、强、改拆"（集中、强镇扩权、三改一拆）的转型发展阶段后，省域小城镇已呈现人口与经济布局的两极分化，以及区域的空间集中特征。从数量上看，城镇人口规模与工业产出水平悬殊，两极分化明显。

2017年浙江小城镇常住人口分级统计　　　　　　　　　　　　　表 5-01

常住人口规模	城镇		人口	
	数量（个）	占比（%）	数量（万）	占比（%）
>10万	49	5.4	795	26.7
5万—10万	126	13.8	874	29.3
3万—5万	149	16.2	578	19.4
1万—3万	319	34.9	592	19.8
<1万	272	29.7	143	4.8
共计	915	100	2982	100

2017年浙江小城镇工业企业产值分级统计　　　　　　　　　　　表 5-02

工业企业产值规模	城镇		产业	
	数量（个）	占比（%）	产值（亿元）	占比（%）
>300亿	26	2.8	12310	28.5
100亿—300亿	110	12.0	16924	39.2
50亿—100亿	106	11.6	7745	17.9
10亿—50亿	216	23.6	5344	12.4
<10亿	457	50.0	877	2.0
共计	915	100	43200	100

由表 5-01 可知，人口规模小于3万的城镇数量占64.6%，但人数占比却不到25.0%。而人口规模大于5万的城镇数量虽然只有175个，只占总数的19.2%，但这些城镇的总人口数却占了浙江省小城镇全部人口数的56%。同样，从表 5-02 来看，工业企业产值低于10亿元的城镇数量占50%，但其产值占比却仅有2%。而产值大于100亿元的城镇虽然只有136个，占总数的14.8%，但这些城镇的总产值却占了浙江全省小城镇总产值的67.7%。从空间分布来看，两极分化的小城镇同步呈现区域化集中现象。将省域小城镇人口与工业企业产值进行空间等级分类（图 5-05），可以看到，数值高的城镇多数集中在浙东北环杭州湾、东南部温台沿海以及金义都市区周边区域，数值低的城镇主要集中在浙西与浙南区域，省域小城镇人口与经济空间分布明显受到四大都市区区位与经济走廊的影响。

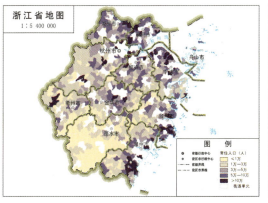 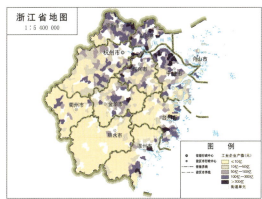

图 5-05 浙江省小城镇人口与工业企业产值等级空间分布
数据来源:《浙江省 2017 年村镇建设统计报表》

5.1.4 职能类型分化

在社会空间极化的同时,省域小城镇的职能类型也发生着分化。为准确把握小城镇的职能分化态势,本节参考借鉴已有研究成果,综合考虑小城镇发展现状与数据可获得性等因素,构建了包括社会发展、旅游消费、经济增长、农业管理 4 个一级指标,反映城镇建设与发展两个维度的 8 个二级指标,16 个三级指标在内的小城镇职能分类评价指标体系(表 5-03)。

小城镇职能分类评价指标体系　　　　　　　　　　　　　　　表 5-03

一级指标	二级指标	指标编号 / 三级指标(单位)
社会发展	状态指标	X1/ 建成区公共服务设施密度(个 / 公顷)
		X2/ 年度城镇建设投资额(万元)
	响应指标	X3/ 城镇常住人口规模(人)
		X4/ 城镇化水平(%)
旅游消费	状态指标	X5/ 历史文化名镇及景区情况
		X6/ 住宿餐饮企业个数(个)
	响应指标	X7/ 住宿餐饮企业营业总收入(万元)
		X8/ 第三产业从业人数占比(%)
经济增长	状态指标	X9/ 工业企业占企业总数比例(%)
		X10/ 商品市场交易额(万元)
	响应指标	X11/ 规模以上企业总产值(万元)
		X12/ 第二产业从业人数占比(%)

续表

一级指标	二级指标	指标编号/三级指标（单位）
农业管理	状态指标	X13/耕地面积（公顷）
		X14/农业技术服务机构从业人员数（人）
	响应指标	X15/设施农业占地面积（公顷）
		X16/第一产业从业人数占比(%)

浙江省小城镇纳尔逊分类结果　　表5-04

职能类型	综合服务		旅游服务		工业生产		农业发展		职能强度
	小城镇个数	占比(%)	小城镇个数	占比(%)	小城镇个数	占比(%)	小城镇个数	占比(%)	
>M+3S	24	9.9	19	9.2	12	3.7	11	3.8	高
M+S~M+3S	54	22.1	46	22.3	44	13.7	38	12.9	中
M~M+S	166	68	141	68.5	266	82.6	245	83.3	低
总计	244	100	206	100	322	100	294	100	
职能分化规模指数	0.294		0.248		0.388		0.355		
职能分化水平指数	0.029		0.0231		0.014		0.013		

其中4项一级指标分别对应小城镇的4项主要职能——综合服务、旅游服务、工业生产、农业发展。应用极值法和变异系数法对省域小城镇数据矩阵经无量纲化处理后确定各项指标权重，并采用综合评价模型计算获得4项一级指标的评价指数。借鉴纳尔逊分类法，对省域小城镇的4项职能进行分级，以评价指数高于算术平均值（Mean，M）作为划定城镇具有某项职能的标准，一个城镇可兼具多项职能，用高于平均值以上几个标准差（Standard deviation，S）来衡量该职能的强度，强度越高，说明城镇该职能专业化程度越高。在此基础上，得到浙江省小城镇职能空间分布图（图5-06）。

从表5-04看，全省已形成了面向4种职能类型的相当数量的小城镇，其中至少具有一项职能的城镇有634个，占比高达76.5%，说明省域小城镇已出现大规模职能类型分化现象。但其4类职能强度处于高水平的比例极低，大多数城镇的职能强度处于低水平，说明整体上省域小城镇职能分化水平程度不高，高度专业化的小城镇数量不足。比较4类职能分化的规模指数和水平指数可以看出，工业生产和农业发展的职能分化规模显著高于综合服务和旅游服务，但职能分化水平恰恰相反——综合服务和旅游服务明显高于工业生产和农业发展。

从图5-06看，4类职能的发展受到都市区区位的影响，但程度不一。首先，工业生产

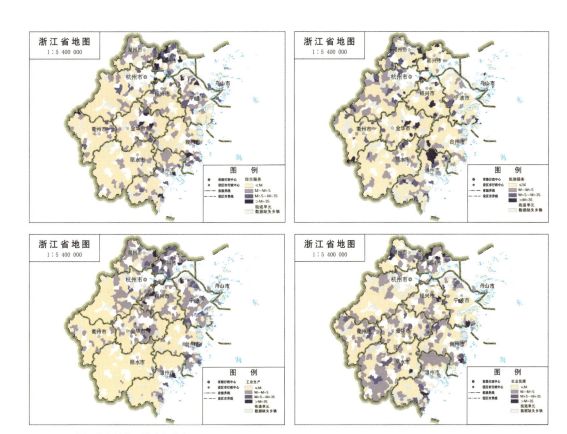

图 5-06 浙江省小城镇职能空间分布
数据来源：《浙江省 2017 年村镇建设统计报表》

型受影响程度最大，强度高的小城镇多数集中在环杭州湾的杭甬都市圈和沿海的温台地区，少量集中在金义都市区内，呈连绵集聚发展态势，且其职能强度随与都市区距离的增加呈现衰减趋势。其次为综合服务型，这类职能的小城镇多数为省级中心镇，受历史形成的发展基础影响，空间分布与工业生产型相比较为分散，但从职能强度与分布密度看，浙东北区域明显高于浙西南区域，且同样呈现随着与都市区距离的增加逐步衰减的特征。再次为农业发展型，这类职能的小城镇一方面受农地等资源禀赋影响，另一方面受中心城市区位影响，职能强度高的小城镇多数集中在杭嘉湖平原及全省 11 个地区中心城市周边。最后为旅游服务型，这类职能的小城镇在省域空间分布上相对分散和均衡，受资源禀赋和城市区位双重影响，旅游资源禀赋起着基础性和决定性的作用。

5.2 浙江省当前发展阶段研判

5.2.1 发展水平研判

（1）与初级发达国家发展水平相当

在快速增长的中国区域经济中，以省份为单位的GDP总量分析，浙江省在2020年排名第四，仅次于广东省、江苏省和山东省，但浙江省的GDP增速是广东省的1.6倍（表5-05）。以世界银行的2018年GDP数据，全国GDP总量第一的广东省2020年的GDP总量为11万亿人民币，介于排名第10的加拿大和排名第11的韩国之间。而浙江省的GDP总量介于排名第16的印度尼西亚和排名第17的土耳其之间，高于荷兰、瑞士等国（表5-06）。

全国主要地区2020年GDP及增速 表5-05

排名	地区	GDP（亿元）	增速
1	广东	110760.94	2.3%
2	江苏	102700	3.7%
3	山东	73129	3.6%
4	浙江	64613	3.6%
5	河南	54997.07	1.3%
6	四川	48598.8	3.8%
7	福建	43903.89	3.3%
8	湖北	43443.46	-5.0%
9	湖南	41781.49	3.8%
10	上海	38700.58	1.7%
11	安徽	38680.6	3.9%
12	河北	36206.9	3.9%
13	北京	36102.6	1.2%
14	陕西	26181.86	2.2%
15	江西	25691.5	3.8%

数据来源：《2021年中国统计年鉴》、世界银行

2018年各国GDP及排名 表5-06

GDP排名	国家	GDP（亿美元）	GDP（亿人民币元）
1	美国	201999.60	1386727.254
2	中国	131186.90	900598.0685
3	日本	50631.30	347583.8745
4	德国	39348.10	270124.7065
5	法国	27656	189858.44
6	英国	26612.30	182693.4395
7	印度	26541.70	182208.7705
8	巴西	21997.20	151010.778
9	意大利	20489.90	140663.1635
10	加拿大	17634.90	121063.5885
11	韩国	15973.90	109660.8235
12	俄罗斯	15229	104547.085
13	澳大利亚	14822.80	101758.522
14	西班牙	14199.30	97478.1945
15	墨西哥	12499.70	85810.4405
16	印度尼西亚	10921.40	74975.411
17	土耳其	9057.16	62177.4034
18	荷兰	8910.37	61169.69005
19	瑞士	7087.96	48658.8454
20	沙特阿拉伯	7084.87	48637.63255

数据来源：《2021年中国统计年鉴》、世界银行

浙江省各地市2021年经济人口数据表　　　　表5-07

地市	GDP（亿元）	人均GDP（万元/美元）	人口（万人）
杭州	18109.4	15.17 / 23516.8	1193.6
宁波	14594.9	15.52 / 24055.1	940.43
温州	7585	7.92 / 12281.3	957.29
绍兴	6795.3	12.89 / 19982.4	527.1
嘉兴	6355.3	11.77 / 18239.1	540.09
台州	5786.2	8.74 / 13543.1	662.23
金华	5355.4	7.60 / 11773.1	705.07
湖州	3644.9	10.82 / 16776.4	336.76
衢州	1875.6	8.24 / 12772.1	227.62
丽水	1710	6.82 / 10570.7	250.74
舟山	1703.6	14.71 / 22806.9	115.78
全省	73515.6	11.30 / 17520.0	6456.71

数据来源：《浙江省统计年鉴》

根据浙江省统计年鉴和第七次人口普查数据（表5-07），2021年浙江省人均GDP为113032元，按平均汇率折算为17520美元，已超过15000美元，与初级发达国家的人均GDP相当，杭州更是趋近于中等发达国家水平。综合浙江的GDP总量和人均GDP，浙江的发展水平已经与初级发达国家的发展水平相当，部分地区已经接近中等发达国家发展水平。

（2）已处于高人类发展水平阶段

1990年联合国开发计划署（UNDP）提出了人类发展指数（Human Development Index, HDI），用于衡量一个国家或地区在健康、教育和生活水平等方面的综合发展情况。该指数基于预期寿命指数、教育指数和收入指数三方面指标，通过出生时预期寿命、成人识字率、综合入学率、实际人均国内生产总值计算得到。从长三角地区2010年和2020年的人类发展指数可以看出（图5-07），2010年，浙江全省均处于高人类发展水平，其中，杭州、嘉兴、绍兴、宁波、舟山发展水平较高。到2020年，浙北地区已经处于极高人类发展水平，其中杭州达到了长三角地区人类发展水平的第一梯队，与西欧的意大利、希腊、葡萄牙等国相当。[1]

习近平总书记在十九大报告中指出："中国特色社会主义进入新时代，我国社会主要矛盾已经转化为人民日益增长的美好生活需要和不平衡不充分发展之间的矛盾。"这样的

1　数据来源：联合国开发计划署官网 https://hdr.undp.org/data-center/human-development-index#/indicies/HDI

指示意味着我们的发展已从追求小康社会到了追求美好社会。浙江省目前已经处于初级发达国家水平,处于从物质满足向精神满足、从经济资本积累向社会资本积累转型阶段,重在创造一种美好的生活方式,一种美好的"人与自然、人与社会和谐相处的格局和状态",需要塑造正确的世界观与价值观——人创造环境,环境塑造人。

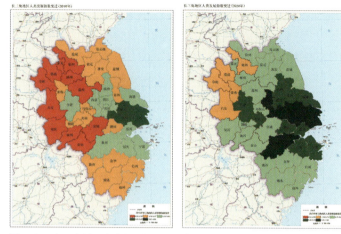

图 5-07 长三角地区人类发展指数变迁(2010—2020 年)
数据来源:《长三角地区人类发展进程报告(2010—2020 年)》

5.2.2 新时代需求特征

(1)精神需求多元化

目前,我国社会主要矛盾已经转变为人民日益增长的美好生活需要和不平衡不充分的发展之间的矛盾。在社会主要矛盾转换的新时代,人们的精神需求图谱正经历着一场深刻的变革,从过往对物质基础的单一追求,转向了对精神文化生活全方位、多层次的探索与渴望。从物质层面的"有没有"转向精神层面的"好不好",渴望通过参与高质量的文化活动、享受精致的文化产品来充实自己的精神世界,提升个人的文化素养和生活品质。这种转变不仅仅是对生活质量提升的简单诉求,更是对生活美学、知识深度、情感共鸣与个人价值实现等更高维度精神追求的集中体现。

在这样的社会背景下,人民群众对于精神文化的需求日益呈现出多元化、个性化的特点。他们不仅追求文化生活的高质量与丰富性,同时也更加注重在精神世界中寻找归属感与自我实现的途径。这包括对创新思维的激发、个人兴趣的培养、情感世界的细腻体察以及通过各种形式的艺术创作来表达自我、记录生活、实现个人价值的深切愿望。因此,如何构建一个既能满足大众精神文化消费升级,又能促进个体自我成长与价值实现的环境,成为新时代城镇空间建设面临的新挑战与新要求。

伴随着经济的高速发展,浙江省居民也普遍进入精神文化消费、追求美好生活方式的新阶段。在互联网和数字化背景下,人民群众对于文化产品的选择不再局限于传统范畴,而是倾向于探索更加新颖、具有创意且能引发思考、实现自我表达的体验。这不仅要求文化产品与服务的提供者不断创新，同时也对城镇空间布局与功能提出了新的要求。城镇空间应着眼于人本主义，不仅关注物理空间的拓展与美化，更要深入挖掘和创造适宜文化活动发生的空间，这些空间不仅要满足文化交流、展示与体验的需求，还要成为居民实现自我表达和创意实践的理想场所。因此，缩小城乡间文化产品、文化服务和空间的差距，确保城乡居民都能平等地享受高质量的文化资源和文化空间，成为提升全民精神文化生活品质的关键。这需要在城镇建设的具体实践中，更加强调人文美的融入，通过建筑、雕塑、公共艺术等形式，展现地方特色与文化深度，使城镇空间不仅成为居住与工作的场所，更是精神滋养与文化传承的载体，最终构建一个人文与自然和谐共生、精神与物质同步富裕的美好社会。

（2）居民生活方式闲暇化

根据社会环境学与空间地理学的相关理论，人口迁移推拉理论证实了地区吸引力的重要作用，而马斯洛的需求层次理论构建了城乡人口的迁移决策模型。按照马斯洛的需求理论，这五阶段模式可分为缺陷需求和增长需求，生理需要（食物和衣服）、安全需要（工作保障）、社交需要（友谊）和尊重需要通常称为缺陷需求，而最高级别的自我实现称为增长需求。

浙江步入初级发达国家水平序列，迈入工业化后期阶段，居民的诉求也随之发生转变，从缺陷需求转向增长需求。消费时代的到来正是对这种转变现象的回应，随着人均 GDP 的提高，在经济的生产、交换、消费三个环节上，城镇的主要功能愈加倾向消费。人们对于自我实现的精神文化需求会影响到集体消费行为和公共选择，公共选择的结果体现在对公共空间与社会活动的诉求上。而公共设施、公共空间的供给对消费的质量与数量的提高起着关键性作用，提供高品质的公共设施和公共空间，有助于社会资本的积累与公民素质的提升。

根据扬·盖尔的著作《公共生活研究方法》，可以看到发达国家在公共生活和居民生活方式上曾经走过的历程，对迈入初级发达程度水平的浙江省的未来发展具有一定的借鉴作用。伴随着居民生活方式的根本性转变，生活方式闲暇化是必然趋势，公共生活诉求提高之后，对城市空间的要求主要有以下三点：一是更加重视人与人之间的交往。由于生活水平和消费水平的提高、休闲时间的增加，人们的生活模式发生变化，城市空间的营建也逐渐重视人们对在充满人情味、活力以及文化气息的环境中进行休闲、社会交往等活动的需要。[1] 二是追求品质化的公共场所。无数研究证明，城市空间质量与公共生活之间存在明

---

1 许凯，Klaus Semsroth. "公共性"的没落到复兴——与欧洲城市公共空间对照下的中国城市公共空间 [J]. 城市规划学刊，2013(03): 61-69.

显的依存关系。随着我国城市建设的不断发展、人性化城市空间的复兴,城市需要提供更多高品质的公共空间,以增强人与人之间的交往,为城市带来更多活力。[1] 三是对多样化服务的需求。随着改革开放的不断深入推进,经济、政治、文化、生态等诸多领域发生着深刻变化,而这些转变折射到城市空间,突出表现在人们对于公共空间所能提供服务的多样化和复杂化需求。这些诉求将是未来城镇发展建设过程中最需要回应与关注的问题。

(3)企业生产方式高端化

生产方式转变:对企业而言,在地区比较优势降低、产业结构调整压力增大、经济发展外部条件弱化等趋势下,传统的生产方式已经不适应新发展阶段,特别是浙江省最具特色的民营经济。[2] 在新的生产方式转变和互联网、电子商务等新的经济模式压力下,企业必须改变其生产、研发、销售等各个环节的模式,也意味着需从要素成本驱动转向资本技术的投入。

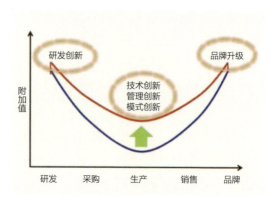

图 5-08 企业生产方式各环节的转变带来的附加值转变

在城市大环境层面,只有城市环境改善了,才能在争夺高端人才的竞争中获得一战之力。而拥有了高端人才的城市,才能实现科技创新与产业转型升级。因此,无论是城市空间的更新改造,还是实验室、科学装置等能够促进研发创新的设施,或是物流、展览、电商直播等涉及品牌升级的手段,都是对企业生产方式转变的回应。企业生态系统,需要从关注单一生产环境转到关注核心生态系统上,以实现企业竞争力的全面提高。只有从研发端开始创新升级,在生产领域进行技术、管理和模式层面的创新,才能促进品牌的升级,提升企业的竞争力(图 5-08)。

政企协作模式转变:企业层面,首先建立现代企业管理体系,包括现代企业管理理念的植入,基础管理体系的标准化和规范化,研发体系、组织架构、治理架构的改造优化等。其次以数字化技术渗透产业链的每一个环节,从研发、工厂运营、产品营销、销售和服务,实现企业生产各个场景的数字化,在构建企业数据体系的前提下,重构企业的研发、生产、客服、供应链和物流等体系,并在此基础上实现产品的规模定制。而面对企业的发展转型诉求,政府层面应加强对于公共服务和政策的供给,尽力扶持企业进行转型和创新。

首先是基础设施保障,超越传统"九通一平"等概念。与大数据、物联网、云计算、

---

1 张蕾. 城市公共空间的活力和特征初探 [J]. 南方建筑, 2006(03): 105-108.
2 汪长球. 浙江民营制造业面临的市场困境与转型发展 [J]. 商业经济研究, 2016(16): 213-215.

智能终端相关的基础技术水平是新型企业生态系统形成和发展的技术基础，政府投资这些基础技术研究，并将研究成果以公共品或半公共品的方式提供给企业，为企业转型提供基础保障。其次在人才供给上，一方面，以优势环境吸引海内外人才；另一方面，完善本地企业的人才培养体系，共同作用，以吸引拥有"高精尖"以及跨应用领域专业知识的技术人才，以及具备跨部门、跨文化管理能力的管理人才。如台州温岭泵业实验中心，就标定了机电产业链"电机、流体、电控"三个关键节点，建成涵盖"研发创新—中试—产业化"创新研发全生命周期的平台链；通过研发检测中心、工程师创新工场和产业化基地的建设，将软硬件设施配套进行改善提升，同时政府提供的各项科技服务平台为企业提供了专业的公共服务产品，确立了泵业制造基地的目标。类似这样的政府企业协作式发展，有助于促进企业创新产业链条的升级。

（4）政府职能现代化

基于政治经济学的收入分配及结构理论，以及公共产品供给理论，可以从政府财政支出、民生支出和基础产业与基础设施投入等方面对当前的发展态势进行研判。

政府财政支出相对增长： 根据"瓦格纳法则"，随着人均收入水平的提高，政府财政支出占GDP的比重将会提高，这就是财政支出的相对增长，又称为政府活动扩张法则。本节通过采用浙江省统计年鉴2021年版的数据，用"瓦格纳法则"测算可知，浙江省国内生产总值由2011年的31854.8亿元逐年增长至2020年的64613.34亿元，财政支出由2011年的3842.59亿元逐年增长至2020年的10082.01亿元。其中，2019年财政支出占国内生产总值的比重最高，达到了16.1%；2020年位居其次，为15.6%（表5-08）。

历年财政支出与国内生产总值表　　　　表5-08

年份	国内生产总值（亿元）	财政支出（亿元）	财政支出占国内生产总值比重（%）
2011	31854.80	3842.59	12.1
2012	34382.39	4161.88	12.1
2013	37334.64	4730.47	12.7
2014	40023.48	5159.57	12.9
2015	43507.72	6645.98	15.3
2016	47254.04	6974.25	14.8
2017	52403.13	7530.32	14.4
2018	58002.84	8629.53	14.9
2019	62462.00	10053.03	16.1
2020	64613.34	10082.01	15.6

数据来源：《2011—2021年浙江省统计年鉴》与《2011—2021年中国统计年鉴》

民生支出占比稳步增长：按照财政部统计口径，民生支出分为"与民生直接相关的支出"和"与民生密切相关的支出"。其中"与民生直接相关的支出"包括教育、文体传媒、社保和就业、医疗卫生、住房保障5个类级科目；"与民生密切相关的支出"包括科技、节能环保、城乡社区事务、农林水、交通运输、商业服务业、国土资源气象、粮油物资储备8个类级科目。民生支出可以衡量地区对公共服务、改善民生和财力均等化方向的投入程度。

从表5-09可见浙江省2011年至今的民生支出在财政总支出中的占比与增速情况。从全省范围来看，2020年民生支出的占比最高达到了38.19%，2011年占比最低，占比也达到34.41%，且始终保持着增长趋势，2015年增速最大为20.62%。相比全国均值，浙江省的民生支出占比在2011—2014年保持着高于均值的水平，与广东省的占比和增速变化情况较为相似；2015年是全国各地民生投入增速在这十年间的最大值，这一年，浙江省保持了远高于全国平均以及江苏省、山东省、广东省的增速。自2015年至今，浙江省在民生支出方面保持着相对江苏省的占比优势，只有在2018年和2019年两年以不到1%的差距落后于江苏省。在民生支出增速变化上，浙江省也一直保持在高增长的水平上，多个年份均高于全国均值和各省的增速。

民生支出的占比与增速　　　　　　表5-09

年份	浙江省		全国		江苏省		山东省		广东省	
	占比	增速	占比	增速	占比	增速	占比	增速	占比	增速
2011	34.41%	—	31.16%	—	30.94%	—	38.18%	—	32.93%	—
2012	36.74%	15.65%	36.67%	15.50%	33.11%	20.88%	39.48%	22.06%	35.43%	18.42%
2013	35.89%	11.03%	35.87%	9.25%	32.60%	9.26%	38.39%	10.14%	36.39%	16.94%
2014	36.83%	11.93%	36.48%	9.77%	32.76%	9.18%	39.43%	10.23%	36.97%	10.54%
2015	34.49%	20.62%	36.64%	16.83%	33.38%	16.51%	39.96%	16.48%	31.37%	18.93%
2016	35.47%	7.92%	37.66%	9.65%	34.60%	6.81%	41.22%	9.47%	34.11%	13.98%
2017	37.40%	13.84%	38.42%	10.21%	35.90%	10.39%	41.60%	6.72%	35.29%	15.69%
2018	36.08%	10.56%	38.09%	7.69%	36.18%	10.62%	41.04%	7.64%	36.29%	7.58%
2019	35.55%	14.79%	38.08%	8.23%	36.07%	7.55%	42.02%	8.86%	37.54%	13.75%
2020	38.19%	7.71%	41.08%	13.62%	37.96%	14.49%	44.39%	10.50%	40.68%	9.20%

数据来源：《2011—2021年浙江省统计年鉴》与《2011—2021年中国统计年鉴》

基础产业和基础设施投入趋向稳定：浙江省作为我国经济最发达的省份之一，所辖城市基础设施的建设水平决定了地区的现代化水平，也反映了全省的城市化进程。基础产业与基础设施支出是衡量浙江省政府职能中治理体系与治理能力现代化的又一重要指标。通过分析基础产业与基础设施支出在财政总支出中的占比与增速，可以厘清不同阶段浙江省政府治理的情况。

从表 5-10 中的数据可以看出，2011 年至今，浙江省基础产业与基础设施支出的占比始终在 10% 以上，近 5 年稳定在 12% 左右，其增速在经历 2011 年至 2017 年的大幅变化后，近几年保持稳定增长。与全国和山东省在近 10 年大力投资基建不同，浙江省与发展状况更相近的江苏省已经过了大力投资基础设施拉动经济的阶段。不过除 2015 年广东省相较上年的基础产业与基础设施支出投入增加了一倍外，历年来浙江省在相关支出的占比上均高于广东省。近年来浙江省相应支出占比稳定在 12% 左右，而广东省相应支出占比维持在 10% 左右，且浙江省在相应支出增速变化上也相较广东省更趋于稳定，说明在后投资基建拉动经济的时代，浙江省政府支付了大比例的基础产业与基础设施支出，用以新建和维护基础设施，为整个社会良性运行创造了良好的基础设施保障。

基础产业与基础设施支出的占比与增速 表 5-10

年份	浙江省		全国		江苏省		山东省		广东省	
	占比	增速	占比	增速	占比	增速	占比	增速	占比	增速
2011	16.85%	—	15.96%	—	16.23%	—	17.17%	—	14.21%	—
2012	16.72%	7.50%	17.54%	7.85%	16.94%	17.91%	16.88%	16.05%	14.12%	9.37%
2013	18.72%	27.26%	17.91%	14.06%	16.89%	10.60%	16.73%	12.29%	15.26%	23.03%
2014	17.69%	3.09%	18.03%	8.65%	16.48%	6.02%	16.33%	4.71%	15.74%	12.24%
2015	19.45%	41.60%	18.72%	20.78%	16.07%	11.47%	17.27%	21.60%	21.78%	94.00%
2016	17.01%	-8.24%	17.15%	-2.31%	15.00%	-3.79%	15.03%	-7.64%	12.87%	-38.09%
2017	13.51%	-14.24%	16.10%	1.47%	13.18%	-6.48%	14.27%	0.35%	10.66%	-7.35%
2018	12.93%	9.68%	16.19%	9.19%	12.82%	6.73%	13.97%	6.84%	9.71%	-4.72%
2019	11.83%	6.56%	16.06%	7.43%	12.78%	7.54%	13.54%	3.01%	8.57%	-2.89%
2020	12.25%	3.92%	16.85%	10.45%	12.00%	2.16%	12.83%	-0.86%	10.20%	19.92%

数据来源：《2011—2021 年浙江省统计年鉴》与《2011—2021 年中国统计年鉴》

政府治理呈现代化转型趋势： 从全方位服务到系统化方案的制定，再到公共设施与平台的建设，从各方面促进治理体系与治理能力的现代化，才能支撑起上文所述的居民生活方式与企业生产方式的根本性转变。浙江省政府积极有为、创新作为，打造了一支敬业的基层公务员队伍，实施了一套务实高效的运行体系与机制。未来的发展应加深政府治理体系与治理能力现代化转型的趋势，让政府重资产，进而促进人人向往的轻资产社会的打造，让企业和个人可以轻装上阵，实现所谓的"用脚投票"，即资本、人才、技术流向能够提供更加优越公共服务的行政区域。

5.3 新时代浙江美丽城镇发展战略定位

5.3.1 提高人民至上的城镇发展战略定力

人民就是城镇，城镇就是人民；一切为了人民，为了人民的一切。沿着"八八战略"指引的方向不断推进城乡融合发展和区域协调发展，深入实施新型城镇化战略，坚持以人民为中心的城镇建设导向，建设功能混合的复合空间，创造生活型城镇空间，为创造美好生活提供空间载体，不断实现人民对美好生活的向往。

（1）规划思想——从生产型走向生活型

在规划思想上，中国城镇化上半场打造的"生产型城镇"，包含了过度的功能分区、宽马路、大街坊等建设模式，这些模式与工业化初中期追求"速度和规模"的目标相一致。同时，也容易形成"产—人—城"的城区建设逻辑，先吸收中低端的"产业"，再集聚产业"人口"，最后在城市格局中会形成局部的"城中村"现象。

但这样的建成环境很难带入城镇化下半场。中国城镇化下半场需要打造的是注重文化精神消费的"生活型城镇"。闲暇化与创新时代的到来将从根本上改变人们的生产与生活方式，"集体消费"需要城镇提供更多的公共空间与公共设施，工业化后期强调的"效益和品质"要求城镇规划与建设必须坚持"功能混合、小尺度空间、公共领域主导"等基本原则。应将建设逻辑从"产—人—城"，转变为"城—人—产"。

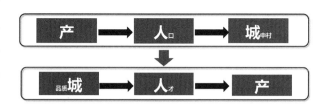

图 5-09 产业—人口—城镇关系转变示意

即从空间产品的供给端改革的角度，先打造"品质城区"——再吸引"人才"的集聚——最终实现"产业"生产方式的高端化（图 5-09）。

深化美丽城镇建设"五美"内涵：浙江省于 2019 年 9 月发布了《浙江省美丽城镇建设指南（试行）》，要求各市县按照省一级层面编制的参考大纲，遵循美丽城镇建设分类要求，制定美丽城镇建设行动计划，对美丽城镇建设做出统筹安排。县级方案对镇级方案有指导意义，在市（县）域美丽城镇建设行动计划基础上，以镇为单位进一步深化细化编制县域美丽城镇建设行动方案，形成计划 + 方案的两级成果。在未来继续贯彻落实美丽城镇建设的过程中，应注意切忌盲目、机械地实施"十个一"。要在人本主义的导向下，深刻理解"五

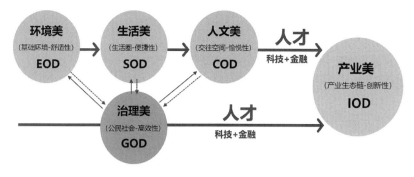

图 5-10　人本主义导向下的美丽城镇建设"五美"内涵关系

美"之间的关系,并在此基础上指导落实"十个一"的行动举措,治理美是其他美的根基,环境美(基础环境的舒适性)、生活美(生活圈的便捷性)与人文美(交往空间的愉悦性)三方面是城市建设与发展的基础,只有这三方面的治理能力得到全面提升,才能进一步促进三美的实现,同时以上四美的共同生效会提升地区对科技和金融人才的吸引力,形成创新引领的产业生态链,从而实现产业美(图 5-10)。因此,美丽城镇建设一方面要从公共品供给引导小城镇持续特色发展角度,进行供给侧改革,在城乡差异化的整体框架中寻求基于自身特色的区域立足点,依托特色构建"城—镇—村"的要素流动纽带。另一方面,要坚持全域系统、动态成长的思想观点,从区域分工、开放整合、共建共享(县域)方面构建全域系统,从有机生命、发展变化、个性特色(镇域)方面实现动态成长。

从尺度、功能和环境突出人文美:当前中国经济转型升级的根本途径在于"以高品质的城镇化助推高质量的工业化转型",指导城镇化下半场的核心思想是"人本主义"。即要求在城镇化建设过程中以人的城镇化为核心,舒适的空间尺度、完善的社会功能、宜居的生态环境,是人民群众对美丽城镇的期待,也是小城镇集聚生产要素和产业的潜力所在。空间尺度上,回归以人为本,从关注"机动车"到关注"人"。所谓生产、生活、生态"三生"融合,实质就是围绕高端人群和创业者的需求,塑造高品质的"十分钟工作生活圈"。美丽城镇空间组织更多考虑人的尺度,在空间的立体性、平面协调性等方面加强空间管控,打造和构建人性尺度的空间体验,以空间特色体现城镇个性、气质和精神。功能上,依托小城镇自身基础优势,重点打造便民、惠民、利民的邻里中心与"村镇生活圈体系",从居民角度出发考虑圈层内部设施分布的均好性。按照适度超前、综合配套、集约利用的原则,加强城镇道路、供水、供电、通信、污水垃圾处理、物流等基础设施建设,完善和提升小城镇的功能和承载力。同时,推动公共服务从按行政等级配置向按常住人口规模配置转变,根据城镇常住人口增长趋势和空间分布,统筹布局建设学校、医疗卫生机构、文化体育场所等公共服务设施,大力提高各城镇的公共服务质量和水平,让城镇居民享受到更高质量的公共服务。环境上，创新是美丽城镇的最大公约数，而特色是美丽城镇的根本。"十四五"国家信息化规划提出的"统筹推进新型智慧城市、数字乡村建设"和"提高政府数字建设水平"两大方向，指明了智慧城镇建设的重要性。从政策扶持、金融激励、活动策划和创新氛围方面促进制度环境的同时，还需要积极落实小城镇政务改革，建立综合数字治理平台。空间环境层面，一方面要推动生态保护与旅游发展互促共融、新型城镇化与旅游业有机结合，打造宜居、宜业、宜游的优美环境；另一方面要保护城镇特色景观资源，挖掘文化内涵，彰显独特风貌。

（2）土地利用——从功能分区到混合复合

从《雅典宪章》到《马丘比丘宪章》：重温经典，可以发现，1933年的《雅典宪章》是在第二次工业革命时期提出的，其思想基础是物质空间决定论，即理性主义，通过分解—组合思维，形成精英规划观，规划形式呈现出终极静态特征。在土地利用方面，《雅典宪章》是以功能分区理论为核心，并由此衍生出了得到广泛应用的区划制度，即控制性详细规划机制，但过于机械地采用功能分区理论也造成了一定的形态单调、风貌失控、忽视人的公共活动需求等问题。面对这样的问题，一批规划学者在1977年12月签署了《马丘比丘宪章》，恰逢第三次工业革命即信息技术革命时期。《马丘比丘宪章》的核心观点是应当努力创造综合性、多功能的生活环境，更关注人的相互作用和交往，通过综合规划的系统整合思维关注过程的动态性和连续性，建立了更强调公众诉求与意见的公众规划观（图5-11）。自第四次工业革命以来，规划理念要回归到以社会主义文化思想为基础的《马丘比丘宪章》所倡导的思想基础、思维方式、思维观和规划观上，才能更好地回应时代的新需求。从以效率优先为主导，转向关注城市活力、人居环境、公共活动等，塑造持久的城市生命力。

《北京宪章》和人居环境科学——以人为本，从单一到混合：以人为本、可持续发展的思想作为前文第2章理论研究中提到的全面性战略，产生着愈加广泛的影响。在国际建筑师协会第20次会议中，由吴良镛先生起草的《北京宪章》强调了人居的核心思想，文件指出未来的城市规划和人居环境必然是坚持以人为本的价值导向。在土地利用方面，应从

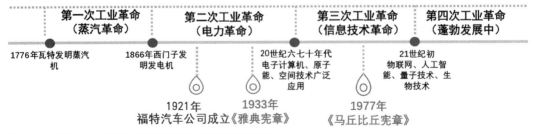

图5-11 雅典宪章、马丘比丘宪章的提出与工业革命时间关系

采用严格的功能分区和单一的土地利用方式，转向注重多样化功能融合的混合布局。从要素配置转向对人的需求的深度挖掘与实现，从较为死板的用地规定转向具有一定弹性的规划分区，从开发强度的管理转向对空间形态的全方位管控引导。在新时代的城镇建设中，以人为本，从人的需求出发，完善城乡规划和建设控制，打造美好、宜人、和谐的人居环境将是这个阶段浙江城镇建设的最终目标。

5.3.2 提升现代治理体系与治理能力

完善社会治理体系，健全共建共治共享的社会治理制度，不断提高治理体系和治理能力现代化水平。建设政府、市场、企业等多方参与的美丽城镇治理体系，从垂直管理走向圆桌治理，完善政府服务、市场规范、企业拓展的系统融合治理模式。探索以星级评价代替创建制的美丽城镇长效建设机制，推动"因事而设"的专班模式向常态化管理模式的转变。

（1）建设管理——从垂直管理到圆桌治理

从启动引爆和孵化培育走向持续发展： 从建设管理的角度而言，为面向已经到来的休闲时代，实现大到小城镇的产业转型需求、小到传统工业园的制造升级需求，小城镇的发展已从环境综合治理的启动引爆进入美丽城镇建设时代的孵化培育阶段，未来必将走向系统融合的持续发展时代。以小城镇环境综合整治"打扫"城镇环境，打扫干净屋子后再请客，通过美丽城镇建设，将产业、治理、文化等功能"请"进小城镇，完善城镇功能。在此基础上，未来以人为本的建设指导下，将以"人文美"的建设作为满足人的精神需求建设的抓手，使得小城镇走向生产、生活、生态融合的可持续发展时代。由政府主导、引入企业，实现城镇的快速发展的政府与企业的垂直管理方式，已逐渐转变为以下新方式：政府起引导作用，尽量发挥市场主体地位，以企业为主导运作整体建设过程。而在下一个可持续发展阶段，政府的角色将进一步转变向服务角色转变，通过设定圆桌会议等机制实现政府和企业的联动与深度合作，打破垂直管理的身份壁垒，实现政府和企业的平等对话、组合发力，政企合力共赢。只有完善机制，才能从撬动市场到以市场为主体，转向未来的市场规范化；从引入企业到企业运作，再走向未来的企业拓展，方能真正实现美丽城镇的系统融合和可持续发展（图5-12）。

图5-12 政府管理模式的转变示意

进一步完善特色考评验收机制和政策倾斜制度： 在机制建设方面，还应进一步加强精细化管理，比如通过美丽城镇考评验收机制的进一步完善，实现以评促建、以评促改、以评促管。根据都市区、非都市区的地域特色，以副中心、文旅特色、商贸特色、工业特色、农业特色等主导职能为依据进行分类管理，优化差异供给和区域协同方面的制度措施，全面实现差异、特色化的政府引导与服务，并更精细化地纳入不同类型城镇发展的社会评价，实现更加充分的公众参与。此外，还应基于均衡发展与共同富裕的价值观，进一步完善既有小城镇建设评选和政策倾斜制度，引导从以系统性投资为主转向"区域性投资＋系统性投资"多种模式共存。引导省内专项资金投向规划的战略性地区，引导省内扶持型资金投向应扶持的弱势乡镇地区。优化资金分配，升级弱势地区的产业结构，提高当地就业机会，均衡城乡发展与空间布局的差异，均等公共服务投入，协同生态环境的治理。

（2）建设机制——从创建制到长效建设

从试点制到创建制的建设机制探索： 浙江自 2010 年开始的小城市培育开始实行试点制，选定具有一定发展优势的小城镇作为试点对象，集中有限资源进行小城市培育，见效快速。特色小镇建设时期又以申报创建制推进小镇建设，调动地方积极性，挖掘地方特色，促进地方差异化发展。在 2019 年开始的美丽城镇建设中，浙江省在试点制和申报创建制的基础上，全面实行"地方申报，分批试点，全面创建"的全新建设机制。实行创建制度，是浙江省发展到目前阶段，在探索解决发展不平衡不充分问题取得了一定成效，城镇发展差距缩小的情况下，充分挖掘本地特色和文化的有效措施，是从个案试点到面上推广的有效途径。

以星级评价为特色的长效建设机制： 目前浙江省虽然已经步入初等发达序列，地区发展水平也处于高人类发展水平，但也仍然存在地域发展相对不平衡不充分的问题，地区之间在各方面仍存在一定差异。创建制充分调动了地方的建设积极性，以地方特色为抓手高效开展城镇建设。目标是，到 2022 年年底，300 个左右小城镇达到美丽城镇样板镇要求，其余小城镇达到美丽城镇基本要求；到 2035 年，全省小城镇将高质量全面建成美丽城镇。在全省小城镇均创建成功美丽城镇的情况下，下一步，以现代化美丽城镇样板作为美丽城镇长效建设的目标，以星级评价代替创建制，好中选优，以一至五星授牌美丽城镇创建后建设管理优秀的城镇，是小城镇长效建设的有效途径。针对创建成功的美丽城镇，展开以星级评价为主体的建设管理体系，以一至五星的等级认定来促进美丽城镇的长效建设。星级评价以"自愿申报、分级认定、动态监测"为主要原则，低星级的美丽城镇可由地市级住房建设部门评价认定，高等级美丽城镇由省级住建部门统一认定。星级申报以美丽城镇为申报主体，各级相关部门成立认定小组或委托第三方机构对申报主体检查评分，会同各部门意见形成认定成果。星级评定成功后以监督监测、三年复核制度，监督美丽城镇的长效建设。以星级评价制度，完善创建制，实现动态长效管理。

（3）管理模式——从专班制到常态化管理

专班制度为"因事而设"的临时性创新机制： 在走向社会治理现代化的目标下，从"小城镇环境综合整治"始，浙江省在推进各项省级建设行动时，摸索出了一套围绕建设行动而设定、多部门联合办公的专班运作制度。省级政府从各相关部门抽调工作人员组建建设行动工作专班，集中统一办公。专班运作制度经历了小城镇环境综合整治、美丽城镇建设，其制度建设已日渐完善，目前已经形成了一套"专班运作、协同推进、清单管理"的建设行动工作推进机制，大大降低了浙江省在推进各项建设行动过程中的制度成本，也为建设行动的顺利高效完成提供了管理机制保障。

从"因事而设"到"责权兼备"的常态化管理机制： 专班机制有效解决了部门条块分割的问题，得益于跨部门的人员构成，使得专班机构具有较强的综合性特征，部门间博弈成本降低、协作性增强。但其仍属于临时机构，地方专班只有对于创建实施的督导责任，虽能够有效实现上级部门任务上下传导的职责，但对于地方政府而言缺少与本地治理体系的联系。近10年来，浙江省的GDP增速保持在8%左右，发展到2035年，浙江省发展水平将进一步提高，预计地区生产总值、人均生产总值、居民人均可支配收入比2020年"翻一番"。浙江省将从现在的高人类发展水平阶段，进入极高人类发展水平阶段，步入中等发达水平。届时，城市的治理模式需进一步改革创新，需不断优化政府职责体系与组织机构，建立部门快速联动响应机制。美丽城镇建设是一项长期的、综合性的治理工作，目前"因事而设"的专班模式在美丽城镇的长效建设中需改革创新，从临时机构转变为综合性的行政管理机构，实现常态化管理。保持跨部门的人员构成，形成具有特色的美丽城镇建设与治理部门，多管齐下实现综合治理，完善生态文明下的美丽城镇建设考核制度，以系统治理成果，作为部门考核指标。采取常态化专班制工作模式，深入开展后续的美丽城镇建设管理工作，推动形成政府、企业、公众多方共治的治理体系，推动社会治理现代化，实现政府治理、社会调节和居民自治的良性互动。通过数字赋能突破行政管理条块分割的壁垒，以信息化提升美丽城镇的治理水平，实现美丽城镇的可持续发展。

5.3.3 提供中国式现代化的"浙江模版"

在城镇化的下半场，浙江始终坚持"人民至上"的发展思想，全面践行人民城市理念，在存量提质优化过程中广泛响应人民需求。以人为本,建设包容活力城镇,缩小城乡差距,积极探索共同富裕新路径;同舟共济,抱团取暖,以城镇集群化建设促进小城镇发展再上新台阶;通过高水平治理推动高质量发展,为全面建设社会主义现代化国家贡献"中国方案"与"浙江模板"。

(1)人民至上——践行城镇发展和城乡规划新理念

转变发展观念,践行人民城市理念: 随着我国经济由过去的高速增长阶段稳步迈入高质量发展的新阶段,城镇建设的核心理念与实践模式正经历着深刻变革,建设重点已从大规模增量建设转向存量提质改造和增量结构调整并重,发展方式也从外延粗放式发展向内涵集约式发展转变。这一转变对城镇建设质量提出了更高要求,目标是满足人民群众对美好生活的向往。新的建设时期,要践行"人民城市人民建,人民城市为人民"重要理念,把增进民生福祉、推进共同富裕作为出发点和落脚点,精准对接人民群众对美好生活的向往和期待。通过精细化管理和人性化服务,努力打造宜居宜业宜游的新型城镇,让人民群众在更加便捷、舒适、安全、美丽的环境中生活工作,共享城镇发展成果,实现人的全面发展和社会的全面进步。

更新规划理念,深化以人为本思想: 新时期城镇建设的目标是构建更加宜居、可持续、包容和充满活力的城镇环境,城乡规划应更加注重人的需求和感受。这将要求规划将居民的实际需求放在首位,鼓励居民积极参与规划过程,增强居民对城乡空间的归属感和满意度。以便捷的生活圈和完善的公共服务体系,提升城镇的宜居性和舒适度,以空间环境品质的提升作为提高人民生活品质、共享改革发展成果的空间载体。同时,通过合理规划和布局城乡发展空间和要素,逐步缩小各领域、各层次人口及各地区间的发展差异,以小城镇作为人口城镇化的关键节点和城乡融合的桥梁,发挥其调和城乡矛盾、促进文化融合的关键作用,构建跨区域协调发展机制,推动小城镇均衡发展,进而实现缩小地区与城乡差距,共同推动全民共同富裕目标的实现。

(2)同舟共济——从分散建设走向集群发展

长效建设,打造全域美丽新格局: 以建设美丽中国为引领,聚焦于小城镇竞争力的提升与现代化建设,加速构建城乡深度融合、全域共美的新格局。持续推动美丽城镇的长效建设,深化"五美"内涵,强调人文之美的彰显。积极倡导功能多元融合,推进圆桌共治的治理新模式,探索实施星级评价体系,优化专班管理机制。全省美丽城镇建设分类分时推进、久久为功,打造现代版"富春山居图"。立足环境美,塑造景美居净的美丽城乡环境,打造高品质生活生产环境,以优美的生态环境吸引人、留住人。打造生活美,提高城镇生活品质,以 5 分钟社区生活圈、15 分钟建成区生活圈、30 分钟辖区生活圈为抓手,实现公共服务均等化,满足群众高品质生活需求。提升产业美,培育浙江特色的城镇产业集群,做优做强特色产业,以产业集群参与区域产业分工,统筹推进城镇产业建设,延长产业链,打造特色产业平台。推进治理美,实现善治为民的治理模式,以党建为引领,通过数字化改革,解决部门之间沟通协调难题;坚持发展新时代"枫桥经验",推进政府、企业、居民参与社会共治,实现治理工作长效化。展现人文美,依托丰富的历史文化遗产、历史文化名城、名镇、名村,讲好乡愁古韵的浙江故事;通过完善文旅公共服务,推进镇景融合的全域景区建设;通过提升公共文化服务,实现人民精神面貌的焕然一新。构建全域大美城镇格局,营造全域美丽环境,显著提升居民的幸福感和获得感。

由特变强,落实集群新发展: 自改革开放以来,浙江省孕育了众多以"一镇一品"为特征的块状经济小城镇,各地逐渐形成了地区产业特色。然而,由于镇、乡分布相对均衡,也带来了空间布局分散、产业同质化竞争等挑战。为推动小城镇特色经济向更高层次发展,应着力促进空间集聚与产业集群化,以产业为基础,落实城镇集群集约化发展,做大做强城镇集群。一是要深入培育地方特色产业,强化各发展平台的产业专业化特征,壮大支撑小城镇可持续发展的物质基础。[1] 二是要明确主导产业,加速传统特色产业的转型升级,并注重培育具有竞争力的新兴特色产业,形成多元化、高附加值的产业结构。三是通过整合产业、公共设施、人才、制度等多方面要素,加强与周边中心城市的协同合作与合理分工,构建优势互补、联动发展的区域格局。随着浙江区域开放程度的不断提升,国际化进程的显著加快,以及辐射带动能力的日益增强,城镇密集地区已依托中心城市,发展成为分工明确、经济实力雄厚的都市圈,其影响力正逐步向外辐射,对周边地区的集聚效应将显著增强。在此背景下,应通过优化产城融合的集群发展模式、构建共享共荣的圈域网络等措施,从集群建设初期的资源互通、信息互联,逐步迈向集群建设完善的品质共享阶段。以美丽城镇的集群建设为支点,将美丽城镇成果转化为美丽经济,不断丰富和发展区域协调、城乡融合发展的理论与实践,为率先探索建设共同富裕美好社会提供浙江样板,为实现共同富裕目标贡献浙江示范。

---

[1] 吴康,方创琳. 新中国 60 年来小城镇的发展历程与新态势 [J]. 经济地理, 2009, 29(10): 1605-1611.

第 6 章

新时代浙江美丽城镇发展建设策略设计

New era

6.1 宏观策略——分类管理引领小城镇特色发展

6.2 中观策略——共建共享推动小城镇集群发展

6.3 微观策略——差异供给促进小城镇专业发展

回顾发展史，展望新时代，要走出一条城市和农村携手并进、互利共赢的城乡融合新路子，关键在于抓住小城镇这个城乡联系的"牛鼻子"。随着一系列改革举措的出台，限制城乡要素自由流动的制度性通道不断被打通，极大促进了各类生产要素的空间优化配置。通过不断地科学引导，城市的知识、技术、信息、人才、资本等高级要素和乡村的土地、劳动力、自然资源等初级要素将围绕不同职能类型的小城镇发生空间聚合反应，从而持续扩大各类小城镇的专业化市场规模，产生聚集经济效应，并不断催生新的市场需求，推动小城镇特色发展水平和专业化程度的全面提升。

基于此，新时代浙江美丽城镇发展建设的策略取向可总结为**"分类管理，共建共享，差异供给"**。其中，分类管理是引领小城镇特色发展、实现区域专业化分工的必要前提；共建共享是发挥小城镇规模效应、助推差异供给的支撑和保障；差异供给则是提升小城镇专业化、品质化水平，落实分类管理的重要手段。不同尺度上的三大策略环环相扣、相辅相成，共同推动小城镇的高质量发展。

6.1 宏观策略——分类管理引领小城镇特色发展

浙江省小城镇的发展大致经历了由初级、中级，再到高级的演化过程。初级阶段——撤乡并镇、中心镇培育、小城市培育，各类发展要素整合成型，全省小城镇走向"规模上的两极分化"，数量也趋于稳定；中级阶段——特色小镇建设、小城镇环境综合整治和美丽城镇首轮三年建设，各要素功能发挥充分、协同良好，全省小城镇呈现"职能上的多样并存"；未来的高级阶段——各要素高度协同，稳健、快速发展的新时期，全省小城镇将形成"各司其职，各尽所能，通力合作"的专业化分工格局。

在事物演化过程中，渐变的基本条件是平衡与稳定，而质变或部分质变的基本条件则是相应的触发或控制机制。从浙江省小城镇40年的发展经验来看，这个控制机制就是分类管理——从初级阶段引导小城镇"规模分化"到中级阶段引导小城镇"职能分化"。合理的分化能够提高社会整体的运行效率，促进社会协调发展。[1] 所以，针对不同区位、职能以及发展水平的小城镇，通过与时俱进的"分类管理"，消除前两次分化的消极影响，引导其由"区域分异"走向科学合理的"区域分工"高级阶段，是"十四五"时期浙江省小城镇发展面临的重要议题与关键任务。

6.1.1 分地域优化成长路径

从浙江省的现实状况看，是否毗邻都市区已成为影响小城镇发展的重要因素。都市区小城镇和非都市区小城镇由于所处区位的不同，面临的机遇和问题完全不同，战略目标与路径设计也理应有所差异。

（1）都市区小城镇：高品质城镇化助推高质量工业化

这类城镇地处四大都市区周边，与中心城市存在密集的要素交流，是都市职能（居住、生产）和要素（科技、人才）扩散转移的主要目的地，也是都市需求（都市农业、休闲旅游）的重要供给源。科技创新成为这类城镇的重要推动力，因此"人"的发展成为第一要务。但长期以来，都市区小城镇的社会投入普遍存在着重生产轻生活、有品种无品质的建设倾向，从而使城镇发展陷入了"高品质人居环境建设不力（外因）—人才吸引力不强—科技创新乏力—产业转型升级受阻（内因）"的路径困局。为此，需要通过建设或就近与都市中心共享完善的公共服务和基础设施——包括那些门槛规模要求较高的专业化公共服务，如知识产权保护、科技平台建设、高端要素环境（金融、信息、商务）优化等，不断塑造低成本、高品质的生产和生活环境，以吸引高层次人力资本聚集，并由此依靠科技创新衍生出高端制造、创意文化、创业孵化等特色产业，从而以高品质的城镇化提升工业化发展动力和质量内涵（图6-01）。

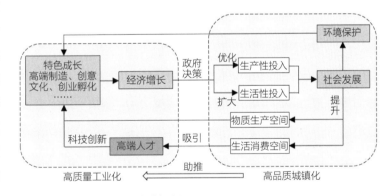

图6-01 都市区小城镇特色成长路径

---

[1] 赵民. 国土空间规划体系建构的逻辑及运作策略探讨[J]. 城市规划学刊, 2019(04): 8-15.

（2）非都市区小城镇：新型工业化推动新型城镇化

这类城镇远离大都市地区，往往具有较好的农业和旅游业资源基础，但资金等要素的匮乏使本地资源难以有效转化为专业特色优势与规模经济效应；经济增长获取的公共财政积累薄弱，社会用于改善生产与生活设施的资金投入短缺，从而进一步制约了专业化分工水平的提高，使城镇发展陷入了"专业化发展水平低下（内因）—经济增长不足—社会响应措施滞后（外因）—低水平锁定"的恶性循环。为此，应当秉承生态与地方文化传承保护、现代农业与乡村旅游开发等模式路径，通过乡镇撤并、抱团与共建共享，形成适度规模化的发展格局；同时在乡村人居环境整治提升的基础上，进一步加强农业、旅游业等区域基础设施的建设与公共服务供给，推动现代农业与旅游业的专业化特色发展。此外，尽快制定和完善相关政策与制度配套体系是至关重要的，包括与特色经济发展相关的绩效考核制度、与资源空间配置效率相关的土地制度等（图6-02）。

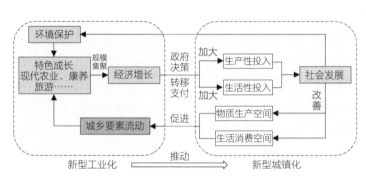

图 6-02 非都市区小城镇特色成长路径

6.1.2 分职能创新管理政策

转变原来单一化、"一刀切"的乡镇政府评价机制，开展面向基层实际和维护地方合理发展权的管理政策创新，以鼓励地方政府根据市场需求和自身优势选择最优的长远发展模式，即常规工作外，以差异化的发展目标、建设成就和考核权重评价地方政府的工作成效，避免"唯GDP和财政收入"导向的僵化管理，注重对城镇主导职能发展增量的质量考核及个性化管理。如富阳在考虑经济实力、资源配置、产业比重等的基础上，按照综合发展型、工业主导型、农业生态型等的分类对乡镇街道进行考核，突出功能定位、区域特色和发展重点。如此，那些环境资源优越、乡村开发潜力较大的地区就不会再想着去争抢污染型的工业项目了。目前，浙江省已建立起美丽城镇创建的共性+个性化指标评价体系，未来建议以其为目标模板进行常态化的绩效考核，以此形成政府统筹兼顾、各有侧重的价值导向。

（1）县域副中心型小城镇

做大做强综合小镇，以承载更多的人口与经济要素。为此，延续和深化这类城镇的扩权改革和规模提升是必要的，包括：①进一步提高城镇定位，由独立的"中心镇"向联合发展区或重要功能片区转型，推动同城一体化；②进一步下放社会职能权力，结合"最多跑一次"改革[1]，使所有审批事项都能在镇审批中心"一站式"办理；③深化公共财政体制改革，按责、权、利对等原则赋予城镇完整自主的财权，促进城镇可持续建设与资源利用；④创新基层公共服务制度，真正实现城镇常住人口公平享受基本服务的目标；⑤优化人口落户配套政策，放宽外来人员的准入条件，加快人口集聚和本地化转型。县域副中心型小城镇考核的重点在于公共服务的完善、经济结构的优化、科技创新的增长以及环境保护工作。

（2）文旅特色型小城镇

盘活地区资源要素，做精做美旅游小镇。政策的创新与优化方向主要包括：①合理地保护传承与活化利用文化资源，打造区域文化品牌；②建立健全政府与市场共同培育旅游产业、分工投入旅游专业化服务设施建设的合作机制，保障旅游产业持续健康发展；③完善旅游公共服务，搭建旅居共享服务体系；④创新旅游人才政策，制定更为灵活便利的引才措施，推动旅游人才兼职和柔性人才计划。文旅特色型小城镇考核的重点在于旅游产值、特色品牌及项目门类、配套服务设施的完善情况。

（3）商贸特色型小城镇

推进资源要素整合与产业集聚，做特做专商贸小镇。①加强对核心产业链的挖掘，结合区域优势资源要素延伸产业链条，实现多元产业的融合与共享发展；②加强研发、物流、商务、会展等的服务配套与数字化建设，不断优化营商环境；③建立健全融资机制，提高资本的整合、运作以及对风险的抵御能力；④提高建设与经管类人才的专业化水平，强化从顶层设计到运营服务的全过程孵化能力。商贸特色型小城镇考核的重点在于商贸产业产值以及综合商贸平台、服务配套设施的建设情况。

1　2017年浙江省政府工作报告正式提出实施"最多跑一次"改革，旨在通过"一窗受理、集成服务、一次办结"的服务模式创新，让企业和群众到政府办事实现"最多跑一次"的行政目标。

（4）工业特色型小城镇

充分发挥集聚与规模经济效应，做强做特制造小镇。即以产业链的延长与产业结构升级为目标，①加强土地、财政、税收、金融等领域的政策支持，培育壮大新兴特色产业；②加大实验中心、职业技术学校、投融资平台、法律金融中介服务机构、物流仓储中心、成品交易市场等专业化公共服务设施建设力度，持续优化生产交易环境；③加快人才培养和引进力度，依靠科技创新助推城镇产业转型升级。工业特色型小城镇考核的重点在于亩均产值、亩均税收、经济增速、招商引资规模、产业结构优化调整、节能减排等。

（5）农业特色型小城镇

推进农业规模化与现代化，做精做专农业小镇，政策的创新与优化方向主要包括：①建立有利于人口迁出的户籍制度，优化农村土地有偿退出机制，加快农业资源整合和规模化经营；②加强现代农业服务体系建设，完善新型农业经营主体（家庭农场、农民专业合作社、农业产业化龙头企业、农业社会化服务组织和农业产业化联合体等）与小农户的利益联结机制，促进传统小农户向现代小农户转变，让"小农户"对接"大市场"；③强化高层次农业人才培养与柔性引进机制，培育新型职业农民，为农村地区留住更多具备专业知识和生产技能的农业劳动力。农业特色型小城镇考核的重点在于农业综合生产能力，包括农业投资、主体培养、农业科技以及农旅融合等情况。

6.1.3 典型案例分析

（1）玉环市楚门镇（都市节点型小城镇）

楚门镇地处浙江省东南沿海，位于台州玉环市北部、楚门半岛中心地带，是全国著名的文旦之乡，也是举足轻重的省级中心镇。该镇曾先后获得全国文明镇创建先进单位、全国创建文明小城镇示范点、全国发展改革试点小城镇、全国环境优美乡镇、浙江省"十大经典江南小镇"等荣誉称号，连续多年位列全国综合实力千强镇前100名。快速发展的同时，大量"低、散、乱"老旧企业、日趋滞后的城镇环境已经逐渐成为制约楚门发展的"痼疾"。低效、无序、粗放的发展模式，"绊"住了楚门产业化与城镇化的转型升级。从2010年起，楚门镇通过开展一系列改革举措和城市更新，一手抓产业升级，一手抓环境提质，以高品质城镇化助推高质量工业化，开拓高质量发展的新空间。

①**重塑园区能级，重构产业模式**

老旧园区改造。楚门科技园区建于20世纪90年代，见证过楚门工业发展的辉煌。但日益局促的用地开发空间、老化的基础设施却让不少企业选择离开，将土地转租给"低、小、散"企业，导致园区无法实现产能最大化。早在2018年，楚门镇就已开展过老旧工业点的改造提升工作。2021年，浙江省启动了新一轮制造业"腾笼换鸟、凤凰涅槃"攻坚行动，楚门以此为契机，举全镇之力推进科技工业园区"五化一提升"改造工程[1]，同步实施园区内低效工业用地二次开发，盘活存量资源，全面提升园区综合服务功能，加快园区存量企业数字化转型，引进优质新兴企业，完成园区工业体系强链补链，实现工业有机更新。

产城融合建设。2018年落成，占地面积约3.4平方公里，以阀门卫浴和家具两大特色产业为基础，融合旅游、文化、社区、生态等功能的时尚家居小镇，已成为玉环对外展示的"金名片"、产业转型的"助推器"。一方面，围绕产业链延伸，小镇先后建成飞龙家居广场、高端设备展销中心、国际家居精品城、国际阀门城、现代物流中心，全面提升企业服务功能水平，降低行业产品成本，提升市场核心竞争力。另一方面，围绕产业特色创新，小镇整合家具行业院士工作站、欧式家具研究院、楚洲人才梦工场等科创平台，建立家具产业创新服务综合体，通过引入创意设计、技术研发、科技金融等专业化服务商，在产品设计、政策咨询、资本运作、人才引进、科技运用等方面为企业提供实用、实效的创新服务（图6-03）。此外，围绕产城融合、活力提升，小镇先后引进万达广场、青年大厦、智慧绿谷、财富金融中心等商住项目，补齐各类市政基础与服务配套设施，改善生态环境和旅游设施（图6-04）。目前，小镇已获评国家3A级旅游景区，正成为一个既宜业宜游更宜居的现代化特色小镇。

图6-03　楚州人才梦工厂

图6-04　楚门湖滨片区

1　"五化一提升"改造工程具体为道路硬化、园区亮化、公共绿化、环境美化、服务管理智能化、提升园区能级。

②改善人居环境，提升城镇活力

在小城市试点培育和小城镇环境综合整治的基础上，2019年，楚门以美丽城镇省级样板镇创建为契机，以"千年古镇、梦里水乡"为目标，以"微改造、精提升"为抓手，深化人文底蕴，提升人居环境品质。

城市有机更新。截至2021年，楚门镇共投资约6.7亿元高质量建设湖滨核心区块，先后完成中心小学、碧桂园、湖滨公园等重点项目建设，环湖路、楚门商城、大渭渚老旧小区等改造项目成效凸显，极大改善了周边环境（图6-04）。在大抓项目建设的同时，楚门镇还把印象广场、便民服务中心、市二医院等硬件设施全部纳入湖滨核心区统一管理配置，全面丰富了区域功能。此外，还建成投用楚洲文化创意园、城郊综合市场、城市会客厅等配套设施，启动未来社区建设，以实现历史文化与现代文创的结合，将其打造成设计产业示范区、文创人才实践基地、艺术文化集散地。

优化社会治理。楚门镇市场经济繁荣，外来人口众多，全镇总人口10万，其中，外来人口占了40%左右。面对社会矛盾复杂、群众需求多元、治理任务繁重等问题，楚门镇深化公共服务"供给侧"改革，创新实施公共服务社会购买机制，整合社会力量，积极引导天宜社会工作服务社、阳光救援队等社会组织，通过"社工＋义工""社工＋社团""社工＋社区"等方式参与基层社会治理，结合对文化社团的培育、传统节日活动和本地特色文化的发掘，寓教于乐，以文化人，使得优秀的传统文化得到有效的保护和传承，公共文化服务体系更加完善，人民精神文化生活更加丰富，群众文明素质和社会文明程度明显提高。

总结楚门镇及其他都市节点型小城镇的成功建设经验，普遍遵循了这样一条规律：充分发挥都市区密集的人才与科技优势，以高品质的城镇化建设助力高质量的工业化转型。即，通过改善和提高都市区小镇的人居环境品质，不断吸引智力型人才入驻，推动小镇创新创业，实现产业转型与小镇可持续发展。楚门镇的发展首先在于其所处的地理位置，同时也得益于省市两级政府的大力扶持，但更为关键的在于其以"人"为第一要务的发展理念。在经济社会不断发展进步、生产生活持续转型的背景下，人们对人居环境的要求日益提高，并呈现出明显的"用脚投票"态势。楚门以高品质的生活环境吸引人、丰富完善的配套设施留住人，进而带动创业资本与创新活动的聚集，推动传统经济向新经济产业成功转型，成为一个发展与保护、历史与未来相互融合与激荡的梦想之地和成功典范。

（2）景宁县东坑镇（文旅特色型小城镇）

东坑镇，隶属于浙江省丽水市景宁畲族自治县，地处浙闽两省四县（景宁、文成、泰顺、福鼎）交界处，镇域面积173.2平方公里，辖10个行政村，总人口8912人，畲族人口2100人，占总人口的24%，是典型的少数民族重点乡镇、生态乡镇和后发偏远乡镇。自入选生态产品价值实现试点乡镇以来,东坑镇大力推进体制机制、模式和方法创新,取得了阶段性成效,GDP 与 GEP 实现较快双增长,经济增长与环境保护协调发展,成功创建 2017 年度小城镇环境综合整治省级样板乡镇,获得"中国美丽乡村建设示范镇"荣誉称号。

①**历史沿革**

改革开放以来,东坑镇进行了多次镇村区划和建制调整,发展历程大致分为两个阶段。第一阶段,传统工业发展时期,2006 年至 2008 年东坑镇曾引入了一批以钢管、阀门加工为主的"低、小、散"企业,逐渐发展为市级工业中心镇,工业年产值达 6 亿余元;但粗放的发展方式也造成了一定程度的环境破坏,尤其对飞云江水质的污染直接影响到沿线乡镇的生态与生活环境。第二阶段,在"两山"理论的指引下,2013 年浙江省委、省政府对丽水作出了"不考核 GDP 和工业总产值"的决定。基于绿色发展理念,2015 年东坑镇淘汰掉镇内阀门等落后产能,全面确立"中国畲乡·爱情小镇"创建目标,明确了"一村一主题、一村一色彩、一村一产业、一村一文化、一村一理念、一村一批创客"的"六个一"特色发展思路。通过几年的建设,如今的东坑镇已成为集爱情文化体验、农耕文化体验、休闲养生等于一体的特色小城镇(图 6-05)。

图 6-05 东坑爱情小镇

图 6-06 畲文化展览

②**转型策略**

聚焦保护治理,牢筑生态环境根基。

2015 年以来,东坑镇先后打响"四大保卫战",一方面通过深化小城镇长效管理三大机制[1],实施畲乡绿核生态提标;另一方面实施科技赋能生态治理,对镇域水、土壤、空气、森林等生态资源进行全方位实时监控和分析,不断提高东坑生态环境监管治理的数字化和现代化水平。与此同时,针对镇域小水电,强制执行维持 6% 生态流量标准,统筹山水林

---

1 生态环境保护责任制、网格整治责任制、点位销号制。

田湖草整体保护和系统修复，打造绿水青山新优势，有力促进 GEP 和 GDP 的双增长。至 2020 年年末，东坑镇空气质量优良率达到 99.8%，森林覆盖率达到 81.9%，出境水质全部达到Ⅱ类以上，修复垦造耕地 1700 余亩，完成天然林封育 32573 亩，建成面积 510 余亩的大径材培育基地，巩固提升生态屏障和下游温州市"水塔"地位，为实现生态产品价值转化筑起扎实的生态环境根基。

聚焦业态培育，创建产业融合重要窗口。

"红+绿+畲"融合发展，创新生态产业。以"红、畲"为特色，大力培育乡村旅游集聚区，推进产业与革命老区融合，发展红色经济，突出打造大张坑红色畲寨的"江南布达拉宫"；推进产业与畲族文化融合，发展文创经济，创建畲药养生度假村，提升"畲家喜宴"和"太佺娘"等文创旅游产品知名度（图 6-06）。以"绿"为核心，一是推进产业与"山"融合，发展海拔经济，培育山地特色生态农业，着力推进白茶、香榧、高山蔬菜种植；二是推进产业与"水"融合，立足水质水量发展水经济，重点完成美丽河湖游乐园等项目建设。目前东坑镇通过"红+绿+畲"融合发展，打响"乡村匠人""清水文化"等 10 个文化品牌，研发畲医产品，开发畲药膳食，形成多维融合创新的产业集群，力促生态产品价值实现。

凸显本土特色，持续推进农旅融合。东坑镇充分利用每个村落鲜明的人文和生态特点，通过盘活"绿水青山"，融通"金山银山"，打造乡村品牌，切实将生态产品特色化、规模化、产业化，不断向纵深推进农旅、花旅、文旅等多元融合，水果沟、露营地、国学基地、研学基地、高档民宿等纷纷落户东坑，开展咸菜宴、多肉庭院、畲药养生度假村等农旅融合建设。比如，全市农旅融合示范点——桃源水果沟，在做实水果产业的同时，完成天然泳池、小木屋、葡萄园大走廊、蓄水堰坝等配套工程，水果沟水果采摘游日益走俏，新增葡萄、猕猴桃、樱桃等采摘园 7 个，成为集采摘体验和休闲养生于一体的农旅融合热点，是夏日乡村休闲旅游的好去处。2021 年亲水文化节开幕式当日，就吸引来自市内外各地游客 1 万多人次，直接带动消费 20 余万元，仅一个月的活动，便实现旅游产值约 580 余万元。

聚焦品牌效应，打造景宁"600"金字招牌。

创新绿色金融，加紧"600"品牌落地成型。农商行、邮储银行等金融机构推出的"景宁 600 精品畲农贷""白茶贷""农户小额普惠贷"等金融产品和政府主导的《小农户增收奖励新十条》《低收入农户造血式扶贫增收奖励新五条》产业发展扶持政策，有效带动了东坑生态产品价值的实现。

依托"600"品牌，拔高生态产品价值。东坑以"景宁 600"品牌建设为依托，构建东坑香榧、白茶、畲医畲药等优势农产品的质量认证，推动集种养殖、加工、流通、服务和观光休闲于一体的山地精品农业标准体系建设；借力"丽水山居"品牌，以"头部民宿"带动，开展山地精品民宿产业的标准制定，实现"卖山头""卖生态"与"卖山货"有机结合与价值量化。截至 2021 年年底，通用"景宁 600"公用品牌销售的香榧、白茶、稻米，平均"溢价率"超过 30%；深垟 60 亩多肉基地助推庭院经济，建成雅景多肉休闲文化园，年产值 450 万元，农户增收达 2 万元。

非都市区小镇特色成长的关键在于抛弃原有粗放要素投入的路径依赖，聚焦对本地特色资源的可持续开发利用并培育规模经济效应，加快实现特色资源向经济优势的转变。通过对东坑镇转型发展路径的梳理可以发现，小镇的成功最为重要的是抓住了生态与畲文化的地域特色，促进了农旅、文旅及相关产业的发展，"特色产业 + 文化旅游"的新型工业化和新型城镇化发展道路，为非都市区小镇的发展转型提供了范例与借鉴。

6.2 中观策略——共建共享推动小城镇集群发展

习近平总书记指出："促进共同富裕，最艰巨最繁重的任务仍然在农村。"小城镇在未来我国缩小城乡差距、实现共同富裕之路上将发挥重要的作用。随着浙江共同富裕示范区的高质量建设，过去聚焦镇村个体的发展模式难以为继，"以大带小""以强带弱""以点带面"的集群式发展，既符合城镇化进程的一般规律，又凝聚了城乡发展动力、突出"共同"核心，是具有长远意义的城镇建设发展模式。

十九大报告要求"加强社会治理制度建设，完善党委领导、政府负责、社会协同、公众参与、法治保障的社会治理体制，打造共建共治共享的社会治理格局"。小城镇作为基层治理的桥头堡，开展集群化的共建共治共享，也是对新时代社会治理理论的践行探索。其中，共建是指积极培育多元主体参与公共服务、市政基础等设施以及区域产业集群的建设，主要涉及资金投入、劳务投入以及技术投入等，是资源整合的方法。共治是各大主体通过沟通、协商、调和、合作的方式参与公共事务治理，妥善解决矛盾纷争，进而达成一致性意见、采取一致性行动。共享是指设施体系的服务对象为社会公众，各社会主体分享其经济与社会效益的机会均等，是利益协调的手段。共建是基本要求，共治是主要方式，共享是目标指向，三者是小城镇集群发展必不可少的运行要素。基于此可以引导城乡资源的效能整合与调配，缩小个体城镇间的基础差距；加强各城镇相关部门在设施建设过程中的分工合作，发挥整体优势；最终实现群众服务的均等化供给，符合"城乡统筹""城乡一体"的新型城镇化发展要求。[1] 本节将主要从"共建"与"共享"两方面阐释集群发展的模式与路径。

1　任贵州. 城乡公共文化服务设施共建共享机制及路径——以苏州市创建国家公共文化服务体系示范区为例 [J]. 新世纪图书馆，2016(02)：70-76.

6.2.1 优化产城共建的集群模式

共同富裕，产业是基础，新型城镇化的发展也特别强调产业支撑。坚持新型工业化与新型城镇化协调推进，实现产业集群与城镇集群的良性共振是区域协同发展的基本思路。虽然产业集群与城镇化在同一区域中耦合作用明显，但在不同的地区与城镇发展阶段，两者的耦合协调程度又极易产生门槛效应[1]，基于此可将其发展过程分为以下三个阶段：①产业集群与城镇化勉强调和，城镇化发展滞后，产业集群发展处于低水平；②产业集群与城镇化不协调，产业集群进入快速发展时期，亟需大量资金、资源和人口，而区域城镇负载能力有限，制约产业集群发展；③产业集群与城镇化协调发展，二者同步促进，不断升级。结合上述规律，对不同发展阶段的集群采取各有侧重的干预策略——从设施共通到产业共融、风貌共塑，再到服务共享、治理共通，最终由"各自为政"到"有序发展"，变"分散发展"为"高效聚集"，从"低效均衡"到"全面提升"。[2]

（1）集群初始——互通互联、融合发展[3]

完善基础设施建设，促进产业集聚发展。小城镇集群发展初期，通过规划的统筹安排、借助共同投资基金和决策机制，加速水、电、气、路等基础设施的一体化建设与管护，带动城镇充分融合，继而提升对产业经济的服务能力，吸引符合条件的特色产业在区域落户。各小城镇规模相似、等级相同，在水平分工下相互竞争又互惠合作，产业不断集聚，逐渐形成规模效应。

统筹城乡发展，加速人口城镇化。在不断完善区域硬件的同时，发挥好小城镇群联系城乡的纽带作用，进一步完善基层的医疗、保险及住房等保障制度，营造良好的城镇化品质，吸引城乡劳动要素集聚，为小城镇集群的快速发展打下基础。

（2）集群生长——协同互补、联动发展

明确定位，突出特色，打造专业城镇集群。基于集群成长差异，根据垂直分工原理，做大做强中心镇的同时，强化城镇分工合作。通过挖掘区域资源禀赋的比较优势和互补性优势，促进人才、技术、资金等生产要素合理流动，整合扩充消费市场，实现资源高效利用，

---

1 陈斌.产业集群与新型城镇化耦合度及其影响研究——以江苏省为例[J].科技进步与对策，2014，31(20)：53-57.
2 王治福.苏北地区县域农村小城镇组群发展模式初探——以江苏省宿迁市泗阳县为例[C]// 城乡治理与规划改革——中国城市规划年会.2014.
3 李鹏飞.小城镇群网络化发展的成长机理与培养路径研究——以长沙市望城区为例[J].知识经济，2014(02)：18-19.

避免低效同质竞争,从而优化集群产业布局,加强产业资源整合,推动集群内部乡镇共建产业平台,共享产业配套,共塑特色产业品牌,壮大产业集群,完善产业生态,提升附加值和知名度,形成基于城乡分工合作、契合区域优势条件的特色产业集群和三产联动格局。比如一些拥有丰富资源禀赋、专业技能人才以及制造业中间品厂商大量集聚的小城镇(商贸型、工业型)更适合选择专业化的集聚模式;而一些现代服务业较为发达、研发和创新活动较为活跃的小城镇(都市节点型、县域副中心型)则更适合在多样化的集聚环境中壮大产业规模,增强人口吸纳能力。

因地制宜,科学规划,实现城镇集群可持续发展。产业集群的规模化快速扩张将导致人口集聚、空间重塑等效应。通过制定科学的发展规划,合理引导空间扩张、提高土地利用效率,发展循环经济、减少资源浪费,促进特色小城镇群的持续健康发展。同时联动打造具有地方特色的县域风貌区,塑造具有辨识度的文化IP,全面展示"整体大美、浙江气质"。

(3)集群完善——品质共享、创新发展

完善区域协调机制,提升小城镇群整体竞争力。随着城镇集群规模效应凸显,城镇化水平若停滞不前将会把集聚的拥挤效应放大。"大规划""大管理"机制下,相关基础设施与公共服务设施的持续优化以及治理共通等环节的良好运行才能促进小城镇群和谐共生,避免产业与人力资源流失。包括对"30分钟镇村生活圈"内政务管理、民生服务的智慧融合,探索集群内部长效治理模式等。

积极推动科技创新,促进小城镇群优化升级。根据生命周期理论,每一种产品都有一个从研制、开发、进入市场、批量生产、市场饱和、利润下降退出市场或者转型升级的过程,区域的发展也符合该理论。集群完善期,一方面要加强内部的优化整合,促进区域经济高质量发展;另一方面要大力扶持和引进新兴高科技企业,以优秀人才促进企业科技创新,不断推动产业集群转型升级。

6.2.2 完善发展共享的圈域网络

目前浙江全省约有60%的小城镇常住人口少于一万人,以统一标准来完善单个城镇的功能势必会造成资源浪费。采用集群化发展模式,便于建立一体化的设施配置与综合治理机制,有效集约土地资源,提高整体品质,实现发展机会、基础设施、公共服务、发展成果等的全面共享。

（1）完善联通网络

包括联通硬网络和软网络。联通硬网络即加强镇与镇、镇与村、村与村之间交通、能源、信息、金融网络等的设施建设，优化城市群要素流动物理通道，特别是要发挥快速交通的带动作用，打通各类"断头路""瓶颈路"，推动城镇群内外交通有效衔接，加速人流、资金流、信息流、科技流等要素的流动效率。联通软网络即强化城镇群政策体系建设，基于多跨集成、整体贯通的智慧应用体系、长效管理与重大事项协商机制，着力破除内部行政壁垒，鼓励户籍、教育、养老、医疗资源共享，推动产业园区和科研平台合作共建，优化城镇群营商环境，增强城镇间资金、人口、科技、信息流动的黏性，扩大强弱城镇间的溢出效应。

（2）打造共享圈域

基于镇镇、镇村、村村之间的协同共享，以及多层级共享圈的辐射，集约错位配置设施，满足居民多层次的需求。当前亟须完善集群内部"30分钟镇村生活圈"配套设施建设，一方面，将居民使用频率相对较低但又必不可少的设施设置在人口相对稠密、可达性较高的城镇，在集约化使用设施的同时达到设施的门槛人口要求；另一方面，提高设施的总体服务质量，鼓励优质学校、综合医院、养老院、文体中心、商贸综合体等设施共建共享，避免重复投资、低效建设，加快实现基本公共服务均等化、服务设施品质化。

6.2.3 典型案例分析：建德环三江口美丽城镇集群

环三江口美丽城镇集群位于浙江省杭州市建德市东北部，富春江、新安江、兰江三江交汇处，地处"杭州—千岛湖"黄金旅游线中段，包含梅城镇、三都镇、大洋镇、杨村桥镇，地域面积722.7平方公里，总人口12万。四镇拥三江而立，地势地貌相同，人文传统相近，基本达成交通共联、资源共享、文化互融、产业共兴、旅游共通等集聚化发展要求。近年来，片区以"一城启动、三江共融、四镇同心"为指导思想，着力打造"一核、三带、四区、多点"的总体布局，逐步形成城乡融合、全域美丽新格局，实现区域经济效益、社会效益和环境效益持续健康发展，现已成功入选浙江省首批2022年美丽城镇集群化典型培育案例名单。

串接区域交通网络。片区内已有1条高铁、1条高速、1条国道、1个水运码头，在建的桐溪大桥、五马洲大桥通车后将串联各镇，形成"环三江口交通圈"——铁路、公路、水路"三位一体"立体交通网络，实现高铁、汽车、游船的无缝换乘。此外，"三江两岸建德绿道""新安绿道九景连珠段"两条省级最美绿道，串联了区域内12个景点，可实现旅游资源联动最大化。

打造区域平台经济。立足高铁新区五马洲小微企业创新创业园,推进制造业产业链现代化延伸;打造环三江口"共富集市";以新安江—富春江诗路文化为文旅融合发展中心轴,联动环三江口休闲度假板块,发布以人文、红色文化等为主题的"梅莓与共、三洋启泰共富旅游线路"。通过以上举措,开展以品牌打造、价值提炼、品线规划、包装设计、传播策略、整合营销等为主要内容的区域化品牌策划和形象设计,整合区域内农产品、旅游产品和文化产品,启动全品类商标注册,形成一个 IP 地址对外宣传的共享经济。

共享区域资源服务。科学布局项目,形成片区联动发展格局,将区域资源资产量化评估入股,推动资源变资产、资金变股金、农民变股东。以创业平台、交通路网(绿道、河道、埠头)、物流平台、(党群)驿站建设为联接,完善停车场、公厕、无线网络等配套设施,开通区间班车等服务,加快提升公共服务。构建 15 分钟、30 分钟便民服务圈,搭建多元化多模式产销平台,探索区域内统一规划、统一管理、统一营销、统一分客、统一结算等运营模式,推进区域实质性融合发展。2021 年以来,辐射三江口的建德市第二人民医院迁建完工,梅城棚改安置房如期交付,过江交通要道桐溪大桥建设工程持续推进。投资 4.59 亿元的梅城古镇水系综合治理工程全面高质完工,新增停车位 1500 个、星级公厕 1 个,异地搬迁居民人均居住面积增长近 30 平方米,居民整体满意度不断提升。

大党建与大规划统筹共建共享。为强化中心镇辐射带动作用,打破行政壁垒和区划界限,统筹区域协同发展和整合资源,成立了以梅城为中心的"梅城千鹤·三江口"大党委;还建立长效运行机制、周例会制、月度工作交流制,共商共议,实现机制联动。目前已编制《建德环三江口美丽城镇集群建设实施方案》和《环三江口片区概念规划》,进一步指导城镇之间的共建共享。

6.3 微观策略——差异供给促进小城镇专业发展

小城镇群的共建共享为中观尺度资源要素的统筹安排与一体化供给提供了平台保障,可有效带动区域的专业化分工发展。但值得一提的是,这种"统筹"和"一体化"并非对城镇自身特色的忽视,差别化和针对性的供给基础设施和公共服务设施仍然是非常必要的。通过对浙江小城镇发展与公共品供给的关联度分析,总结出以下特征:①公共品供给对经济增长的作用最为显著,其后依次为社会进步与结构优化,反映了公共品供给促进城镇发展的内在机理与顺序规律。②基础性公共设施,尤其是经济性基础设施(水、电、气、路等)与城镇发展最为密切,而专业化公共设施(农业合作社、专业市场等)

与社会性基础设施（教育、文化、医疗、体育、养老以及休闲设施）对于结构优化、城镇转型发展至关重要。③工业专业化设施在小城镇经济增长过程中起主导作用，而农业专业化设施在小城镇持续发展过程中发挥着重要的基础性作用。④偏远小城镇因无法与中心城市共享基础设施，其公共品供给与经济社会发展间的关联程度更高。[1]

因此，应在综合考虑经济社会发展水平、职能类型定位和人口规模等因素的基础上，做到"因地制宜"且"与时俱进"地加强生产、生活设施的全生命周期供给，进一步激发城镇特色潜能，引导小城镇专业、可持续发展。

6.3.1 匹配发展基础的因地制宜供给

坚持因地制宜原则，针对不同类型、区域、发展基础的城镇加强相应专业化设施供给。专业化公共设施就像生命体的基因密码，与生俱来地决定着城镇的优胜劣汰。放眼浙江，自改革开放以来，凡是形成"一镇一品"块状经济的小镇，都是持续优化专业化公共设施供给的典范；反之，都因供给持续性差，过早死在了"第一代市场"上。从省域层面看，当前浙江区域经济分化趋势明显，分区按类供给公共设施十分必要。其中，浙西南偏远地区农业和文旅类城镇较多，一方面应继续构建起辐射乡村腹地，系统、全面、自足的基础设施系统；另一方面应适时加强行业组织、技能培训、信息化服务与管理等专业化公共设施建设。浙东北及浙中地区工业、商贸两类城镇经济实力较强，且临近四大都市区，可充分借助城市辐射效应提高城镇间基础设施互联互通水平，同时改善仓储物流、投融资平台、人才中心、科创服务、品牌展示等相关专业化公共设施建设。

基于上述考虑逐渐完善起来的《浙江省美丽城镇建设指南》明确了"五美"发展愿景和"十个一"基本要求，契合马斯洛的需求层次理论，建立起了完整但有侧重的梯度供给结构。对于那些发展水平较低的小城镇，应着重弥补环境美、生活美导向的基础性公共设施——尤其是水、电、路等经济性基础设施的短板，改变城镇"脏、乱、差"的面貌，从而促进其经济的增长起飞。而对于那些发展水平较高的城镇，针对性地提升产业美、人文美以及治理美方面的专业化公共设施与社会性基础设施供给水平，则有利于其实现跨越和转型发展。

通过这种"有差别"的公共资源配置，一方面可以避免公共设施的重复建设与低效浪费；另一方面可以从根本上改变小城镇的人居环境与生产条件，降低生产和生活成本，从而吸引相关专业人才回乡定居创业，带动其他专业化生产要素的聚集，引导小城镇走向更为科学合理的区域化分工协作格局。

---

1 陈前虎，王岱霞，武前波．特色之谜——改革开放以来浙江小城镇发展转型研究[M]．北京：中国建筑工业出版社，2020．

6.3.2 适应发展需求的与时俱进供给

按照与时俱进理念,适时强化专业化与社会性基础设施供给力度。犹如生命体,小城镇的持续健康成长需要"五脏六腑"的系统协同工作,任一脏器的发育迟缓都将导致功能紊乱甚至病变;在不同的生命周期,各类公共品的供给类型与力度应有变化和侧重。动态来看,公共品供给对小城镇发展的促进作用总体表现出边际递减特征,但在中高级阶段出现一个发展转型期;加大专业化公共设施与社会性基础设施供给力度,是发展转型期的关键之举。如果说浙江省小城镇发展的前半场是"低端工业化带动了浅度城镇化",那么,后半场及未来的发展则需"以高水平的治理引导不同类型城镇的高品质建设,从而实现高质量的发展"。直面日趋激烈的区域经济竞争环境与城镇转型发展的现实压力,同时考虑到人民群众日益增长的生活需求,加大社会性基础设施的品质化建设力度,提升与不同类型城镇生产服务能力升级相关的各类专业化公共设施的供给水平,是当前浙江省小城镇的发展要点与建设重点。如针对乡村地区"一老一小"高比重人口的服务需求,应引入优质教育资源,提升义务教育服务质量;聚焦老年医养需求,提升医养融合水平。针对都市节点型、县域副中心型小城镇吸引力不足的问题,应根据年轻人消费习惯,建设商贸综合体等休闲娱乐设施。未来"五美""十个一"中对于公共品的建设评价标准,也应随着新时代共同富裕的发展需求持续更新。

6.3.3 工农专业设施的持续强化供给

坚持走新型工业化之路,持续提升工业专业化设施对城镇发展的支撑引领作用。广义工业化不能仅仅狭隘地理解为工业发展,而是包括对农业及服务业生产模式的全新改造,体现为全社会、全行业生产效率的提升。专业市场在浙江小城镇工业化过程中发挥了独特的作用,包括了前期的原材料与成品交易,后期的人才、资金、技术交流等功能,是一个综合的工业专业化设施平台。面对新的发展环境,应该借助大数据、互联网与人工智能等技术,提升工业专业化设施的综合程度,走一条"信息化带动、可持续发展且能充分发挥人力资源优势"的新型工业化之路,推动各行各业的生产经营方式向标准化、规范化、规模化、社会化和专业化发展。

优化农业专业化设施的供给,大力推进城镇农业现代化。农业是所有小城镇的基础性产业,农业现代化对小城镇发展起到基础性推动作用。农业现代化不仅包括农业生产的条件、技术和组织管理的现代化,同时包括资源配置方式的优化,以及与之相适应的制度安排。因此,在农业现代化及其专业化设施的供给过程中,既要重视"硬件"建设,也要重视"软件"建设,特别是农业现代化必须与农业产业化、农村工业化相协调,与农村制度改革、农业社会化服务体系建设以及市场经济体制建设相配套。如果忽视"软件"建设，"硬件"建设将无法顺利实施，也无法发挥应有的作用。从目前来看，加强行业组织管理及"企业＋农户"的制度建设，对推进农业现代化尤为重要。

6.3.4　典型案例分析：龙游县溪口镇（县域副中心型小城镇）

溪口镇隶属于浙江西部的衢州市龙游县，自然环境得天独厚、交通便捷，是浙西地区及闽、皖、赣等邻近诸省市通行浙东南地区的咽喉之处，历史上长期作为浙西南商品集散的重要商埠。"二五"时期，溪口镇依托黄铁矿资源为共和国的重工业发展作出了重要贡献；20世纪90年代随着矿产资源枯竭，矿区人口流失严重；21世纪以来，随着乡村振兴、美丽城镇等战略政策的出台，溪口镇以未来乡村建设为支点，通过"乡愁经济"、数字治理引领下公共品的创新供给，迎来新的发展机遇，该镇曾先后被评为国家卫生乡镇、省小城镇环境综合整治突出贡献集体、省森林城镇等荣誉称号，并且成功入选浙江省第二批千年古城复兴试点和浙江省农业农村领域高质量发展推进共同富裕实践试点。溪口镇镇域总面积113平方公里，2021年人口2.5万，共实现规上工业产值49853万元，地区生产总值98756万元，较5年前同期增长超过50%，年均增速11%。

（1）"传统＋网红"的专业公共平台打造

活化乡愁记忆，延续文化脉络。修复溪口、灵山两条历史文化古街区，对老街内黄氏民居、文荟堂、禹王殿、111工坊等一批古建进行了整体修缮，并以市场为导向，打造了特色乡村艺术馆、综合文化站、大师工坊、南孔书屋等"网红"公共文化空间。同时在黄泥山片区重点打造共享民宿、乡村体育馆、瓷米文创馆、智能篮球场、乡愁中心等场景，以复古为基调，植入复古食堂、民国照相馆、艺术墙绘等网红打卡场景，将溪口打造成为集田园生活体验、康养、研学、打卡于一体的旅游胜地。

创客平台集聚人才。打造一批能级高、作用强的双创空间，吸引更多人才入驻，率先走出乡村"校企地"合作新模式，与衢州学院合作共建全国首个未来社区学院，推动资金、项目、人才等要素加速集聚。通过"线上乡村市集＋线下奋斗客厅"展示窗口，打造"数字化""文创化""年轻化"的乡愁经济，"龙游飞鸡""一盒故乡""四季锄禾"品牌效益逐步显现。围绕奋斗公社，搭建龙南双创平台，目前已组建创客联盟37家，与创客主体签约联合打造笋干村、酒糟包菜村、飞鸡村等特色村，通过新乡人带动原乡人实现山区共同致富。

（2）数字化与共享化的基础公共品供给

提升城镇风貌。根据溪口历史人文，明确"竹海古镇，绿水山城"的定位，统一立面、店招风格；形成28余万平方米的浙派民居，打造白墙黛瓦的山城风貌（图6-07）。建设风情大道、亲水大道，打造独特的山城水岸夜景。打通"三纵三横"路网框架，新建、改建人行道面积16592平方米，增设小微停车场12处，新增及划定停车位489个，彻底解决多乱源头。主街全部实行白改黑、泥改黑，改造道路3.9公里，终结了低洼泥路、破损水泥路历史。

以"共享空间"补齐服务短板。通过共享礼堂、共享食堂、共享办公、共享宿舍、共享学堂等设施建设，补齐基础设施方面的短板，营造开放共享大生态，打造具有烟火气、人情味、归属感的分布式邻里中心。原本的食堂变为共享食堂，满足政府职工就餐需求，为黄泥山小区80岁以上老人提供送餐服务，同时对外开放；原本的电影院成为集文化礼堂、时光影院、会议中心于一体的新建筑，除了政府会议，还可以承办各类面向企业的公共活动以及面向居民的社区活动；原本的职工招待所成为联创公社，不仅作为政府办公室，更以共享办公的理念为新乡贤及返乡青年创业提供一站式服务与支持（图6-08）。

乡村社会共同体治理模式。溪口镇依托龙游通和智慧网格，创新构建"信用+积分"自治制度，形成多元网格化社区治理体系，通过对村民、商户、企业等不同主体制定不同评价体系，建立志愿银行，鼓励村民参与集镇志愿活动兑换积分，营造互帮互助的乡里亲情氛围。"溪口公社、快乐老家"正勾勒出新时代原乡人、归乡人、新乡人和谐共处的美好画面。

图6-07 溪口滨水城镇风貌

图6-08 溪口镇未来乡村共享礼堂

第 7 章

浙江省小城镇规划建设技术指引

7.1　县域美丽城镇建设行动方案
7.2　乡镇美丽城镇建设行动方案
7.3　市域美丽城镇集群建设规划
7.4　美丽城镇集群建设行动方案

小城镇建设需要以规划为引领。在新时期为了更好地指引美丽城镇建设，规范建设行动方案和系列规划的编制，浙江省先后发布实施《浙江省县域美丽城镇建设行动方案暨"一县一计划""一镇一方案"编制技术要点》《浙江省美丽城镇样板镇建设行动方案编制技术要点》等规范性文件，启动县域美丽城镇建设、乡镇美丽城镇建设规划编制，县域定格局、强系统，注重对各乡镇美丽城镇建设方向与定位的引导，在此基础上，乡镇以县域指引和统筹为依据，结合乡镇美丽城镇建设定位开展美丽城镇建设。之后，为加强美丽城镇之间的联动发展和资源要素的共建共享，先后开展了美丽城镇集群建设，推动美丽城镇从单个乡镇到乡镇集群的联动协同，具体建设从县域角度强化美镇圈建设的统筹和跨美镇圈的建设，以此为基础，针对单个美镇集群，从设施、服务、产业、人文、治理等方向加强协作，实现全域大美丽的目标。本章节通过对规划编制技术指引的梳理，明晰浙江省美丽城镇、美丽城镇集群等规划建设的核心内容（图7-01）。

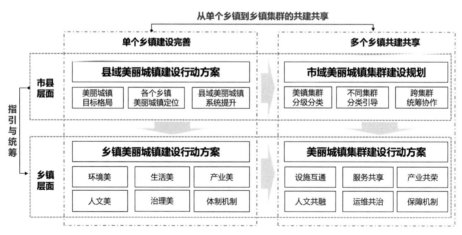

图 7-01 浙江省小城镇规划建设技术指引关系

7.1 县域美丽城镇建设行动方案

7.1.1 总体要求

（1）规划范围

县域美丽城镇行动方案应以县域行政辖区为范围，重点引导美丽城镇布局体系和美丽城镇建设的重点城镇、重要轴带、重点片区等。

（2）指导思想

坚持以人民为中心、城乡融合、高质量发展理念，倡导小城镇生态、生产、生活空间和谐共荣，城乡设施的一体化规划、建设与管护，全面提升城乡人居环境品质，实现美丽城镇高品质生活。

（3）建设原则

功能复合原则。推动小城镇原有功能设施的复合利用，实现教育、医疗、文化、体育、商贸等公共服务设施功能兼容，增强设施活力与适用性，提高既有设施的利用效率。

开放共享原则。引导小城镇打造开放共享的公共空间体系，提高绿地、广场、街道等各类公共空间的开发性与可达性，鼓励文化、体育等各类公益性公共服务设施的共建共享，向群众免费开放。

严控增量原则。加强与国土空间规划"三区三线"等核心内容的衔接，落实空间管控要求，严控新增建设增量，避免大拆大建，科学规划优化布局，合理利用每一寸用地。

盘活存量原则。注重存量空间的挖掘与利用，积极引导小城镇开展有机更新、老旧小区改造，尽可能利用存量建设用地进行改造提升。盘活存量用地精准投入民生设施，针对不同类型城镇提供特色化的用地供给；强化亩均效益导向，围绕低效产业用地，提升亩均效益，实施零地技改、"退二优二""退二进三"。

（4）主要任务

编制行动方案，应通过查阅文献、走访座谈、现场勘查等多种方法，对小城镇自然、历史、经济、社会、环境、空间等展开全面细致的调研。特别应结合当地居民的需求,通过走访座谈、问卷调查等方式充分了解城镇居民对美丽城镇建设发展的要求。

调研应以小城镇全域为范围,以建成区为重点,深入分析小城镇人口、产业等经济社会要素及其发展趋势;充分分析地形地貌、山水格局等自然环境要素,研判城镇布局、街巷肌理、建筑风貌、基础设施与公共服务设施等城镇建设现状基础,分析上位规划、相关专项规划及小城镇规划建设管理实施的体制机制、政策保障等条件,对县域内各类小城镇发展现状条件及美丽城镇建设基础开展全面评估分析。

7.1.2 主要内容

(1) 现状基础评估

定位分析评估。从县域资源禀赋出发,综合评估县(市、区)及各类城镇在市域空间体系、全省"四大建设"乃至长三角一体化等更高层面发展中的地位与分工。

建设基础评估。全面梳理评估县域城镇体系空间格局、经济社会发展、产业发展态势、城乡基础设施与公共服务设施布局等方面的发展成效与建设基础。

问题与目标评估。在摸清底数的基础上,进一步梳理城镇功能、环境、生活、产业、人文、体制机制方面存在的问题,并对照全省美丽城镇"五美""十个一"等建设要求,评估美丽城镇建设目标实现度与存在差距。

(2) "一县一计划"制定

"一县一计划"应包含县域美丽城镇建设目标、分类定位、实施路径、总体布局、"五美"建设重点任务、城乡融合发展体制机制等内容,全面统筹部署县域美丽城镇建设。

明确建设目标。提出县域美丽城镇建设的总体部署、愿景定位、目标体系,包括总体目标、分期目标、重点城镇建设指标等。

明确建设分类。结合小城镇现状基础评估,确定县域各城镇的发展定位与分类(都市节点型、县域副中心型、特色型和一般型),明确样板镇培育创建名单。

明确建设路径。提出县域美丽城镇建设的总体策略与实施路径,明确实现创建目标的战略措施以及建设时序安排。

明确空间布局体系。在县(市、区)层面上,规划美丽城镇建设的总体空间结构,明确美丽城镇布局体系和美丽城镇建设重点城镇、重要轴带、重点片区。

明确重点任务。包含美丽城镇建设"十个一"标志性基本要求、"五美"建设任务、城乡融合发展体制机制等内容。统筹县域重大基础设施、重要公共服务设施以及重大产业发展平台的布局，开展历史文化保护与景观风貌特色塑造，推进城乡融合高质量发展。

制定近期行动计划。提出美丽城镇建设近期建设计划，合理安排建设项目库，提出县级层面重大基础设施项目、公共服务设施项目、产业项目、文旅项目等重大项目建设要求，明确具体建设目标、建设任务及进度安排。

（3）"一镇一方案"引导

"一镇一方案"应明确各乡镇美丽城镇建设的目标定位、实施策略、重点任务、建设项目库要求及建设时序引导等内容。

鼓励各地创建应遵循量力而行的原则，除列入省级美丽城镇样板镇培育名单的城镇外，其他小城镇无须单独编制行动方案，可依据县域美丽城镇建设行动方案中简明实用的"一镇一方案"实施即可，达到美丽城镇建设的基本要求。

经审查同意纳入美丽城镇样板镇培育名单的城镇需单独编制镇级美丽城镇建设行动方案，内容和深度按照《浙江省美丽城镇样板镇建设行动方案编制技术要点》要求执行。

（4）城乡融合体制机制建设

建立县域空间统筹机制。加强与国土空间规划、控制性详细规划等规划的衔接，逐步形成"一张图"管理机制，引导县域空间布局优化。

建立县域要素统筹机制。建立美丽城镇建设所需的人才、用地、资金等要素机制，全面取消落户限制，推动已在小城镇就业的农业转移人口落户，建立城市人才入乡激励机制、城乡人才合作交流机制；在上级安排的城镇建设用地指标中重点保障民生项目用地；建立和完善有利于小城镇发展的财政体制。

建立县域公共服务统筹机制。依托小城市"四个中心"、小城镇"四个平台"等基础，深化强镇扩权等经济社会管理权限下放机制，制定加快城乡要素融合的相关政策，提出城乡一体化的基本公共服务供给机制、设施共建共享机制。

7.2 乡镇美丽城镇建设行动方案

7.2.1 总体要求

（1）规划范围

编制乡镇美丽城镇行动方案，应以乡镇全域为范围，以城镇建成区为重点。

（2）指导思想

坚持生态文明、城乡融合、以人为本的发展理念，保护生态本底，促进生态、生产、生活空间全要素高效率利用；推进城乡基础设施的一体化和互联互通，推动公共服务同质同权；以人民为中心优化城镇功能，打造高品质镇村生活圈。

（3）建设原则

开放共享原则。以镇村生活圈打造为核心，全面提升城镇公共服务品质，构建优质均衡的城镇商贸文体服务、优质普惠的医养服务、均衡高效的教育服务，实现公共服务常住人口覆盖，建立健全共建共享机制。

功能复合原则。加强设施的多功能利用改造，在不增加城镇建设用地的基础上，尽量推动公共服务设施功能复合化利用，实现文化、体育、绿地、邮政、物流等功能兼容，增强设施利用率与适用性。

节约集约原则。严控新增建设用地，立足于地方实际，挖掘存量，集约节约利用土地，提升内在品质。实施土地综合整治，盘活用地存量，精准投入民生设施；产业存量提质，强化土地产出。

特色发展原则。城镇结合自身条件因地制宜地强化配套设施的特色化供给，引导形成专业化的协作分工。

（4）主要任务

美丽城镇建设包含功能便民环境美、共享乐民生活美、兴业富民产业美、魅力亲民人文美、善治为民治理美以及城乡融合体制机制等内容，涵盖空间布局、项目建设以及要素保障。美丽城镇建设应全面保护城镇生态格局肌底，构筑蓝绿交织、山水城共融的美丽城镇生态本底，保持底色；优化城镇功能，加大优质公共服务设施供给，强化产业支撑，开展历史文化保护与景观特色塑造，擦亮底色；建设美丽城镇在"五美"建设、城乡融合体制机制等方面的建设特色，彰显特色；实现城乡融合高质量发展。

7.2.2 主要内容

（1）现状评估

对城镇建设发展基础进行综合评估，对照省美丽城镇的建设要求，结合城镇的资源禀赋，全面梳理城镇在生态保护、功能、公共服务、经济产业、历史人文、综合治理等方面的问题与短板，优势与特色，明确下一步提升和改进的方向。

（2）目标定位

明确城镇发展定位，提出城镇建设发展目标及相应的建设指标，提出实现目标的策略、路径及总体设想。

（3）"五美"内容

功能便民环境美。结合现状城镇在安全保障方面存在的问题，提出城镇防洪、防涝、防灾减灾等确保城镇运行安全的底线管控要求，明确空间布局优化以及综合保障的具体举措；明确城镇内外部交通设施体系空间布局要求，因地制宜开展城镇慢行交通系统建设，提出城镇公共交通设施布局和线路优先的措施；明确城镇给水排水、电力电信、燃气热力以及信息设施等空间布局优化和重要设施提升要求，加强城乡基础设施一体化规划建设与管理，推动城镇基础设施互联互通。

共享乐民生活美。结合现状服务设施的空间布局，按照5/15/30分钟生活圈配置要求，优化商贸、文体、医疗、教育、养老等服务设施的空间布局，提出公共服务品质提升的方向和具体举措，构建便捷高效的城镇生活圈，提升城镇生活品质。

兴业富民产业美。提出"低、散、乱"企业的整治目标、整治要求及整治计划；明确城镇主导产业，提出产业集群以及产业平台（小微企业园、工业园、文创园等）空间布局以及建设提升要求；提出现代农业、文旅产业、现代服务业等特色产业培育发展要求，明确重大建设项目，推动产业转型提升；结合农村电商物流的发展，明确城镇物流体系建设目标以及空间布局优化要求,畅通城乡联系的渠道,辐射带动乡村产业发展。

魅力亲民人文美。明确历史文化资源的保护利用要求以及非物质文化的传承保护要求,提出历史文化资源空间布局优化的举措,明确历史街区、历史建筑、工业遗产等建设提升措施。提出城镇老旧小区改造、重要街区提升、重点片区改造等城镇更新的要求;明确城镇核心景观风貌区、重要景观节点、开放空间、天际线等景观风貌管控要求,协调核心景观风貌区与周边景观风貌,构建连续统一、尺度宜人的公共开放空间环境,提出绿道网、城镇公园、郊野公园等布局优化及项目建设要求,塑造高品质环境。围绕文旅融合发展,因地制宜提出文旅业态融合发展与提升发展要求,明确景区村、A 级景区等建设提升要求,提出宾馆、饭店等旅游服务设施布局优化和建设提升举措,合理安排文旅项目,组织特色文旅游线。

善治为民治理美。巩固小城镇环境综合整治成果,建立健全美丽城镇长效管护机制;提出乡镇新时代文明实践所以及文明志愿服务网络建设要求;深化"四个平台"建设,因地制宜建设智慧化综合治理平台;从加强社会治理体系和能力建设出发,提出"最多跑一次"改革、便民服务、综合执法改革等要求,明确"三治融合"发展的举措和要求。

(4) 近期计划

提出美丽城镇建设近期建设计划,合理安排建设项目库,提出环境美、产业美、生活美、人文美、治理美等方面项目建设要求,明确具体建设项目、建设时序以及进度安排,形成"项目库、进度表",提出统筹推动项目实施的具体举措。

(5) 保障措施

综合考虑如何通过美丽城镇建设的扶持政策提升本镇美丽城镇建设水平,明确本镇在美丽城镇建设方面的组织机构、资金、人才、用地等要素保障,建立市、县、镇统筹协调的美丽城镇建设组织领导机构,统筹资金的使用以保障美丽城镇的建设,吸引城镇建设发展紧缺的人才落户或服务城镇美丽城镇建设,鼓励通过存量用地的挖潜以及现状用地的提效综合提升美丽城镇品质。

7.3 市域美丽城镇集群建设规划

7.3.1 总体要求

（1）规划范围

市域美丽城镇集群建设规划以地级市为规划范围，适用于市域所有建制镇、乡、街道开展美丽城镇集群化建设，亦考虑中心城区对周边乡镇的辐射带动，并可根据市域资源禀赋、人文特色等实际情况，确定重点美镇集群范围。

（2）指导思想

坚持"创新、协调、绿色、开放、共享"的新发展理念，围绕共同富裕建设的总体要求，强调区域高度协同发展，形成市域美丽城镇集群建设规划编制、管理和实施的工作要求。

（3）建设原则

城乡统筹。强化中心城区对周边乡镇的辐射带动作用；开展城乡基础设施一体化规划、建设与管护，推动城乡基础设施互联互通；加大优质设施供给，推动公共服务同质同权；加强市（县）域产业平台统筹规划，推动市（县）域层面的产业融通，实现城乡融合高水平发展。

区域协调。结合城镇体系格局、地方资源禀赋、城镇建设基础和居民生活习惯，统筹市域美镇集群组合、发展模式和发展类型，并可针对性地提出跨区县、跨市域或省域的美镇集群组合、合作区或生活圈。

共建共享。美丽城镇集群内部各类基础设施和公共服务设施共建共享，实现设施最优配置，提升设施配置效率；同类型集群发挥规模效应，产业协同发展，构建完整的上下游产业链；不同类型集群实现错位发展，互相弥补城镇功能的不足，避免同质化竞争。

互联互通。美丽城镇集群之间的主要交通干道实现互相连通，部分有条件的集群之间还可贯通慢行交通、绿道绿网等基础设施；一体化建设、运维重大基础设施，发挥设施整体效应。

（4）主要任务

市域美丽城镇集群建设应在综合评估城镇的资源禀赋、建设基础、短板缺项、区域关联性等基础上，合理划分美镇集群组合，确立集群分级分类体系，提出分类发展引导和重点美镇集群建设指引，构建实施保障体系。市域美丽城镇集群建设应重点探索美镇集群协同抓手，分类提出标志性的重点协同工程，包括提升基础设施、改善民生、完善产业配套等基础性工程，以及一、二、三产融合、发展特色产业、弘扬地方文化、美丽宜居示范等品质型工程，营造美美与共、全域大美的高质量发展新图景。

7.3.2 主要内容

（1）资源禀赋与发展基础评价

摸底规划范围内的乡镇概况及发展意向，对各乡镇的区位条件、自然生态本底、历史人文资源、旅游资源、城镇产业特色、城镇功能特色、城镇发展内生动力等展开技术性基础分析和综合评价，总结各乡镇的资源禀赋和发展基础，并结合各乡镇美丽城镇创建类型和要求进行评估，明确单独创建难度较大的乡镇，提出集群化共建的需求。

（2）美丽城镇建设情况回顾

对规划范围内的各乡镇美丽城镇规划建设情况进行全面评析，包括美丽城镇的创建类型、重大项目支撑情况、产业类项目与城镇能级匹配情况、资金要素保障等，梳理各乡镇美丽城镇建设所涉及区域协同的项目，分析实施成效，明确需要打破行政壁垒、统一谋划区域协同平台和抓手的重点项目。

（3）基础设施与公共服务配套体检

对规划范围内的各乡镇基础设施与公共服务设施配套及运营情况进行摸底排查，针对县域副中心型和都市节点型美丽城镇公共服务设施能级不高，辐射能力不强、各乡镇间公共服务设施缺少统筹考虑，配建重复、运营情况不佳、设施设备利用率低等情况作全面梳理，补短板，提品质，并推动基础教育设施等部分公共服务设施适度集聚。

（4）科学合理的美镇集群组合

对规划范围内的各乡镇进行区域关联性评价，从交通、公共服务设施、城镇规模等基础因子，生态、产业、文化、治理等特色因子出发的多因子叠加分析，梳理乡镇之间的辐射与联动关系，并结合市（县）域重大基础设施建设项目、发展意愿、发展趋势等，综合叠加得出美镇集群组合结论。

（5）美镇集群分级分类体系

结合各个美镇集群的资源禀赋、建设基础和发展趋势，根据重要性提出一级、二级或三级分级体系，并提出极核联动型、辐射带动型、均衡协作型美镇集群等发展模式，同时进一步整合归类农旅型、文旅型、工旅型、县域副中心型、都市节点型和都市集聚型等发展类型。

（6）特色统筹的分类发展引导

根据不同的美镇集群发展类型，制定分类发展引导，重点探索美镇集群协同抓手，分类提出标志性的重点协同工程，包括提升基础设施、改善民生、完善产业配套等基础性工程，以及一、二、三产融合、发展特色产业、弘扬地方文化、美丽宜居示范等品质型工程。针对跨行政区的美镇集群，从飞地合作、协同互惠、统一决策等方面突破行政壁垒，打造跨区域美镇集群融合发展新模式。同时可对重点美镇集群提出一对一的建设指引，梳理圈域联动共建项目，推动一体化发展。

（7）实施保障体系

基于分类发展引导，从促进共建共享、互联互通、联动发展等角度提出促进美镇集群建设的协同发展机制和实施保障体系，并对市域层面美镇集群打造和美丽城镇创建提出反馈建议。

7.4 美丽城镇集群建设行动方案

7.4.1 总体要求

（1）规划范围

美丽城镇集群建设规划的范围由一定地域范围内山水相连、路网相通、产业相融、人文相亲、治理协同的若干个美丽城镇行政区范围共同组成。

（2）指导思想

坚持"创新、协调、绿色、开放、共享"的新发展理念，围绕共同富裕建设的总体要求，强调区域高度协同发展，形成美丽城镇集群的一体化发展。

（3）建设原则

互联互通，融合发展。加强美丽城镇集群内部城、镇、村之间水电路气等基础设施无缝对接，一体化管护，加快构建互联互通的基础设施体系，以基础设施的全面连通促进城乡充分融合。

共建共享，集成发展。完善美丽城镇集群内部30分钟生活圈，鼓励优质学校、综合医院、养老院、文体中心、商贸综合体等高品质服务设施共建共享，变"一地有"为"全体享有"，加快实现基本公共服务均等化、服务设施品质化。

协同互补，联动发展。优化美丽城镇集群内部产业布局，共建产业平台，共享产业配套，共塑产业品牌，共联产业链条，以产促镇，以镇兴产，加快产镇深度融合，助力共同富裕。

整体智治，创新发展。推动美丽城镇集群在政务管理、经济产业、民生服务、社会治理等方面智慧集成，构建多跨集成、整体贯通的智慧应用体系，创新长效管理与重大事项协商机制，实现高效治理。

（4）主要任务

美丽城镇集群建设包括产业共荣、山水共美、人文互融、设施互通、服务共享、运维共治等内容，涵盖空间布局、项目建设以及要素保障。美丽城镇集群建设应结合极核联动集群、辐射带动集群、均衡协作集群等不同类型，优化产业平台布局，推动一、二、三产协同发展，整治提升连片生态环境，加快基础设施和公共服务设施共建共享，加强县域风貌整治与风貌带打造，推进"三治融合"，实现美丽城镇集群协同共进，高质量发展。

7.4.2 主要内容

（1）现状调研和资料收集

对美丽城镇集群建设范围内的城镇现状进行深入细致的调查研究，做好基础资料的收集、整理和分析工作。

（2）现状评估

美丽城镇集群协同基础评价。评估梳理集群涉及城镇在设施建设、产业发展、服务设施、人文发展、治理协同等方面协同发展的建设基础、存在问题和发展成效。

美丽城镇建设基础评价。对照美丽城镇"五美""十个一"建设要求，评估集群涉及城镇环境、生活、产业、人文、体制机制方面的建设基础、发展特色、主要问题。

（3）目标定位

明确美丽城镇集群建设的发展定位，提出相应的目标和建设指标，提出实现目标的策略、路径及总体设想。

（4）美丽城镇集群设施互通建设

环境保护。结合集群现状生态环境特点，从整体格局、河流治理、矿山修复、森林保护、空气治理、固体废弃物治理、土壤污染治理等方面提出相应的联动措施。

综合整治。结合集群现状建设环境特点，提出城镇联动综合整治治理的措施手段。

交通设施。从集群内部交通畅连和对外交通畅通两个方面提出交通体系建设优化方案。

市政设施。针对集群内部给水排水、电力通信、燃气设施、环卫设施、防灾减灾设施提出优化方案策略。

（5）美丽城镇集群服务共享建设

生活圈打造。提出集群内 5 分钟、15 分钟和 30 分钟生活圈体系的构建和设施配置标准。

住房体系。提出集群在人口集、保障房、老旧小区、城中村、城郊村有机更新、农房风貌提升等方面的联动机制和优化策略。

教育服务。提出集群内学前教育、义务教育体系的共享机制和提升优化策略。

医疗服务。完善集群内等级医院、乡镇卫生院、社区卫生服务中心（村卫生室）的医疗教育体系和共享机制。

（6）美丽城镇集群产业共荣建设

产业平台。统筹集群内部产业空间布局，优化产业发展平台，引导零散工业向园区集聚。

产业特色。结合集群建设特点，引导集群在产业集群建设、产业链打造、产业服务设施、商贸服务设施、农业服务设施、文旅产业发展、美丽游线、文旅品牌打造等方面联动共建。

产业融合。提出集群一、二、三产融合发展的策略，结合美丽城镇集群产业特色，提出产业示范带的引导建设。

（7）美丽城镇集群人文共融建设

历史人文。提出集群内历史文化名镇、名村、街区、传统村落、各类历史文化遗存空间、非物质文化遗存的保护与活化利用措施，打造集群文化展示线路或集群文化展示区。

特色风貌。提出集群生态绿网、美丽河湖、美丽田园、美丽森林、特色风貌游线、美丽风景带的建设引导，挖掘地方民居特色，提出集群内村庄风貌的整体引导。

文化品牌。挖掘地方文化特质、提炼地方精神内涵，打造具有鲜明共富导向和区域韵味的地方文化品牌和跨镇村统一的文化标识、文化地标、公共艺术体系、文化 IP 等。

（8）美丽城镇集群运维共治建设

基层治理。构建集群内部片区级便民服务中，推动集群大综合一体化执法改革，实现集群内部城镇指挥全覆盖、执法全闭环、数字全环节、协同全方位。

智慧治理。引导推动集群政务服务体系迭代升级，促进线上与线下融合，提升智慧化、便捷化水平，推动跨镇村生态治理、市场监管等综合治理场景运用，探索集群数字公共服务场景应用，打造集群便民智慧服务圈。跨镇村建设数字化产业体系，提供智慧产业服务。

（9）近期建设计划

提出美丽城镇集群近期建设的主要内容、项目和建设项目实施部署。

（10）实施保障机制

结合美丽城镇集群建设，提出推进规划实施的保障机制和政策措施。

第 8 章

县（市、区）域
美丽城镇建设行动方案

New era

8.1 文成县域美丽城镇建设行动方案

8.2 诸暨市美丽城镇建设行动方案

8.3 萧山区美丽城镇建设行动方案

为详细阐述县（市、区）美丽城镇建设行动方案的内容，本书选取文成县、诸暨市、萧山区三个县（市、区）作为典型案例，介绍各地在美丽城镇建设行动方案中的规划实践。典型案例的选取基于三点考虑：一是基于行政区划，涵盖县、市、区三种类型；二是基于经济发展程度，选取处于三个不同GDP梯队的县（市、区）；三是基于区位特征，如萧山区是都市区核心区，诸暨市为都市区周边区域，文成县为都市区偏远地区，三个地方在各自分类上具有普适和典型意义。

8.1 文成县域美丽城镇建设行动方案

8.1.1 概况

文成县位于浙江省南部山区，温州市西南部，飞云江中上游，总面积1292.16平方公里，隶属温州市，县政府驻地大峃镇，2021年年末户籍总人口40.67万（图8-01）。

文成自然资源价值极高，具有世界自然遗产的突出普遍价值，其自然景观为最有观光价值的资源，特别是峡谷、奇峰、壶穴、瀑布、湖泊为文成最具代表性的景观。文成县地灵出人杰，文化积淀极为丰富，是被誉为"五百年名世，三不朽伟人"的先贤刘基的故乡，拥有深厚的伯温文化；同时畲族风情独特，畲乡风情、民族传统等别具韵味。文成县10多万华侨旅居世界，担任侨团副会长以上职务的侨领有600多人，享有"侨领之乡"之美誉（图8-02）。

8.1.2 特点与问题

（1）特点

文成县作为浙西典型的山区县，特征可以总结为"边缘""保护""山地"。

边缘：文成位于浙江的最南端，与杭州及长三角的发达地区距离较远，交通联系便捷

图 8-01 文成县行政区划

图 8-02 文成县特色

度不及其他地区，同时偏离甬台温、金丽温等区域发展轴线，造成产业发展与旅游发展的滞后。

保护：文成作为温州的大水缸、生态绿肺，生态红线占文成县域的 30.78%、永久基本农田占 17%，巨大的生态保护空间一方面限制了城镇开发建设，同时严格的各类保护管控措施制约着产业经济发展与城镇建设。

山地：山地面积占全县总面积的 82.5%，俗称"八山一水一分田"。峰岭耸峙、丘陵连绵，复杂的地形使得文成可利用建设的城镇空间非常有限，同时也阻碍了各个功能板块的联系，造成发展受阻。

（2）问题

①美丽格局有待完善——生态环境优越，但存隐忧

文成县作为浙江省重点生态功能区，生态环境资源丰富，但文成县整体生态格局有破碎化趋势，生态风险较大。县域中部、北部、东部生态空间呈小斑块散布，缺乏生态廊道的有机串联。环境治理压力大，文成县目前低小散企业较多，以建材、汽摩配等行业中处于低端制造水平的企业为主，管理不便，存在治污隐患。

②美丽载体有待夯实——乡镇交通市政设施建设亟待加强

县域路网呈现"羽状网脉"式的叶脉状，即一条主动脉 G322 贯穿东西，两侧延伸出县道以连接各乡镇，以致各乡镇交通联系集中通过主动脉进行转换，极大地增加了交通压力，难以满足乡镇发展要求。同时，文成县整体公路等级偏低、对外交通不畅、场站建设相对滞后，城乡客运发展缓慢，公交线网有待完善，静态交通设施严重缺乏。

县域市政设施亟待升级，给水设施供水设施不完善，管网老旧；大部分乡镇排水体制仍为合流制，电力设施配置待提高，架空线需整治，电信局所分布待优化，设施网络覆盖不完全，信号不稳定。

③美丽质量有待提升——公共服务设施建设滞后，城乡发展不均衡

文成县住房质量参差不齐，乡镇住房条件普遍较差；住房整体风貌混杂，缺乏独具韵味的地方特色；现状乡镇商贸服务种类单一，无法满足居民消费需求；乡镇文体设施存在设施总量不足，乡镇缺少综合性体育健身场地，健身设施种类单一，无法满足乡镇居民文化健身休闲需求；基层医疗规模不足，文成基层乡镇医院面临卫生院建设时间久远、设施陈旧等问题；文成城乡教育资源不均衡，乡镇教育普遍存在教学质量、办学条件双差现象，生均体育场馆面积严重偏低；文成机构养老服务模式、功能单一，仅能提供最基本的养老服务，缺乏对养老服务产业延伸发展。

④美丽动力有待加强——整体经济稳中向好，但面临一定的发展困境

文成县产业发展逐年稳定上涨，但产业"低、小、散"，缺乏引擎带动，高新技术产业和战略性新兴产业发展不足。文成县现状形成南北向产业发展轴，但县域产业用地少且分布零散，亩均低且规模小。文成县第一产业品牌知名度不足，农业附加值不足，龙头企业能级不高，产业品牌意识不足；第二产业发展存在产业发展定位不明，停工停产现象突出，主导产业产出效率不佳。

⑤美丽表现有待优化——全域旅游体系初步构建，但仍存在诸多问题

文成县成功创建浙江省全域旅游示范县，旅游景区全面升级，文旅产业有序发展，农旅项目开局良好，但仍存在旅游附加值不足，服务配套接待能力有限，周边地区经营民宿以农家乐为主，旅游体验感较差。乡镇旅游发展路径雷同，景观开发缺少统筹，主题化策划不足，体验互动型项目偏少，乡镇旅游发展不均衡。

县域文化保护多元化不足，非遗、传统文化保护不均衡，少数村落得以活化，活动类型相对单一。目前文成的文旅项目以传统节庆活动为主，畲族传统文化内涵及伯温文化挖掘不足，仅能将特色文化广为人知的一面进行融合发扬，文旅项目融合不足。

⑥美丽治理有待精细——综合治理开展不足，薄弱环节有待提升

乡镇环境整治长效管理机制有待加强，现状普遍存在综合执法力量不足、职权界限、执法维护力度不强等问题，缺乏针对性的管理机制。人才建设、财政资金、土地供应保障不足，尤其在交通、市政基础设施、民生保障方面，仍然存在人才建设、财政资金、土地保障不足等突出问题，导致项目建设停滞不前。文成县基层社会治理工作普遍较为滞后，缺乏针对基层社区的公共服务平台，过度依赖政府力量，缺乏社会组织、社会工作者的多方参与。

8.1.3 规划建设内容

（1）总体思路

文成县美丽城镇建设行动方案围绕"哪里美、美什么、怎么美"的需求，制定"一县一计划、一镇一方案"，包含 5 个美丽路径、18 大行动（图 8-03）。

①**哪里美**：以空间区域为主的模块评估、以设施要素为主的部件评估和以民众感知为主的体验评估三部分，采用空间分析、大数据分析、区域分析、问卷分析等方法，辨明文成的发展阶段、优势、短板及美丽城镇建设的现状基础。

②**美什么**：提炼文成美丽城镇的愿景定位和总体目标、分期目标，确定文成县的总体空间结构、职能结构，擘画文成县美丽城镇的环境美、生活美、产业美、人文美、治理美"五美"图景。

③**怎么美**：通过"一镇一方案"，包含乡镇定位、定向、定区、定项、定序，制定 16 个乡镇的"一镇一方案"，确定项目总量和项目结构，对重要组团进行引导，通过一图一表，明确为乡镇的美丽建设做指引。

文成县美丽城镇建设行动方案明确了县域美丽城镇方案与下位镇级美丽城镇行动方案之间的传导关系——县域美丽城镇方案是全域的综合指引统筹，明确分类和要求；镇级美丽城镇方案是图景式的落地表达，明确落位和项目。

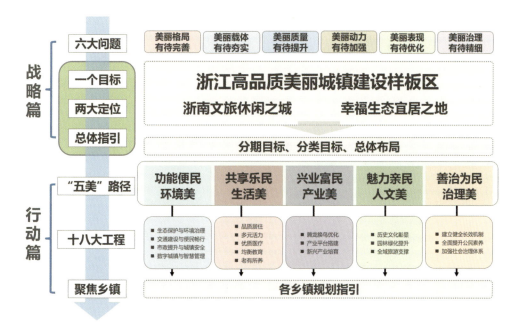

图 8-03 文成县美丽城镇建设规划框架

（2）规划定位

顺应"大花园建设"与"温州大都市区"建设，文成县打造浙江高品质美丽城镇建设样板区，以"浙南文旅休闲之城，幸福生态宜居之地"为目标，城、镇、村三级联动发展，一、二、三产深度融合，政府、群众、社会三方共建共治共享。

构建"6+1+3+6"的文成美丽城镇分类体系，6个文旅特色型乡镇，1个工业型特色乡镇，3个农业特色型乡镇和6个一般型乡镇（图8-04）。全域形成"一主一副三区四带"美丽城镇格局，"一主"为大峃镇，县域发展核心；"一副"为县域发展副中心；三个美丽城镇片区以及四条美丽城镇发展带（图8-05）。

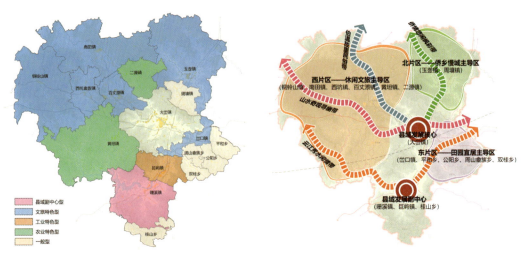

图 8-04 文成县美丽城镇分类体系　　　　图 8-05 文成县美丽城镇格局

（3）规划策略路径

规划策略与路径包括"功能便民环境美、共享乐民生活美、兴业富民产业美、魅力亲民人文美和善治为民治理美"五大方面。

①功能便民环境美

环境美包括生态保护与环境治理工程、交通建设与便民畅行工程、市政提升与城镇安全工程以及数字城镇与智慧管理工程四大工程。生态保护与环境治理工程包括构建生态网络、提升生态品质、发扬生态文明，强化综合整治、创建无违乡镇、深入污染治理（图8-06）。交通建设与便民畅行工程包括畅通交通网络、优化路网布局、组织多元交通方式，设置公共停车设施、交通安全设施、加强城乡公交建设（图8-07）。市政提升与城镇安全工程包括市政管线改造、公厕垃圾设施提升、清洁能源利用，完善消防设施、强化防洪排涝建设、

图 8-06　文成县生态格局优化　　　　　　图 8-07　文成县交通格局优化

健全应急避灾设施。数字城镇与智慧管理工程包括加强基础建设、推广智慧广电、实施设备迭代，雪亮工程建设、平安社区建设、数字管理平台。

②共享乐民生活美

生活美包括品质居住工程、多元活力工程、优质医疗工程、均衡教育工程和老有所养工程五大工程。品质居住工程包括民居特色彰显、自建住房管控、创新技术应用，多元保障房建设、品质商品房供给，有机更新与旧城改造、未来社区与生活圈构建（图 8-08）。多元活力工程包括新型商贸业态引入、加强乡镇商贸设施和农贸专业市场，文体设施建设与共享、活动策划与载体建设。优质医疗工程包括提升基层医疗服务水平、健全城乡医疗

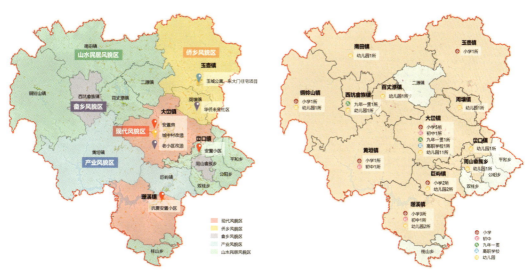

图 8-08　美丽城镇有机更新与景观风貌提升　　　　　　图 8-09　县域教育设施提升分布

保障体系、实施智慧健康建设行动、构建全域医疗康新格局。均衡教育工程包括盘活教育设施建设空间、优化学前义务教育体系、构建终身教育体系风尚、提升教育信息应用水平（图8-09）。老有所养工程包括完善养老服务体系、加强医养康养融合、发展智慧养老服务、谋划旅居养老服务。

③兴业富民产业美

产业美包括腾笼换鸟优化工程、产业平台搭建工程和新兴产业培育工程三大工程。腾笼换鸟优化工程包括"低、小、散"工业整治入园和创新孵化园谋划建设。产业平台搭建工程包括搭建产业主平台、实现产业新升级、谋划农业新布局、创新农业新形式。新兴产业培育工程包括全域旅游发展，打造温州西部大花园；影视文创发展，谋划浙西文化大观园以及发展数字经济，彰显浙南小城大智慧。

④魅力亲民人文美

人文美包括历史文化彰显工程、园林绿化提升工程和全域旅游支撑工程三大工程。历史文化彰显工程包括历史村落活态保护，可持续性科学利用，加强文物保护意识，延续历史瑰宝生命，非遗内涵挖掘，"文化+"业态打造。园林绿化提升工程包括环城绿道、田园绿道、花海绿道建设，构建全域慢行系统（图8-10），打造多元化主题。全域旅游支撑工程包括构建"1+4+n"旅游服务中心体系、"吃住行游购娱"旅游服务支撑系统和乡村振兴建设（图8-11）。

⑤善治为民治理美

治理美包括三大工程和三大机制，三大工程分别为建立健全长效机制、全面提升公民素质、加强社会治理体系工程，三大机制保障包括涉侨服务创新、发展要素保障和统筹空间布局。

图8-10 文成县慢行系统网络

图8-11 文成县全域旅游服务中心体系

8.1.4 特色亮点

规划从提维度、拓广度、有温度、挖深度四个"度"出发进行全面升级与创新编制。

(1)提维度,从聚焦镇区到放眼区域

无论是小城镇综合环境整治还是美丽乡村建设,都聚焦于城镇或乡村的单一要素,美丽城镇建设要跳出单一思维,从镇区到全域,放大发展格局。将文成每一个城镇放置在区域尺度,充分发挥各乡镇的优势特色,强化区域联动作用,整合区域资源,推动能级提升,做好产业、交通、设施的衔接,推动城乡高质量融合发展。同时聚焦全域全要素,处理好城镇与乡村的关系,立足生态本底,描绘城镇发展的空间底图。

(2)拓广度,从面上整治到全面提升

美丽城镇是小城镇综合整治的延伸,规划跳出小城镇环境综合整治思路,在环境风貌整治的基础上,着力关注城乡生活配套环境、文脉保护以及治理体系等软性环境的建设,走内生性城镇全面高质量发展之路。

(3)有温度,从产业谋划到品质之城

文成的发展思路是以旅游与产业的外向服务发展模式,围绕在地居民和回归侨乡全面发展的需要,为人们提供所需的城镇环境和服务,依托良好的生态环境和公共服务,吸引人们的集聚,通过人们的集聚进而带动产业的繁荣,最终实现人、城、产的和谐发展,从规模扩张到追求品质的转变,从文旅小城走向品质之城。

(4)挖深度,从千镇一面到个性引领

美丽城镇的工作没有范式,每个城镇都有自身的发展节奏和特色,四种创建类型即是一种个性化发展的引导,意在规避千镇一面的建设遗憾,文成根据每一个城镇的发展基础和资源禀赋,强调深挖城镇个性IP,使文成的美丽蓝图脱离程式化,更具在地性。

8.2 诸暨市美丽城镇建设行动方案

8.2.1 概况

诸暨,浙江省辖县级市,位于绍兴市西南部,越国古都、西施故里。

诸暨县域经济发达,是中国袜业之都、中国珍珠之都、中国五金之乡,也是长三角最具投资价值城市。打造"重要窗口",是习近平总书记赋予浙江的新目标新定位。作为全国县域经济竞争力百强县(市)常年排位稳居前十的县级市,依托小城镇发展的"块状经济"是浙江经济形态的典型代表,店口、枫桥、大唐、山下湖等10个特色乡镇常年占据全国综合实力千强镇榜单。

作为"枫桥经验"发源地(图8-12),诸暨在新型城镇化中推进新型治理模式的理论、实践、制度创新,是践行总书记对秉持"干在实处、走在前列、勇立潮头"浙江精神要求的重要体现。

图8-12 "枫桥经验"发源地

8.2.2 特点与问题

面对区域发展不平衡、不充分的问题,突破过去乡镇单打独斗的局限思维,以城镇集群发展为主线,在更大范围内统筹全要素,本着"共建共享、协同互补、互联互通"的原则,加快欠发达地区"两山"转化,实现城乡公共服务均等化,促进小城镇发展体制机制变革,提升国土空间治理水平，最终实现共同富裕。

本规划在诸暨市国土空间总体规划指引下，以全市21个镇街为对象，以建成区为重点，兼顾辖区全域，衔接美丽乡村建设，统筹推进城、镇、村三级联动发展，一、二、三产深度融合，政府、社会、群众三方共建共治共享，做到"提升补短，美美与共"。

8.2.3 规划建设内容

对诸暨全域小城镇建设基础进行综合评估，针对现实问题和条件，提出小城镇与集群化发展目标，突破传统美丽城镇"模式化"规范要求，以展望远景的发展框架，谋划整体方案。

（1）审时度势识诸暨，分毫析厘知诸镇

从县域资源禀赋出发，综合评估诸暨与各镇在市域空间体系、全省"四大建设"、长三角一体化发展中的地位与分工。全面梳理评估县域城镇体系空间格局、经济社会发展、产业发展态势、城乡基础设施与公共服务设施布局等方面的发展成效与建设基础。进一步梳理城镇功能、环境、生活、产业、人文、体制机制方面存在的问题，并对照全省美丽城镇"五美""十个一"等建设要求，评估美丽城镇建设目标实现度与存在的差距。

（2）提纲挈领定目标，分级分类精创建

以大湾区的核心节点、大花园的美丽之源、大通道的重要支点、大都市区的度假胜地为战略定位，通过"接沪融杭融入大湾区、聚焦美丽建成大花园、开放创新拥抱大通道、差异发展对接大都市区"，将诸暨打造成为服务智慧化、生活品质化、经济生态化、全域景区化、产旅一体化的东方花园城市，诸暨市建成浙江省和全国美丽城镇示范县市，各镇乡建成三生融合、城乡融合、繁荣文明的山水园林城镇。结合诸暨实际，将美丽城镇分为都市节点型、县域副中心型、特色型、标准型四种类型，分类实施建设方案（图8-13）。

图8-13 诸暨市美丽城镇创建类型

（3）"五美"共融谋发展，山水画境绘蓝图

包含"十个一"标志性基本要求，功能便民环境美、共享乐民生活美、兴业富民产业美、魅力亲民人文美、善治为民治理美等"五美"建设重点任务。统筹县域重大基础设施、重要公共服务设施以及重大产业发展平台的布局，开展历史文化保护与景观风貌特色塑造，推进城乡融合高质量发展。通过"一镇一方案"，明确各乡镇美丽城镇建设的目标定位、实施策略、重点任务、建设项目库要求及建设时序引导等内容，指导下位工程建设。

8.2.4 特色亮点

规划在以下五个方面对诸暨美丽城镇发展路径进行了探索。

（1）从"形"到"魂"，兼收并蓄，小城镇整治与特色小镇的迭代创新

浙江省小城镇环境综合整治注重形态面貌，并没有从根本上解决小城镇发展的内在动能问题。特色小镇虽然注重产业特色与配套、产城融合，但其脱胎于产业功能区的天然属性使其无法全面兼顾小城镇公共服务配套、生态保护、传统文化、基层治理等内容。

美丽城镇建设建立在浙江省小城镇一系列探索的基础之上，强化对过去发展的批判与引导。对于小城镇环境整治重形象轻产业、风貌整治程式化、绿地广场轻功能等问题，尤其是小城镇仍存在着功能结构不完善、公共服务欠缺、产业经济薄弱、风貌特色不显著、综合治理水平不高等问题，这些成为美丽城镇的提升重点。

在大唐"袜艺小镇"（图8-14）、山下湖"珍珠小镇"、牌头"环保小镇"、店口"智造小镇"、枫桥"平安小镇"、赵家"香榧小镇"、同山"同山烧小镇"等特色小镇基础上纵深推进，规划产业集群向"精致、专业、特色"高质量发展。鼓励结合"小镇客厅"建设创新服务综合体，发展生产性服务业，延长延伸产业链，引导二产向更高附加值的三产发展，做特做强，同时补足城镇功能短板。

逐步完善城镇教育、医疗、商业、交通、文体、养老等资源配置，推动市政基础设施和公共服务设施向小城镇和农村延伸，形成城乡互补、全面融合、共同繁荣的新格局，人民群众共享经济社会发展成果。建立5分钟邻里生活圈、15分钟社区生活圈、30分钟村镇生活圈，促进基本公共服务城乡全域覆盖，尤其重视更加具有普惠性、经济性、操作性的30分钟生活圈，保障公共服务全域覆盖。有条件的小城镇建设"邻里中心"，提供"一站式"公共服务。

图 8-14 大唐美丽城镇袜艺博物馆

(2)联村融景,镇、村、景一体化发展助力共同富裕

通过"环形+放射"的布局形式,构筑"一条浦阳江、两个通景环、五个主题片、四条放射廊"的县域主骨架(图 8-15)。以"两山"转化、绿色发展为导向,坚持保护优先、美丽为基,依托自然和人文资源,策划外环沿线以生态休闲、旅游度假、山水观光、文化体验、乡村旅游等不同主题的特色功能,形成以自然公园、美丽村镇为主要特色的郊野魅力圈层,使美丽城镇成为人民的美好家园和外来游客的向往之地。美丽城镇将作为特色产业集聚的中心,推进产业资源城乡共享,带动乡村振兴、百姓增收。

(3)告别"单打独斗",构建一体化城镇集群,破解县域发展的不平衡

规划立足诸暨产业集群特点,首次提出在县与镇之间建设城镇集群,充分发挥"1+1>2"的集群效应,避免各自为政、单打独斗。相邻的多个小城镇可以通过协同合作,统筹安排生态、生产、生活布局,从而将有限资源发挥最大效益,形成建设同进、治理同步、产业互补、文化互融、运维互通的城镇集群。

在县域空间布局上,规划一个郊野风景环线,串联八大美丽城镇集群(图 8-16)。推进城乡风绿道串联成网,大幅提升绿道网络密度,串联了诸暨所有乡镇。通过集群构建,结合全域旅游发展,引导休闲、康养等功能向郊野、山区、湖区周边布局(图 8-17)。

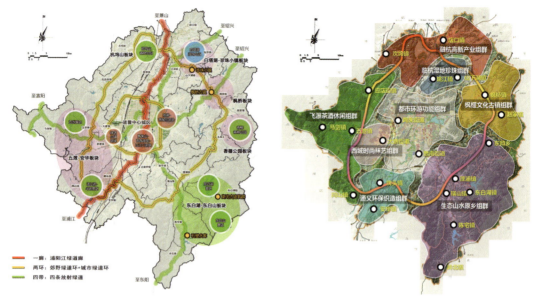

图 8-15 "环形 + 放射"县域主骨架　　图 8-16 八大美丽城镇集群

图 8-17 "西施之泪"诸北美丽城镇集群

（4）"枫桥经验"历久弥新，从"盆景"变为"风景"

牢固把握"枫桥经验"优势根基，借助美丽城镇放大效应。全面推广"枫桥式"社会治理品牌，依托政务云平台、公共大数据平台等资源，加快政府数字化转型，为城镇交通、平安综治、古镇保护等提供综合支撑（图 8-18）。建立以"枫桥经验"为核心 IP 的枫桥品牌价值体系，打造千年文化古镇、全国治理名镇和平安智创新城三大特色项目集群。

把自治、法治、德治相结合的乡村治理体系作为推广"枫桥经验"的重要工程之一，

图 8-18　枫桥古镇保护提升工程

在县域建立"文明实践中心—文明实践所—文化礼堂"三级体系。通过"枫桥经验"主题学习与美丽乡村旅游的深度结合,打造枫桥乡村文旅研学主题旅游产品,带动乡村振兴。诸暨新时代文明实践中心突出融合、联动、智慧、美好建设要求,强化资源整合,空间复合利用,与镇级文化活动中心、邻里中心整合建设,打通宣传群众、教育群众、服务群众的"最后一公里"。

(5)政策保障,自下而上推广新时代"诸暨路径"

诸暨是全省最早谋划城镇标准的县市,发布浙江首个地方性美丽城镇建设与管理标准《美丽城镇建设与管理规范》(图 8-19),店口镇成立全国首个镇级标准办。为落实保障美丽城镇配套要求,进一步编制《诸暨市美丽城镇生活圈配置指南》,以共建共享为理念,根据乡镇能级差异,对设施配建作出不同要求。诸暨的集群化建设经验上升为绍兴经验,总结提炼为《绍兴市美丽城镇集群化建设指南》(图 8-20),以后浙江省将出台《浙江省美丽城镇集群化建设评价办法》。

图 8-19 诸暨市发布《美丽城镇建设与管理规范》

图 8-20 《绍兴市美丽城镇集群化建设指南》

8.2.5 实施成效

（1）树典型，全面推进诸暨与样板镇建设

在规划方案的指导下，诸暨市已有 14 个镇通过省级验收，实施成效位居全省前列，在商贸、农业、工业、文旅特色等多种乡镇类型中，均为浙江省树立了典型范式，也为全国同类城市、小城镇的发展提供了借鉴，大唐袜艺小镇、山下湖珍珠小镇（图 8-21）等乡镇以产业为主导的新型城镇化路径受到国家发改委等重要部门与媒体的充分肯定。

（2）展未来，翻开共同富裕建设新篇章

在浙江省共同富裕的框架下，美丽城镇与共同富裕三大基本单元（未来社区、未来乡村、城乡风貌样板区）是高度统一的整体。美丽城镇是承前启后的重要一环，2022 年美丽城镇即将完成三年阶段成果，300 个左右小城镇达到样板要求，城乡融合发展体制机制也将初步建立，在下一阶段美丽浙江版图中，诸暨美丽城镇的建设成果，将成为城乡风貌、未来社区、未来乡村工作的重要基础支撑（图 8-22）。

诸暨美丽城镇建设是践行初心使命、实现人民对美好生活向往的实际行动，是为浙江省探索一条新型城镇化路径、在全国率先实现"共同富裕"的可推广方案。规划将持续指导诸暨市小城镇发展，在突破美丽城镇标准体系的远景框架下，在"四大建设"中积极寻找自身定位，将分阶段全面建成"勾越山水境·西施浣纱图"的东方花园城市。

图 8-21 山下湖美丽城镇"珍珠客厅"

图 8-22 东和乡美丽城镇"春风十里"

8.3 萧山区美丽城镇建设行动方案

8.3.1 概况

萧山区位于杭州市区东南侧，钱塘江南岸（图8-23），自然本底优渥（图8-24），历史文化灿烂，经济实力雄厚，百姓生活安居乐业，是一个宜居、宜业、宜游的杭州现代化国际大都市重要组成部分。萧山是落实杭州市"拥江发展"战略的重要依托，也是富春山水生态画卷中的重要篇章（图8-25），更是杭州国际化大都市区特色功能塑造的重要承载空间（图8-26）。

全区国土空间面积989平方公里，下辖10个街道（含老城区内5个街道），12个镇。除老城区内5个街道（城厢、北干、蜀山、新塘、盈丰），其余17个街道、乡镇均开展美丽城镇规划建设。

图8-23 萧山区在杭州市区的区位

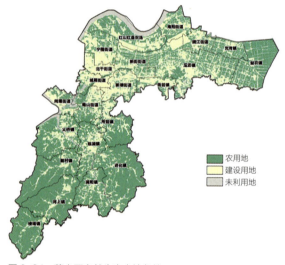

图8-24 萧山区自然生态本地条件

图8-25 萧山区在杭州富春山水生态画卷中的区位

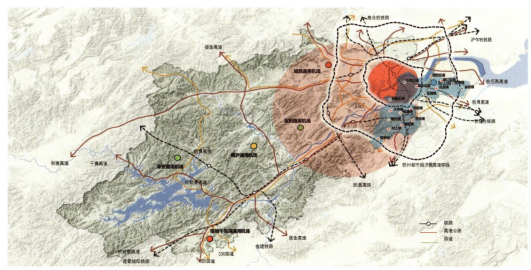

图 8-26 萧山区在杭州国际化大都市区中的区位

8.3.2 特点与问题

（1）美丽基础

①**生态之美：三带入城、山水相间、镇镇如珠**

萧山区生态资源极为丰富，山、林、江、湖、河资源众多。杭州市境内共有六条生态带，而萧山区坐拥其中三条；杭州境内钱塘江岸线资源135公里，其中萧山境内35公里，占到26%。

②**文化之美：风雅无边，波澜壮阔，诗意栖居**

萧山区历史文化悠久，文化遗产丰富，拥有上千年跨湖桥遗址，萧绍运河世界遗产穿城而过，非物质文化遗产类别多样。东部以围垦沙地文化、海塘文化、潮文化为主；中部为吴越文化，历史传承悠久，地方归属感强；南部以山水文化、名人文化为鲜明代表，祠堂文化浓厚，有强烈的家族归属感和互助精神。

③**产业之美：基础雄厚，东产南美，特色鲜明**

萧山区制造基础夯实，民营经济雄厚。恒逸、荣盛和传化等企业连续多年位居全国民营企业百强之列。全区产业分布特征鲜明，总体呈现东产（二产）、南美（文旅产业）特色格局。东部乡镇组团制造业特色鲜明，以轻工制造、空港经济、智慧物流、临空服务业为主。南部乡镇组团生态特色鲜明，以生态保护、旅游休闲、低碳经济为主。

（2）存在问题

①空间开发无序，用地粗放现象突出

萧山区国土空间建设总量大，空间增长表现出自下而上的典型特征，各个镇、街道以自身发展诉求主导，镇村建设混杂一体，遍地开花，用地粗放，亟待存量挖掘、空间整合。

②产业发展价值区段较低，整体绩效不高

萧山区主要产业平台传统路径依赖大，产业链短，价值区段偏低。与杭州其他区相比，产业用地规模大，而用地绩效为全市倒数，与滨江、余杭存在明显差距。各镇产业同质化、低端化现象突出。

③设施空间分布不均衡，基础设施欠账明显

现状高等级设施相对集中于萧山老城片区，瓜沥、临浦等片区高能级设施较缺。基础教育等设施建设欠账明显。中小学配套服务平均水平较低，其中小学缺口较大，存在一定超班情况。

④山系廊道局部破损，整体生态环境不容乐观

萧山区生态空间发展不均衡，南部生态绿楔连续完整，东部生态绿楔余脉形态破碎，东部生态带功能退化明显，绿势难以引入城。全区以传统制造业为主导产业，传统企业对环境影响显著，整体生态环境不容乐观。

8.3.3 规划建设内容

（1）规划思路

围绕新时代高质量发展、打造"新窗口"目标，提出"美丽为底、特色发展，分类建设、高质发展，镇为节点、城乡融合，共同缔造、协同共享"的规划思路，挖掘萧山美丽基质，剖析萧山发展困境，通过现状综合评价，找出薄弱环节，从区级、乡镇级两个层面提出发展目标和具体措施，探索研究县市区美丽城镇建设路径。

（2）目标定位

围绕"环境美、生活美、产业美、人文美和治理美"总体要求，打造"三区一高地"，即长三角一体化的美丽城镇特色区、浙江省美丽城镇先行样板区、杭州都市区高质量美丽城镇引领示范区、全国城乡融合新高地。

规划期末，实现全域美丽、全域样板。其中，都市节点型4个，县域副中心型1个，商贸特色型2个，文旅特色型4个，工业特色型4个，农业特色型2个（表8-01，图8-27）。

萧山区美丽城镇分类创建指引表

表 8-01

序号	名称	创建类型
1	临浦镇	县域副中心型
2	河上镇	文旅特色型
3	瓜沥镇	都市节点型
4	义桥镇	都市节点型
5	楼塔镇	文旅特色型
6	戴村镇	文旅特色型
7	新街街道	商贸特色型
8	靖江街道	商贸特色型
9	宁围街道	都市节点型
10	闻堰街道	都市节点型
11	进化镇	文旅特色型
12	衙前镇	工业特色型
13	党湾镇	工业特色型
14	益农镇	工业特色型
15	南阳街道	工业特色型
16	浦阳镇	农业特色型
17	所前镇	农业特色型

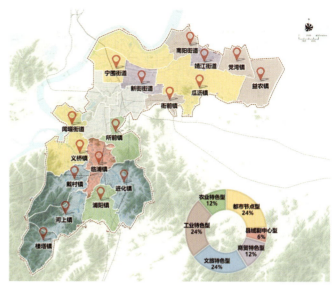

图 8-27 萧山区美丽城镇分类创建示意

（3）总体格局

构建"一核、两翼"全区美丽城镇格局（图8-28）。"一核"即核心城区，"两翼"为重点打造的美丽城镇发展翼。其中，"南翼"依托山水古韵花园八镇，打造"一带两廊双屏"美丽格局，"东翼"依托拥江沿湾实力七镇，打造"一主一群一带"美丽格局。

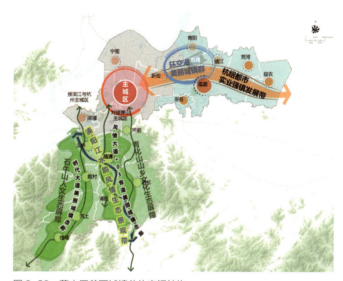

图 8-28 萧山区美丽城镇总体空间结构

（4）建设内容

全区层面：围绕未来打造"三区一高地"建设目标，按照大都市区周边县市的美丽城镇建设要求，提出"五美一机制"的重点任务指引。通过设施提升，打造功能便民的环境美图景；通过服务提升，打造共享乐民的生活美图景；通过产业提升，打造兴业富民的产业美图景；通过品质提升，打造魅力亲民的人文美图景；通过治理提升，打造善治为民的治理美图景；通过实施保障，创新城乡融合体制机制。

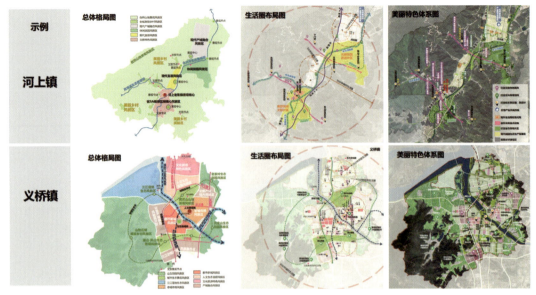

图 8-29　镇街美丽城镇总体格局、生活圈布局、美丽特色体系等个性化内容示意

乡镇层面：开展"一镇一方案"行动（图 8-29）。通过美丽城镇创建基础评估，提出 17 个乡镇（街道）美丽城镇建设的目标定位、总体格局、"五美"行动方案和"十个一"重点工程，明确实施策略、重点任务、建设项目库要求及建设时序引导等内容。

8.3.4　特色亮点

（1）特色挖掘、资源共享、区域协同，打造美丽城镇联盟

为避免重复建设、共性竞争，扬长避短、优势共享，对创建类型相同、山水相连、人文相近、路网相通、产业相融的美丽城镇，提出"城乡共美、设施共享、品牌共造、产业共旺、平台共建、蓝图共绘"六大一体化举措，打造美丽城镇联盟（美镇圈），探索区域一体化下美丽城镇集群式发展模式。重点提出南部三镇三彩美镇圈（楼塔—戴村—河上）（图 8-30，图 8-31）、东部萧绍跨区域美镇圈（瓜沥萧山—绍兴安昌街道）建设计划。

（2）按需配置，分级推进，高品质构建"3-4-5"美丽城镇生活圈模式

聚焦不平衡、不充分问题，围绕"补短板、保基本，强弱项、增供给、提品质、惠城乡"建设目标，构建"3-4-5"美丽城镇生活圈模式（图 8-32）。即提出 3 种生活圈设施配置方式，

图 8-30 三彩美镇圈空间结构

图 8-31 三彩美镇圈景区联创及游线规划

分别为标配（补短板）、选配（强弱项）、高配（提品质）；建立 4 层生活圈空间配置体系，分别为基于步行时间的 5 分钟、15 分钟生活圈和基于综合交通通勤时间的 30 分钟、30 分钟以上生活圈（表 8-02）；强化 5 大生活圈建设理念，分别为重服务、重共享、重复合、重系统、重存量。

3：三种生活圈设施配置方式，即**标配、选配、高配**

4：四层生活圈空间配置体系（服务尺度），即基于步行时间的 **5 分钟、15 分钟生活圈**和基于综合交通通勤时间的 **30 分钟、30 分钟以上生活圈**

5：五大生活圈建设理念，即**重服务、重共享、重复合、重系统、重存量**

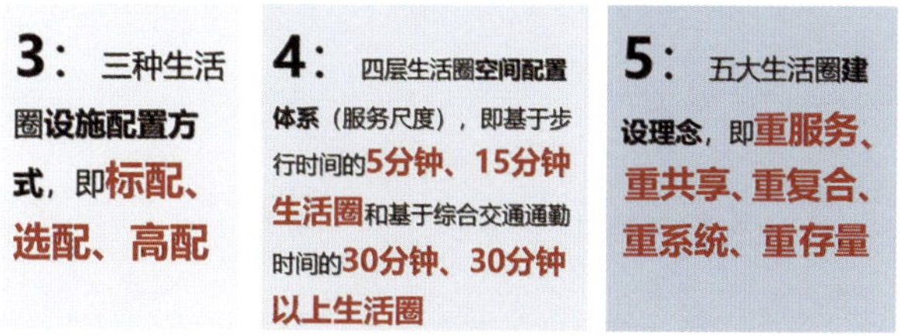

图 8-32 "3-4-5" 美丽城镇生活圈模式

4 层生活圈空间配置体系一览　　　表 8-02

生活圈	可达距离（公里）	参考出行方式	服务面积（平方公里）	人口规模（万人）	可对应的行政单元	空间形态
5 分钟邻里生活圈	0.3	步行	0.1—0.3	0.1—0.5	居委会、乡、村	圈层型
15 分钟社区生活圈	1.0	步行为主	1—2	0.5—3	街道、镇区	圈层型
30 分钟村镇生活圈	12—15	综合交通	100—300	3—5	镇域	网络型
30 分钟以上片区生活圈	—	综合交通	—	—	强镇覆盖区多镇叠合区	网络型

（3）建立"自评估体系"，开展全流程、全周期动态跟踪

以《浙江省美丽城镇建设测评体系》为基础，从各镇街初步自评、设计单位精准化评估两个角度，建立"四色测评体系"，即根据得分难易程度，将各评价因子按照蓝色已得分、绿色易得分、黄色可得分、红色难得分予以分类打分，形成详细测评结果，精准指导美丽城镇建设行动方案策略的落实（图8-33）。并强调自评工作不仅是在方案编制阶段开展，也鼓励创建过程中的动态跟踪自评，实现评测体系在美丽城镇创建过程中的全流程、全周期贯通，更好地辅助乡镇平台查漏补缺，循序渐进、高质量地完成建设目标。

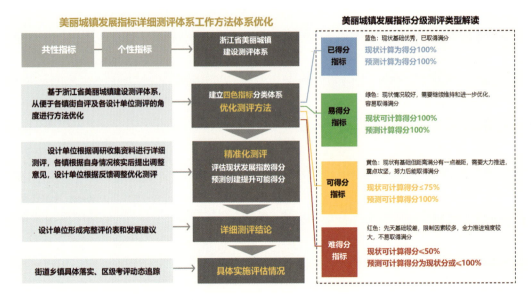

图8-33 萧山区美丽城镇"四色测评体系"流程示意

8.3.5 实施成效

（1）实施推进全面开展，样板区创建有序推进

全区以17个小城镇为对象，以建成区为重点，衔接美丽乡村建设，兼顾辖区全域，按照"全部启动，同步培育，分批建成，梯度推进"的步骤积极展开工作，高标准落实"五美"建设目标，优先实施百姓最关注、最需要的项目，抓紧项目推进建设。目前，全区已有9个镇街通过省级样板验收（表8-03）。

萧山区美丽城镇创建成果一览　表8-03

序号	通过考核验收年份	镇街名称	镇街成绩
1	2020年（3个）	瓜沥镇	省级样板
2		临浦镇	省级样板
3		楼塔镇	省级样板
4	2021年（3个）	戴村镇	省级样板
5		新街街道	省级样板
6		衙前镇	省级样板
7	2022—2023年（3个）	河上镇	省级样板
8		南阳街道	省级样板
9		浦阳镇	省级样板

（2）营造氛围全力宣传，凝聚全民参与共识

不拘形式，多渠道、全方位宣传，加强美丽城镇建设典型宣传，做好美丽城镇成效展示。充分用好"美丽萧山"微信公众号这一平台，围绕美丽萧山建设十大攻坚战和"亚运兴城"美丽萧山建设工程组相关工作内容，及时高效传播最新动态。完成信息上报250篇，国家级媒体、省级媒体、市级媒体累计刊登有关美丽城镇的报道分别为20篇、190篇、34篇。

（3）重抓长效全面督导，多措并举做好总牵头任务

开展"一体化、专业化、标准化、网格化、乡贤化、科技化"六种长效管理模式。作为"亚运兴城美丽萧山建设工程组"总牵头，完成亚运城市环境提升"1+X"专项规划，拟定并完善红黄黑榜考核规则和年度考核细则方案，对标区亚运兴城办下发的杭州市亚运城市行动萧山区年度任务清单，细化补充并列入区级相关工作。作为"城市环境整治提升督查"总牵头，制定《道路沿线环境综合整治导则》，构建周全域巡查、周抄告整改、月排名通报的督查体系。成功举办全省深化"千万工程"建设新时代美丽乡村现场会。

（4）成立专班，探索构建文旅特色型美丽城镇联盟

区美丽办牵头，组织戴村镇、河上镇、楼塔镇三镇集中学习美丽城镇集群先进经验，深化制定三镇美丽城镇联创的思路和方案，共同构建在萧山南部辐射杭州都市圈的文旅特色型美丽城镇联盟。同时由区领导牵头，区美丽办和镇领导组建三镇美丽城镇联创的工作专班。工作专班的主要工作内容为协调重大项目、重要资源配置、发展投入和利益分配，全力推进美丽城镇联创各项工作的进行。专班定期召开联创联席会议，研究确定三镇创建美丽城镇的优势与劣势与三镇各自的分工与定位，厘清每个镇的个性材料与联合申报的共享材料，准备三镇联合申报台账佐证资料的清单。

第 9 章

乡镇美丽城镇建设行动方案

9.1 都市节点型——海宁市长安镇

9.2 县域副中心型——台州市黄岩区院桥镇

9.3 县域副中心型——建德市梅城镇

9.4 文旅型——文成县百丈漈镇

9.5 商贸型——诸暨市山下湖镇

9.6 工业型——宁海县黄坛镇

9.7 农业型——黄岩区澄江街道

9.8 一般型——文成县平和乡

依据浙江省美丽城镇分类，本书针对都市节点型、县域副中心型、文旅型、商贸型、工业型、农业型、一般型七类美丽城镇类型选取 8 个地区作为案例，这些不同类型的乡镇涉及不同的经济发展水平、地形地貌和经济区位，通过其多样性与典型性，分类阐述了不同类型美丽城镇规划建设方案编制的侧重点。

9.1 都市节点型——海宁市长安镇

9.1.1 概况

长安镇（高新区）地域面积共 91.9 平方公里，其中建成区面积 11.98 平方公里，高新区面积 20.2 平方公里（图 9-01）。全域辖 21 个行政村、7 个社区，常住人口 21.25 万，其中户籍人口 8.85 万，高校人口 1.3 万。入围全国百强镇、全国重点镇，先后荣膺全国环境优美乡镇、省级文明镇、省级卫生镇、省历史文化名镇等荣誉称号。2014 年被正式列入省级小城市培育试点镇，并连续五年考核优秀。

长安镇地处浙北杭嘉湖平原南端，位于钱塘江的北岸，海宁市域的西部，东距上海市区 151 公里，西距杭州市中心 46 公里，东西分别与周王庙镇和许村镇相邻，西南与杭州钱塘区相连，北接桐乡市，是海宁融杭的桥头堡（图 9-02）。

9.1.2 特点与问题

（1）区位及交通优势显著，发展潜力有待兑现

随着区域发展态势的变化，长安镇迎来了重要的发展契机，长安镇是未来杭州打造沪杭战略通道上重要节点和长三角跨市域同城化发展示范区的重点区域。未来随着交通基础设施的进一步完善，长安镇在长三角一体化发展和环杭州湾大湾区建设中将发挥更大的作用。

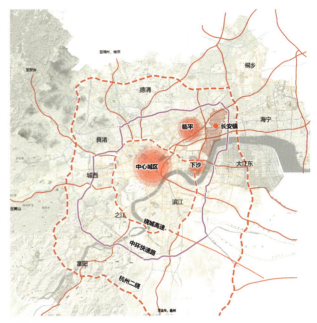

图 9-01　镇域现状图　　　　图 9-02　长安镇区位

（2）产镇二元发展，统筹力度亟待提升

目前长安镇形成了北侧以生活服务功能为主的运河古镇，南侧以高新区为主的产业片区的产镇二元发展格局，两者各自为政，分别独立发展，在产城融合发展方面存在一定问题，亟待提升统筹力度，加强两者的融合发展。

（3）历史人文资源丰富，人文品牌尚待挖掘

长安镇历史悠久，拥有较多的历史遗存，2012 年，长安镇被确定为"省级历史文化名镇"。长安闸"一坝三闸"作为古代连接长安塘（崇长港）和上塘河的重要枢纽和管理机构，是江南古运河规模最大的运河设施之一，2014 年，中国大运河申遗成功，长安闸作为嘉兴仅有的两个遗产点入选其中。但目前长安镇历史人文保护与价值挖掘、产品开拓、老街空间提升、品牌效应的形成尚有距离。

（4）生态景观资源丰富，地域特色尚待彰显

长安镇是典型的江南水乡地区，南面紧邻钱塘江，是钱塘江回头潮的唯一观赏点。长安镇域地势平坦，河网密布，其水文水系具有一定的特殊性，但滨水空间利用不足，景观

风貌效果一般；田园风光尚待进一步挖掘。镇区南侧更有成规模的平原优质田，农田优质连片，拥有最大的鲜切花生产基地，但均以种植和养殖为主，农业景观文旅尚待开发创新。

9.1.3 规划建设内容

（1）规划定位

充分发挥长安镇的区位、经济、交通、文化优势，努力打造差异化、特色化发展的都市节点型美丽城镇（图9-03）。

图9-03 长安镇美丽城镇发展导向

（2）风貌格局

以"运河古风、拥江新极"为愿景，规划形成"一核一带、两轴五片"的总体风貌格局（图9-04）。"一核"为花卉小镇生态景观核，"一带"为滨江城市景观带，"两轴"为杭海新区联动发展轴、产城融合轴，"五片"包括美丽乡村片、世遗古镇片、智造基地片、回头潮景区片、科创新城片（图9-05）。

（3）"五美"行动方案

①**功能便民环境美**

严守生态红线，抓好污染防治，实现资源开发与生态保护双统筹；深化美丽乡村建设，打造"渔桑观潮乡愁""运河怀旧"两道美丽乡村风景线；进一步推进美丽河湖创建，全面开展"污水零直排区"建设（图9-06）。

图 9-04　总体风貌格局

图 9-05　总体形态示意

图 9-06　蓝绿空间及海绵城市提升

图 9-07　镇域公路交通畅达

图 9-08　镇域基础设施（电力）网络完善

完善交通网络，推进绿道贯通，打造慢行系统；合理增设公共自行车站点，加强日常巡查维护；推进农村公路维修，实施白改黑、提升改造、危桥改造等工程，创建"四好农村路"（图 9-07）。

加快融杭道路提档建设；整治提升电力通信设施（图 9-08），实施网络设施数字迭代化，进一步推进智能设施利用；推进"雪亮工程"建设，加快实施城乡一体的公共安全视频监控联网。

②共享乐民生活美

完善村、社区便民服务设施，建设 5 分钟社区生活圈（图 9-09）；推进义务教育标准化学校、乡镇卫生院、文化体育场馆等邻里中心建设，打造 15 分钟镇区生活圈（图 9-10）；高标准建设 30 分钟镇域生活圈（图 9-11），保障基本公共服务城乡全域覆盖。

进一步优化住房选址与空间布局，加强对居住区物业的指导、协调和监督工作。按照"书香城市"建设要求,建设海宁最好的城市智慧书房;建设面积超1万平方米的长安体育中心,打造长安全民健身运动中心;开放社会养老服务市场,有针对性地加大对社会力量投资养老机构的优惠扶植政策。围绕民生服务,打造健康长安,建成启用高新区卫生院分院一期,提升社区卫生医疗服务品质,开展家庭医生签约服务,提供个性化签约服务包。

③兴业富民产业美

引导产业进行转型升级,形成以电子信息、智慧医疗、高端装备制造为主的主导行业(图9-12)。依托丰富的历史、文化、生态资源,加快发展特色旅游业,做精做特做强运河古镇、花卉小镇、长安国际花卉产业园等载体,扩大旅游优势和影响力,打造富有独特人文价值的旅游目的地;培育壮大以鲜切花、葡萄为主导的特色产业(图9-13),扶持龙头企业做大做强,高品质建成长安美丽乡村观光带、花卉旅游观赏区;推进乡村旅游发展,积极培育创建3A级景区村庄;稳步推进农村土地流转,积极培育新型农业主体,加快农产品电商平台建设(图9-14)。

图9-09　5分钟社区生活圈规划

图9-10　15分钟镇区生活圈规划

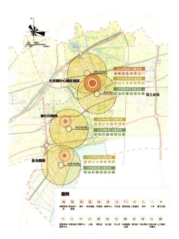

图9-11　30分钟镇域生活圈规划

图9-12　主导产业规划

图9-13　特色农业空间布局

图9-14　现代服务业规划

④**魅力亲民人文美**

以运河文化为出发点打造历史街区；实施历史街区保护，用文化积淀保住"根"；打造文化特色产业，建设"现代花卉园艺生态线、丝绸运河文化线和休闲农业观光线"三条精品线；持续开展运河·长安文化旅游艺术节，进一步保护与传承非物质文化遗产。以打造运河古镇为抓手，依托寺弄西街、中街、东街等特色历史街区，塑造兼具历史文化底蕴和现代时尚气息的特色风貌；建设运河沿岸的绿化、亮化、美化的系列工程。根据长安文化、旅游元素，建设有运河文化特色的旅游接待中心和小镇客厅；建设景区镇与景区村，整合村和镇（区）旅游资源，打造旅游品牌效应，引进文创产业等（图9-15—图9-17）。

⑤**善治为民治理美**

突出抓好镇区秩序管理、环境治理，建立城乡基础设施一体化规划、建设、管护机制。推进综治工作中心、数字城管监控中心、应急联动中心建设，全面提升问题发现和处置能力，有效破解基层治理难题（图9-18）。

图9-15　历史文化保护格局　　　图9-16　城镇有机更新　　　图9-17　景观品质提升

①建立责任落实机制。成立"工作领导小组"，镇政府主要领导任组长、分管领导任副组长，成员单位由分管部门组成，各成员单位要按照各自职责做好相关工作

②建立政策保障机制：争取上级专项资金和优惠政策，以及对所涉用地给予相关资金支持，为推进各项治理保驾护航

③建立综合监督机制。健全管控工作的规章和实施细则出台，加强政府内部指导，完善行政监督，建立服务热线、投诉信箱接待意见受理与部门反馈意见

④建立长效运维机制：如在河道整治中建立河长巡查制度、信息化管理制度，建立路长制度，在完善环卫设施过程中建立卫生保洁长效管理机制等

图9-18　后续长效管控机制

9.1.4 特色亮点

（1）挖掘城镇特色，精准定位

规划紧扣区域发展战略和发展态势变化，通过美丽城镇建设挖掘长安镇自身特色，精准化明晰自身定位，积极利用自身优势，形成区域错位与特色发展，努力打造差异化、特色化发展的都市节点型美丽城镇。

（2）强调加快重要交通走廊建设的重要性

规划强调通过重大交通设施建设来助力城镇发展。以轨道交通为引领，强化杭海城际交通走廊的复合作用；加快谋划下沙至杭海新区的城际轨道；连通人民路—长安路，构建杭海新区的主要发展轴线，助力节点效应。

（3）强化公共服务中心作用，提升区域能级

在现有城镇能级发展基础上，进一步提出完善提升基础公共服务功能，做好现有镇区（老镇与新区）的能级巩固提升；积极加强区域性能级公共服务设施的建设，提升建设品质，强化区域资源集聚能力，体现长安都市节点公共服务中心的作用，破解产镇二元发展的问题。

（4）积极推动产业转型升级，打造科创集聚高地

规划注重产业的发展带动作用，推动镇域各工业园区产业转型提升，优化强势支柱产业，促进创新型产业发展，同时积极推动农业发展，改善产业结构，实现综合产业既均衡又有特色的发展；推动高新区转型发展，衔接杭州"拥江发展"，着力打造临杭总部经济集聚地、科创研发基地、现代品质新城和大学生双创基地。

（5）创新推动城、景、人、文融合发展模式

通过对历史文化遗产、非物质文化遗产传承保护的综合利用来推动城、景、人、文融合发展模式。以运河文化为出发点打造历史街区，实施历史街区保护，打造文化特色产业；高质量发展城镇文旅产业，完善配套设施建设，提升宾馆酒店服务能级，建设有运河文化特色的旅游接待中心和"小镇客厅"。

9.1.5 实施成效

一直以来,长安镇人民政府都将城镇建设作为长安由"镇"向"城"跨越的核心要义。通过不断推进"小城市培育试点""小城镇环境综合整治""美丽城镇建设"行动,实现城乡融合,赋能高质量发展。

长安镇人民政府将创建省美丽城镇样板镇(都市节点型)作为年度"一号工程",聚焦"五美"创建指标,以生态为切口,抓强都市美镇承载力;以品质为标准,抓实都市美镇服务力;以转型为关键,抓优都市美镇源动力;以文化为底蕴,抓深都市美镇生命力;以善治为目标,抓精都市美镇共治力。

长安镇在美丽城镇建设中有效推动了城乡融合、带动了乡村振兴,打造出全域美丽新格局,不仅成功创建都市节点型美丽城镇,入选2020年度新时代美丽城镇建设省级样板名单,并成为全省美丽城镇建设成绩突出集体,也使得这座新型现代化小城市更具活力,更有风采(图9-19)。

图9-19 长安镇镇区

9.2 县域副中心型——台州市黄岩区院桥镇

9.2.1 概况

院桥镇位于浙江省中部沿海、台州市区西南侧,隶属于台州市黄岩区。南与温岭及乐清接壤,北接黄岩主城区,东接路桥主城区,距台州路桥机场16公里、距台州高铁站16公里,距台州市中心20公里(图9-20)。院桥镇境内有甬台温高速公路通过,并设有高速出入口，使其能够快速融入区域的高速网络，从而纳入台州市"1小时交通圈"。

院桥镇辖4居39村，全镇镇域面积约80.4平方公里，户籍人口7.44万，近年外来人口平均2万多人，位居黄岩区各乡镇街道人口数量之首。院桥镇近五年总体经济发展稳中有进，2019年实现规上工业总产值30.72亿元、财政总收入3.82亿元，其中地方财政收入2.15亿元。院桥镇已获得全国重点镇、省级中心镇、全国综合实力千强镇、浙江省第四批小城市培育试点等荣誉称号。

图9-20 院桥镇区位

9.2.2 特点与问题

（1）城镇特点

①台州西南门户，交通便捷通达

院桥镇地处黄岩、路桥、温岭三地交界，是台州的西南门户。院桥镇境内有甬台温高速公路通过，并设有高速出入口，使其能够快速融入区域的高速网络，从而纳入台州市"1小时交通圈"。院桥镇现有院路一级公路、十院线等县省道、在建的104国道及十里铺支线以及规划中的劳动路南延线等高等级道路，使院桥与黄岩主城区、台州市区以及周边区域的联系更为便捷，到台州市铁路站、路桥机场等重要节点基本纳入"30分钟交通圈"。

②制造业和商贸业独具特色的产业重镇

产业方面，院桥镇是浙江省东魁杨梅之乡，以东魁杨梅、苗木、番茄、荸荠、甘蔗为农业特色产业。"晨阳"牌番茄、"鉴洋湖"牌果蔗分别荣获国家有机、绿色和无公害生产认证，西合苗木引种全国11个省市；在加快提升以上已建成品牌知名度的基础上，同时发展特色农业，建设包括铁皮石斛、覆盆子、鲜花、大棚葡萄在内的各类特色农业生产基地，打造多元化农业生产大镇，成为浙江省特色优势产业（蔬菜）乡镇。

院桥镇已建有3个工业园区，分别为二里半工业区、合屿工业区、牛极工业区。台州市新兴产业基地和繁荣小微园区正在全力推进。2018年规上工业总产值全年实现31.6亿元，同比增长23.2%。规下工业（抽样）同比增长57.5%。外贸出口首次突破10亿元，达10.3亿元，同比增长8.6%。院桥镇七大主导产业为汽摩配件、五金机械、塑料制品、工艺礼品、文化用品、铜铝制品、模具。院桥镇自然景观资源丰富，环境条件突出，受到许多商业资本的青睐，拥有台州首家奥特莱斯风情购物中心，物流园区内传化洲镁公路港、洲镁物流中心等项目正在建设中。

③底蕴深厚，风光旖旎

院桥镇历史发端可追溯自新石器时代，从西周至宋代均是黄岩地区文化最为发达的地区，融入了浓厚的东瓯文化、宗教文化和山水文化。广化寺是江、浙两省最早36所寺院之一，以寺庙单体建筑面积国内第一被上海大世界基尼斯总部认定为大世界基尼斯之最。

院桥镇现状旅游资源主要分为三大类，分别为自然景观资源、人文景观资源、非物质文化遗产。其中鉴洋湖国家湿地公园、炮台山公园、太湖山为最具代表的自然景观资源；人文景观资源主要有台温古驿道、将军庙、王启碑、新河坊、鉴洋湖金锁桥、鸡笼山古海岛山寨遗址等各具特色的资源。除以上主要资源外，院桥镇现存有步莲宫戏台建造工艺、黄岩田垟曲、院桥高台舞狮等一系列非物质文化遗产（图9-21）。

图9-21 镇域旅游资源分布

（2）现状问题

①生态环境：风貌破坏，生态亟待修复

生态环境修复、违章建筑整治、固体废弃物处理体系仍需进一步加强，存在局部山体破坏的现象，滨水岸线仍被侵占。城镇乱停车现象仍需改善；市政设施及城镇数字化建设有待提高。

②生活服务：设施质量及服务水平有待提档升级

城镇住房质量普遍较好，但整体建筑风貌缺乏特色。商贸和文体设施配套相对完善，但缺少高等级的体育设施。行政村文化礼堂未实现全覆盖。农村医疗服务设施普遍较差，亟需提升。镇区养老公寓床位已接近饱和。

③经济产业：产业结构零散，空间载体零碎

一产以单一的农产品生产为主，亟需产业链的拓展延伸。二产方面，目前院桥产业主导门类过多，且龙头企业缺失，行业规模分布仍较为分散，数量规模虽有所增长，集聚趋势尚不显著，未形成相对完整的产业链。新兴产业仍处于发展初期。缺乏小微园区、产业孵化园等场所，工业小作坊工作环境不良，单位产能较低。三产方面，资源缺乏有效开发利用，景点较为分散，缺乏有机联系和整体统筹；鉴洋湖国家湿地公园正在建设中，除此之外缺乏龙头旅游景点，无法吸引游客，接待能力较弱；物流基地建立，但其他工贸配套相对缺乏；商贸服务起步，但特色休闲新业态不足。

④人文历史：文化传承与品质城市建设不足

历史建筑的普查建档仍需完善。园林绿化、绿道网的构建仍需加强。镇村生活圈需要进一步完善。缺乏星级酒店及连锁快捷酒店。尚未建立3A级景区。

⑤城镇治理：城乡融合与治理体系尚不完善

城镇治理体系已初步成形，公民素质较高，需进一步深化"最多跑一次"。除了院桥镇社区服务治理中心服务周边乡镇，其他设施共建共享较少。

9.2.3 规划建设内容

（1）目标定位

规划院桥镇以"都市湿地·水韵院桥"为远景，以2022年完成省级县域副中心型美丽城镇样板镇创建为目标，总体定位为"台州西南新门户"和"魅力后花园"，经济活跃、功能优质、辐射周边乡镇的黄岩县域副中心型小城市。

（2）城镇功能格局

围绕山水／产业／生活三大主题构筑"一心两轴两极三片"城镇总体框架。

"一心"为综合服务中心（镇区）。"两轴"为院路路城镇发展主轴、院十路城镇发展次轴。"两极"包括工业经济增长极和文旅经济增长极，工业经济增长极重点发展智能装备、节能环保、现代物流等新兴产业，推动产业升级和创新集群发育；文旅经济增长极大力发展鉴洋湖湿地公园生态休闲功能，推进度假、观光、体验为主题的旅游开发建设，联动广化寺、东方美地和佛教文化，打造康养禅修旅游体验。"三片"为悦享生活片、生态康养片和农旅融合片，悦享生活片完善生活服务和商贸服务功能，打造特色彰显、环境整洁、生活便利的魅力镇区；生态康养片在生态环境维育的同时适当发展健康养生、山水观光体验；农旅融合片发挥特色农产品和田园风光优势，推动一产、三产融合发展（图9-22）。

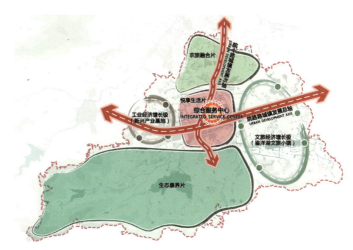

图9-22 院桥镇域空间结构

（3）围绕"五美"补足发展短板

对标美丽城镇建设标准，通过问卷调查、实地调研、访谈交流等形式，从生活美、环境美、产业美、人文美、治理美五大方面对院桥镇进行系统体检，查找现状建设的不足并明确改善措施，并重点强化院桥作为县域副中心，服务和辐射周边乡镇的职能。

"环境美"方面，保护生态格局，针对炮台山等城镇周边裸露山体进行修山复绿，综合治理河湖水域；构筑现代化交通网络，畅达对外交通，构建"四纵两横"的主干路网，建设美丽、"四好"农村路；整治提升原有8处停车场，并在人流集散较为密集的区域规划布局3处停车场；完善市政设施及城镇数字化建设。

"生活美"方面，强化院桥作为县域副中心型城市对周边区域的辐射和服务作用，完善配套设施体系，推进城乡教育共同体、医联体建设，推进优质医疗服务基层行，构建5/15/30分钟城乡片区全域覆盖、服务共享、复合高效、辐射周边的生活圈体系。全镇农村文化礼堂建设走在黄岩前列，基本实现全覆盖，以文化礼堂、文艺活动等为载体实现文化普惠人民。

"产业美"方面，"低、散、乱"整治基本完成，以繁荣小微园为载体引导小微企业集聚。以新兴产业基地和鉴洋湖文旅板块为主平台提升产业能级。协同沙埠、高桥大力推进台州市新兴产业基地建设，积极承接台州其他工业区块环境敏感型、环境友好型的高精尖产业，打造台州市南部产业新高地。推进传化洲锽公路港建设，打造长三角南翼现代化物流枢纽。依托鉴洋湖山水发展生态旅游、商业休闲、健康颐养、亲子度假、文创教育等新经济新业态，吸引台州都市区客群。依托奥特莱斯、新建商业综合体、院桥老街商业街区、西溪村民宿等发展特色服务业。

"人文美"方面，院桥底蕴深厚、遗迹丰富，鉴洋湖公社修复完成，鉴洋湖邮电所改造成鉴洋湖招待所和历史文化展览厅，未来将进一步保护现存历史建筑，以及鸡笼山古海岛山寨遗址、古炮台、鉴洋湖金锁桥、泽阳桥等遗址，保护院桥老街街巷格局，传承活化高台舞狮等非物质文化遗产。沿水系构建城乡绿道网，打通官路河东岸绿道断点，串联沿线公园广场等开敞空间，促进山水城有机融合。

"治理美"方面，深入实施"931"街巷管理长效机制、河长制，健全城镇秩序长效机制、乡容镇貌管控机制、城镇安全长效机制、基础设施长效运维机制等。结合文化礼堂、社区服务中心建设新时代城乡文明实践所，并常态化开展文明实践活动，积极开展各类主题宣传教育活动、学雷锋活动等公益志愿服务活动。结合"最多跑一次"改革，开展区级"三级联动"便民服务平台试点，实行"一站式办理、一窗式受理、一章式审批"。

（4）制定项目库并确定建设时序

梳理院桥镇创建美丽城镇的项目库，明确不同部门的任务分工，并确定项目近远期实施时序，完善政策机制予以保障。

9.2.4 特色亮点

（1）谋划区域联动策略路径

新时期台州环湾滨江地区的空间价值判断已经明了，但是临山地区空间战略缺乏谋划。院桥位于台州市域山海连接之处，具备滨海制造向内陆腹地转移和美丽山水的叠加优势，未来应融入全域旅游发展，力争成为市域网络中的重要战略节点和产业新高地。黄岩区层面，以黄岩老城为核心的单中心结构用地已显局促，产业发展空间受限。以院桥城市副中心为核心，协同沙埠、高桥形成的黄岩南部城镇群，凭借丰富的土地储备、优良的生态品质和完善的配套设施体系，将成为黄岩区未来发展的南部基石以及与路桥融合发展的桥头堡、辐射周边乡镇的综合服务核心。

（2）谋划"百水润城、底蕴弥城"的魅力路径

依托特色山脉水网，塑造山林水城交相辉映的生态网络格局。依托院桥"百水归园"的生态特色，提升城镇环境品质和亲水体验，并推动生态休闲、农旅融合发展。

传承城市记忆，将东瓯文化、鉴洋湖文化、禅修文化融入文旅体验，塑造院桥人文符号。

（3）"美丽城镇大脑"重构小城生活

智慧治城，以"美丽城镇大脑"为引擎，实现高效治理和创新生态圈构建。依托美丽城镇大脑构建院桥智慧城镇，实现在医疗、交通、城管、旅游、民生、环境等方面的智能化监测和治理。

（4）基于民愿诉求的城镇升级思路

立足院桥镇实际与人民需求，开展了广泛的问卷调查、入户访谈、部门座谈等，多渠道多形式了解城镇人民需求，听取人民意见，特别是基础设施、公共服务设施等方面的配套需求；并以问题解决为导向，在老旧小区更新、设施配套等方面予以妥善安排，如增加生活性设施配建等。

9.2.5 实施成效

在本规划的指导下，院桥镇美丽城镇建设工作有序开展。院桥镇正在融合现代产业、品质居住、休闲旅游、文化体验等功能，实现从中心镇向小城市发展的新跨越。浙江丰立机电（国内专业的伞形齿轮制造企业）、印山制刷（国内专业制刷企业）、兴三星五金（中国建筑门窗幕墙五金定点生产企业）、泰洲科技（专业从事PP-R管材制造的高新技术型企业）、汉唐茶具（国内茶文化行业龙头企业）等一批极具竞争力的本土企业在此蓬勃发展。台州传化洲锽公路港为台州市提供物流服务，台州第一家奥特莱斯项目入驻院桥，建设集折扣名品购物、餐饮娱乐、旅游休闲于一体的购物中心。2022年，院桥镇被评为美丽城镇省级样板。

9.3 县域副中心型——建德市梅城镇

9.3.1 概况

建德市梅城镇作为浙江省第一个美丽城镇建设试点镇，是全省美丽城镇工作的启航地。梅城镇地处浙江省西部、杭州市南部、建德市东部，全镇地域面积154.9平方公里，户籍人口41569，下辖13个行政村，5个社区（图9-23，图9-24）。

图9-23 梅城镇空间区位　　　　　　图9-24 梅城镇交通区位

9.3.2 特点与问题

（1）城镇特点

梅城交通便捷，山清水秀，历史悠久，人文荟萃，三国置县至今历史绵延近1800年，三江、三高铁、三高速皆交汇于此，是钱塘江流域最大的三江口，是全国首个气候宜居城市核心区域（图9-25）。

（2）现状问题

①**空间景观秩序不协调**

老城内房屋拥挤，玉带河被填，牌坊仅剩3座；沿江码头、埠头大多废弃、坍塌，名人故居淹没在窘迫巷弄深处；"线乱拉""道乱占""车乱开""摊乱摆"的现象严重。

图 9-25 梅城与周边城镇的关系

②内外部交通联系不畅

交通问题主要集中在老城，城内的道路普遍狭窄，主次不分，断头路多，车行不畅，停车困难。

③市政建设短板较突出

集镇污水管网还未全覆盖，公厕数量不足，垃圾乱倒的现象时有发生。

④生活圈体系需要优化

5 分钟、15 分钟生活圈设施仍未完善，30 分钟镇域生活圈设施有待提升。

⑤产业布局结构待优化

现状工业以化石材料、五金建材、机械制造等产能落后的产业类型为主，且多数对生态环境造成污染压力。园区规模小且分布不集中，工业用地产出效益低下。

⑥综合治理能力待升级

社区基础相对薄弱，综合治理作用难以有效发挥；没有形成部门联动、齐抓共管的机制。

9.3.3　规划建设内容

（1）发展定位

梅城镇主动融入全省"四大建设"，深入落实杭州拥江发展战略，打造美丽城镇建设先行区、生态文明示范区以及城乡融合发展样板区（图 9-26）。

（2）实施设施提升行动，打造功能便民的"富春山居图"环境美图景

共抓大保护，构建蓝绿交织、水城共融的生态本底，打造"三江拥三城"紧凑空间格局（图9-27）。完善交通网、市政网、信息网，建设安全有序、通畅便捷的城镇交通系统，实施城乡基础设施一体化规划、建设和管护，建设智慧化数字化社会治理中心。

图9-26　梅城在杭州都市区的区位

图9-27　梅城城镇山水城格局

（3）实施服务提升行动，打造共享乐民的"富春山居图"生活美图景

构建5/15/30分钟舒适便捷、全域覆盖、层级叠加的镇村生活圈，构建复合便捷的商业服务业体系，以及开放共享、均衡高效的文体服务体系，建设以严州中学、严州学院、梅城成人文化学校为特色的教育名镇，打造"美好教育"样板区，建设建德—梅城医共体样板区以及杭州的养老服务样板区（表9-01，图9-28）。

生活圈服务设施表　　　　　　　　　表 9-01

	类型	5 分钟社区生活圈	15 分钟镇区生活圈	30 分钟镇域及周边城镇生活圈
1	教育	等级幼儿园、托儿所	中学、小学	高中、职业技术学校、成人学校
2	文化	图书室、阅览室等	综合文化站	文体中心
3	医疗	社区医疗卫生服务站	乡镇卫生院	建德二院
4	养老	活动室、日间照料中心、老年食堂	居家养老服务中心	养老院、康养中心、护理院
5	体育	健身设施、健身路径、健身点、健身广场	足球场、篮球场、羽毛球场、门球场、游泳馆、健身馆	文体中心
6	商业	连锁超市或便利店、银行网点、移动等网点	大型超市、商场	商贸综合体
7	园林绿地	小型绿地、口袋公园	城镇公园	三江口湿地
8	综合服务	社区服务中心	邻里中心	家园中心

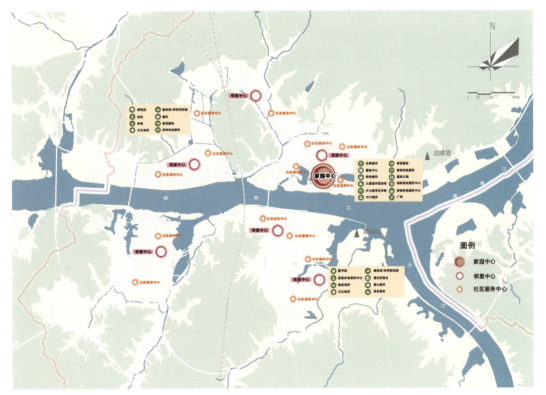

图 9-28　5/15/30 分钟生活圈规划分布

（4）实施产业提升行动，打造兴业富民的"富春山居图"产业美图景

培育发展特色农业，建设现代农业产业园，新建农特产品展销馆。发展特色休闲旅游，实施旅游+影视、文化、康养，建设文旅融合特色城镇（图 9-29）。

（5）实施品质提升行动，打造魅力亲民的"富春山居图"人文美图景

保护历史文化，复建牌坊等地标，恢复总兵府、会馆等人文景观，建设非遗博物馆。强化文旅融合，建设星级酒店、智慧民宿、文化馆、非遗工作室等旅游服务设施（图9-30，图9-31）。

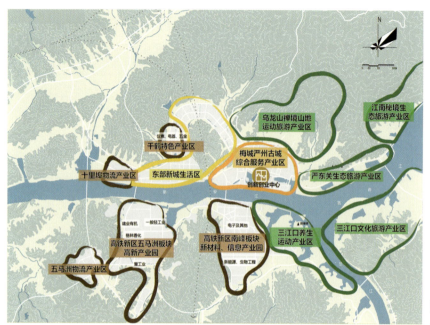

图9-29 特色产业片区空间布局

图9-30 梅城旅游业态布局

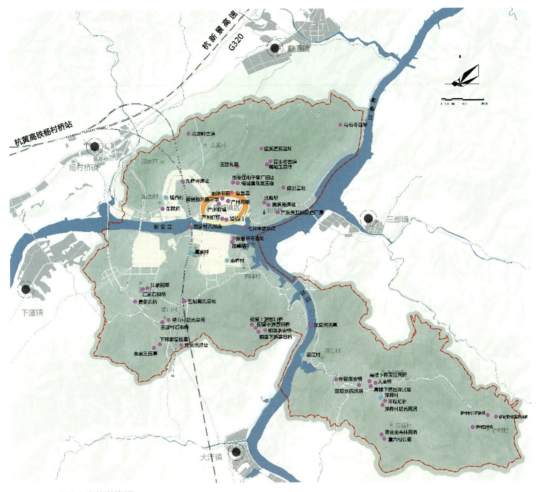

图9-31 梅城人文旅游资源

（6）实施治理提升行动，打造善治为民的"富春山居图"治理美图景

建设智慧化综合治理中心，实施智能消防、智慧停车、智慧垃圾分类、智慧城管、智慧养老以及智慧党建，打造智慧城镇（图9-32）。

（7）特点亮点

①技术框架创新，率先提出美丽城镇建设技术标准范式

以行动方案为基础提出美丽城镇建设框架，明确美丽城镇建设行动方案包括保持底色、擦亮本色、彰显特色三大篇章，涵盖功能美、生活美、产业美、人文美、治理美等五大内容，既要升级城镇功能设施，构建内联外畅的现代化交通体系，绿色低碳的基础设施体系，

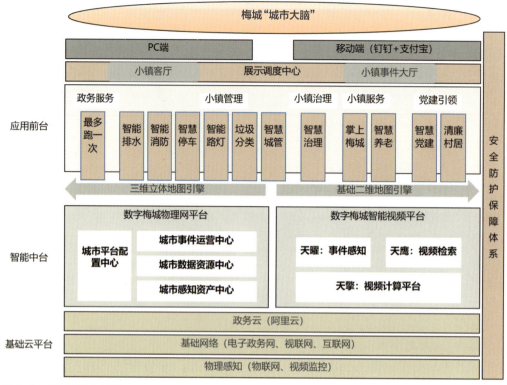

图 9-32 梅城"城市大脑"

实现公共服务优质普惠，也要提振城镇经济，培育新兴业态，彰显人文特色，实现既有党建统领，又有融合发展的城镇善治，综合推动美丽城镇高品质升级。

②技术模式创新，探索分类型推动美丽城镇发展特色模式

行动方案以梅城为案例，提出县域副中心型美丽城镇建设发展引导（引导框图），明确县域副中心城镇需要打造成为服务周边城镇的高品质服务中心，需要在功能服务、经济产业、治理能力等方面提升辐射带动能力，功能服务方面建设一批等级医院、优质义务教育、商贸综合体、文体中心等综合性功能设施，产业发展方面重点打造一批集聚能力强、发展水平高的产业园区，城镇治理方面推动强镇扩权，打造服务周边城镇的综合服务中心。以此为基础构建分级分类的美丽城镇建设评价模式，推动全省美丽城镇各美其美。

③技术方法创新，率先探索美丽城镇生活圈配置模式

行动方案提出加强生活圈建设，补齐功能服务的短板，生活圈在小城镇层面率先实践应用，提出建设5分钟社区生活圈，15分钟建成区生活圈以及30分钟辖区生活圈，引导建设功能复合、便民惠民的社区中心、邻里中心、家园中心，明确各级各类生活圈配置要求标准，提供一站式便民服务，加快实现商业服务功能复合、文体服务开放共享、医养服务优质普惠、教育服务均衡高效。

④技术机制创新，探索美丽城镇更新带动功能业态升级

行动方案探索物质空间更新与转型发展的关系，通过全域更新赋能城镇产业升级，一方面创新发展理念，提出"建新城，保老城"发展理念，老城功能逐步疏解到新城片区，打造新城服务中心，按照景区化标准建设发展运营老城，打造城镇新增长极；另一方面，激活发展动能，持续推动老城区功能更新，打通玉带河，连接东西湖，打造连续贯通的公共空间体系，整体保护格局肌理，运用微更新微改造方式整治老街区、老宅院，激活存量空间，植入民宿、创新创业、老字号等功能业态，引导夜间经济发展，带动业态升级。

⑤技术视角创新，探索美丽城镇组团化集群化发展

行动方案提出促进区域协同发展的路径方法，发挥梅城镇辐射带动效应，高质量打造美丽城镇集群。加强梅城与三都镇、杨春桥镇、大洋镇等城镇协同互补发展，共同构建互联互通的基础设施网，共建共享的公共服务优质生活圈，协同互补的主导产业标志性产业链，山水人城文融合的特色风貌区，共商共管共治的智慧高效治理机制，发挥1+1>2的效应，打造区域发展共同体。

⑥实施路径创新，探索形成美丽城镇建设合力

行动方案提出翔实的实施路径，政府、市场、专家及群众群策群力，充分展示美丽城镇建设成效。强化政府主导力，建立杭州市、建德市、梅城镇三级联动机制，全面推进美丽城镇统筹谋划建设；强化市场主导力，引入杭州运河开发公司等市场主体，整体推进开发建设；强化专家支撑力，组建古建保护、绿化景观、立面整治、文化旅游等专家组，提供全方位技术服务；强化群众参与力，共同缔造美丽城镇美好生活。

（8）实施成效

梅城统筹推进美丽城镇建设，修缮市级以上文保单位30余处，建设德文化实践中心、大清邮局、浙大西迁建德办学旧址等文化体验场馆15个，改建龙山书院、六合堂、范公祠等代表性建筑，复建思范坊、辑睦坊、状元坊等历史牌坊16座，形成了正大街、三星街、"两湖一带"等文化历史街区5个。2019年9月6日，全省美丽城镇建设工作会议在梅城召开，作出实施"百镇样板，千镇美丽"工程的工作部署，拉开了全省美丽城镇建设工作的序幕。以梅城镇实践为基础，构建了美丽城镇建设技术指引体系，制定了浙江省美丽城镇建设技术指南、生活圈配置导则、评价办法等，有力指导了全省美丽城镇建设工作，梅城镇获评2020年美丽城镇省级样板镇（图9-33）。

图 9-33 梅城美丽城镇建设成效

9.4 文旅型——文成县百丈漈镇

9.4.1 概况

百丈漈镇位于温州市文成县西北部,以境内全国最高瀑布"百丈漈"作镇名。东邻大峃镇、南界黄坦镇、西倚西坑畲族镇、北接南田镇,为文成县生态工业、生态旅游重点镇,位于国家重点风景名胜区百丈漈—飞云湖核心景区,入选浙江省 2020 年美丽城镇建设样板创建名单(于 2021 年成功创建省级美丽城镇样板)。镇区范围约 152.8 公顷,全镇域约 47.83 平方公里的空间范围。

9.4.2 特点与问题

(1) 城镇特点

①良好的区位优势:高速时代,交通便捷

温州 1 小时交通圈,随着龙丽温高速 2019 年年底开通,百丈漈将入温州市"1 小时交通圈";重点旅游镇 15 分钟交通圈,距离县城、西坑、南田、黄坦、二源等重点旅游镇都是"15分钟交通圈";通用机场(全省二类机场)谋划进入军方审批阶段、百丈漈至西坑文景高速连接线已开工建设。

②稀缺的资源禀赋

百丈漈镇拥有中华第一高瀑百丈飞瀑、醉美天顶湖等稀缺景观资源,且全镇位于平均海拔680米的高山台地,是国际卫生组织公认的最适合养生的区间,是名副其实的天然养生圣地。

③强劲的旅游势头

文成县已成功创建伯温故里5A级景区,百丈漈镇是景区重要的组成部分。同时,依托新亭、下石庄、天顶湖生态农庄等资源打造3A级景区村,且建成各类精品民宿26家,整体打造多个特色民宿休闲旅游村,百丈漈各景区的游客量合计达到320万人次,景区吸引力第一,远超文成其他旅游景区。

④独特的人文特色

百丈漈镇乡土风貌、人物风情、风俗节庆、风物特产多元丰富;拥有"上文下武"2个省级历史文化古村落,宗祠建筑、宫殿建筑、传统民居、古树名木资源保存良好;且拥有古今丰富的历史人文底蕴。

⑤集聚的产业平台:旅游、工业"双剑齐发"

百丈漈镇依托天湖省级旅游度假区、空中花园特色小镇2大旅游发展平台,总投资达130亿,打造浙南闽北最佳旅游目的地;工业方面,拥有外垟、驮坦、外大会3个工业园区,占地达1700亩,产值达5亿元,占比全县50%以上。

(2) 现状问题

环境美方面,山水城格局独特,但品质提升不足,区域交通建设滞后,镇区路网不成体系,市政设施仍有薄弱环节;生活美方面,城镇住房质量普遍较好,但整体建筑风貌缺乏特色,农村住房条件普遍较差,需集中安置提升,配套设施相对完善,但高品质服务有待提升;产业美方面,县域重要平台,整治有力推进,工贸配套空白,商旅特色谋划;人文美方面,强开发弱保护,重硬件轻软件,民宿集群初具,景区村建设加快;治理美方面,社会治理需提升,要素保障需加强。

9.4.3 规划建设内容

(1) 目标定位

打造浙江高品质的美丽城镇建设样板,温州大都市区西部休旅宜居小镇,文成县域重要的生态产业基地；城、镇、村三级联动发展、一、二、三产深度融合、政府、社会、群众三方共建、共治、共享功能便民环境美，共享乐民生活美、兴业富民产业美、魅力亲民人文美、善治为民治理美的全域城乡融合发展样本（图9-34、图9-35）。

图9-34 发展框架

图9-35 总体策略

（2）"五美"建设路径

①功能便民环境美

深化环境综合整治：修复生态环境，构建美丽载体；构建现代化交通网络：畅达对外交通，建设美丽公路，优化路网体系，倡导公交优先；推进市政设施网络建设：对症施策，重点提升，项目着力点聚焦管理维护、雨污提升、环卫设施、应急响应、海绵城镇；提升城镇数字化水平：提升电力电信，建设智安城镇（图9-36）。

图9-36 "环境美"项目库

②共享乐民生活美

提升住房建设水平：建设品质住房，打造现代版"富春山居图"；加大优质商贸和文体设施供给：提档商贸服务，完善文体设施；提升医疗养老服务水平：城乡统筹布局，提升服务水平；促进城乡教育优质均衡发展：完善教育体系，构建学习氛围，项目着力点为教育共同体、互联网+教育、终身教育（图9-37）。

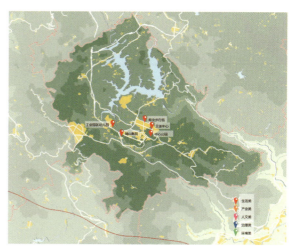

图9-37 "生活美"项目库

③兴业富民产业美

整治提升"低、散、乱"搭建主平台：建立机制，培育引导，项目着力点为小微园区建设，产业招商引导；培育新业态：完善产业配套，明确商旅主题，项目着力点为产城融合、亲子教育、颐养康养（图9-38）。

④魅力亲民人文美

彰显人文特色：传统风貌修复，文化普惠人民，项目着力点为历史风貌修复、文化保护体制机制建立、文化设施普惠；推进有机更新：多策略环

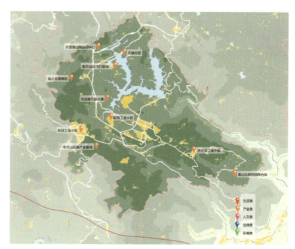

图9-38 "产业美"项目库

境提升，构建全域生活圈，项目着力点为小区环境提升、绿道建设、生活圈构建；强化文旅融合：完善旅游配套，渐进式村庄建设，项目着力点为特色民宿集群、景区村建设、建设文旅特色型美丽城镇（图9-39）。

⑤善治为民治理美

建立健全长效机制，建设文明实践中心，开展志愿服务，加强"三治融合"，提升基层治理能力（图9-40）。

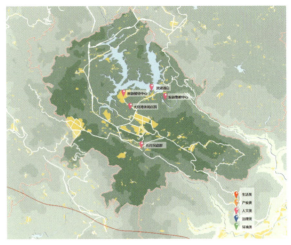

图9-39 "人文美"项目库

9.4.4 特色亮点

（1）立足实施视角，统筹近期计划与长远目标

规划既面向2020年创建目标，同时也面向2035年远期目标。制定了兼顾近期考核任务与长远发展的城镇建设发展纲领。规划不把美丽城镇建设当成政治任务，而是按照城镇发展自己的节奏和步调，每个发展阶段都制定一个有条不紊的工作框架。针对近期美丽城镇建设目标制定相应的项目任务，同时也针对2035年更美好的远景蓝图提出远期任务清单。

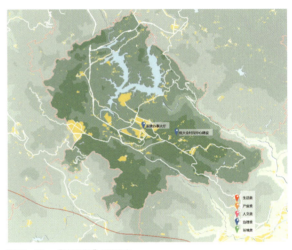

图9-40 "治理美"项目库

（2）立足空间视角，在国土空间规划语境下谋篇布局

无论是小城镇综合环境整治还是美丽乡村建设，都聚焦于城镇或乡村的单一要素，规划跳出单一思维，从镇区到全域，放大发展格局。规划充分衔接新一轮国土空间规划，将国土空间格局谋划作为前提，美丽城镇建设行动方案作为操作指南，将百丈漈放置在区域尺度，充分发挥交通区位优势与景观资源优势，在镇域范围内由西到东，形成田园、生活、山水三大主题构成的整体城镇格局，塑造"富美兴旺的农业空间、人文和谐的城镇空间、山环水绕的生态空间"，以此作为"五美"工作谋局的发展底图（图9-41）。

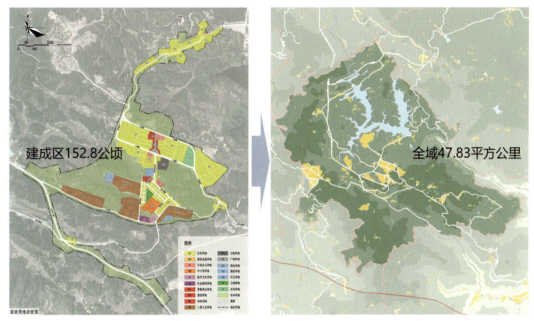

图 9-41 立足全域视角的美丽谋划

（3）立足城乡视角，从区域维度强化都市区节点功能

城镇是联系城乡发展的关键节点和重要纽带，抓住县域一体化发展的机遇，做好百丈漈镇区域融合、联动发展的文章。

一是做好旅游功能衔接。百丈漈是文成全域旅游体系中山水观光度假组团的重要组成，也是"天然文成灵秀山水旅游环"的串联节点，借助 S216 省道的建设以及大南线、G322

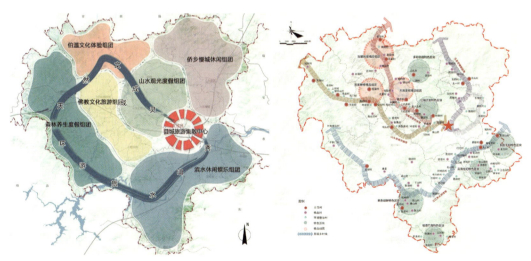

图 9-42 文成县全域旅游发展与美丽乡村发展空间格局
来源：《文成县全域旅游发展规划》《文成县美丽乡村建设规划》

国道，进一步提升城镇文旅产品供给和文旅配套支撑。同时，百丈漈镇作为文成美丽乡村建设四条风景带之一的"伯温故里民俗带"的重要载体，百丈漈以"打造特色文化品牌，整合生态景观资源"为主要抓手，实现乡村的产业发展、风貌营造、配套建设等多方面的特色发展（图9-42）。

二是做好产业功能衔接。文成县生态产业园是温州市"3+12"重点产业平台之一，是省级开发区、生态工业示范园。百丈漈镇的生态产业基地（外垟、驮坦、外大会），作为文成县的四大基地之一，规划谋划推进阀门铸造等传统产业转型升级，培育发展汽摩配供应链体系，打造成一个以汽车零部件为主导产业的集聚发展平台。同时积极发展小微产业园、创业孵化园，并完善研发、检测、中试等配套功能（图9-43）。

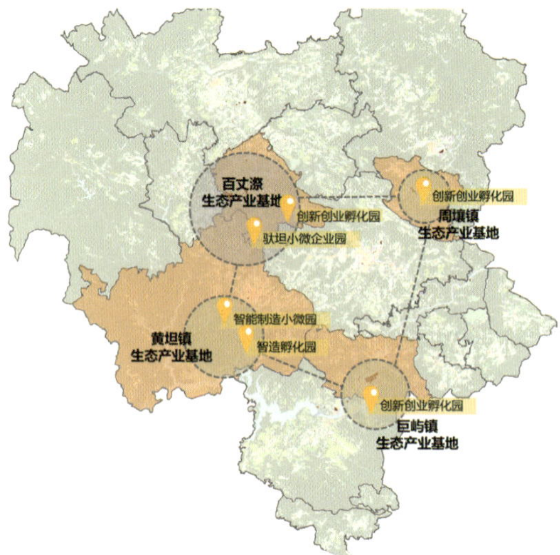

三是做好基础设施衔接。一方面，进一步完善县域乡镇道路网络，尤其规划提出建设西坑—百丈漈公路，实现城镇与区域高速的边界联系；另一方面，对接县级环卫设施、消防设施等基础设施建设，建设微型消防站、运维垃圾填埋场、完善城镇管网建设。

图9-43 文成县产业联动发展格局

（4）立足人本视角，从生活圈延伸认同感和获得感

美丽城镇的各项建设是"以人为本"原则下人民需求和生活品质的全面提升，包括硬环境和软环境。在生活美建设中，从利用度、满意度、支持度的民情研究出发，基于百丈漈良好基础和乡村分布较为均匀的特征，突破《美丽城镇建设指南》以城镇为中心配置生活圈的建设模式，将生活圈体系延伸到乡村，建立城乡一体、普惠全民的生活圈体系（图9-44）。

图9-44 百丈漈镇美丽城镇生活圈构建

（5）立足个性视角，谋划升级版新"十个一"行动

美丽城镇提倡因地制宜，针对百丈漈镇十个一已几近完成的情况，规划提出百丈漈镇特色的新"十个一"，作为百丈漈镇未来至2035年的长期奋斗目标（表9-02）。

百丈漈镇新"十个一"生成表　　　　　表9-02

美丽城镇标志工程	结合百丈漈特色提出的新十个一
一条快速便捷的交通通道	一张内外畅联的交通网络
一条串珠成联的美丽生态绿道	一张特色复合的绿道网络
一张健全的雨污分流收集处理网	一个覆盖全域的雨污系统
一张完善的垃圾分类收集处置网	一个完善的环境治理体系
一个功能复合的商贸场所	一个多元活力的商贸网络
一个开放共享的文体场所	一个城乡均衡的文体网络
一张优质均衡的学前和义务教育体系	一个优质多元的教育体系
一张覆盖城乡的医疗卫生和养老服务网	一个品质多元的医养体系
一个现代化基层社区治理体系	一套未来智慧的治理体系
一个高品质的镇村生活圈体系	一个品质优良的旅游服务体系

9.5　商贸型——诸暨市山下湖镇

9.5.1　概况

山下湖镇位于"西施故里"诸暨的东北部，处于诸暨、绍兴、萧山经济金三角中心，全镇面积43平方公里，户籍人口2.9万，距杭州萧山国际机场60公里，市场经济活跃度很高，专业市场发达，是著名的珍珠特色小镇（图9-45）。

现代新镇：山下湖镇是20世纪90年代形成的新兴城镇，人均GDP为15万元，是全国小城镇经济综合开发示范镇，浙江省首批小康乡，先后荣获"全国小城镇建设示范镇""全国亿万农民健身活动先进镇乡""浙江省级科技星火示范镇""浙江省教育强镇"等荣誉。

产业强镇：全镇淡水珍珠年产量占世界产量的73%，是目前国内最大的珍珠养殖、加工、交易中心，是集珍珠养殖、加工、销售、研发等于一体的"五星级"农业产业发展之镇。

山水雅镇：山下湖镇四周群山环抱，镇域西南侧山脉连绵；枫桥江穿镇而过，还有多条农业灌溉水渠和大量水塘，空间格局为"远山为屏、缓丘为邻，曲水为带，镇村散布其间"。

图 9-45 山下湖镇区位与概况

9.5.2 特点与问题

（1）小城镇整治成效显著，距美丽城镇要求仍有差距

山下湖镇立足资源优势，以珍珠产业提质创新为依托，打造"全域全景"小城镇，目前已完成入镇口、公共节点空间环境品质得到提升，并融入珍珠、湖畈、农耕等元素，凸显珍珠风情。城镇面貌焕然一新，道路通行效率提高，城镇秩序有条不紊。然而城镇的设施配套、产业转型、功能更新等方面仍存在不足，制约了山下湖镇的高品质可持续发展。

（2）山水格局：山水城镇空间联系薄弱，水域亟待治理

①山环水抱，湖畈田园，山下湖镇四周群山环抱，镇域西南侧山脉连绵，北部和东部山丘间断起伏；枫桥江及其支流穿镇而过，此外还有西干渠等多条农业灌溉水渠和大量鱼塘。总体形成"远山为屏、缓丘为邻，曲水为带，镇村散布其间"的空间格局（图 9-46）。

②山水田园资源利用不足，山水之间的绿道网络尚未建立，山水空间可进入性较差，部分山体破损，影响生态景观，"山水城"关系缺乏有机联系。

③养殖水体影响水乡风貌，现状水系较为复杂，传统养殖和种植业导致水体富营养化普遍，水质不佳，水乡风貌大打折扣。

图 9-46　湖畔田园风光

（3）乡容镇貌：城镇过于"城市化"，乡村不够"乡土化"

①**镇**：精雕细琢优化景观风貌，塑造宜人尺度空间。山下湖镇建设之初，采用当时较为先进的城市建设理念，路网方正，建设有序，但对于小镇而言，街区尺度过大，除珠宝城（图 9-47）等对交易空间有需求的商贸建筑外，道路宽度和建筑体量与小镇的空间形态并不太相符，干道路幅与街区尺度过大，因而难以获得宜人的空间感受。

②**村**：发挥地域景观特质，发掘美丽乡村载体。山下湖镇的乡村资源禀赋不同，其中，东部为湖畔田园区，西北部为山水联动区，南部为低丘缓坡地带，然而村庄建设未能充分利用景观资源优势形成鲜明的地域景观格局，乡村风貌较为雷同。

图 9-47　华东国际珠宝城

（4）一产先进，二产主导，三产制约

①一产：农业现代化水平高，传统珍珠养殖向生态养殖转型。山下湖镇是浙江省第一个省级粮食生产功能区，除农业生产以外，还有大规模河蚌养殖，山下湖成功引进浙江清湖农业科技有限公司，集全自动化管网清水珍珠养殖、无公害优质水产养殖、附属产品加工、休闲旅游为一体的全国性示范基地（图9-48）。

②二产：珍珠商贸传统优势被压缩，产业链亟待延伸。2018年珍珠产业产值109亿元，主要来源于原珠批发、珍珠饰品及衍生品，其中原珠批发外销占比最大。但原珠同质化严重，易形成低价竞争，而精细化加工和高端珠宝成品及衍生品的设计加工较为薄弱，产品营销力度不足。

③三产：旅游资源缺乏联动，服务配套滞后制约发展。山下湖镇是诸暨市首个省级旅游风情小镇，镇内有A4级景区两个（米果果小镇、华东珠宝城），3A级景区一个（白塔湖景区）。镇域虽景区数量较多但知名度和影响力较小，市场吸引力不强，旅游资源之间发力松散未形成合力；旅游服务配套建设滞后，如旅游专线、自行车游览系统尚无，特色餐饮、特色商业、游客服务中心等未建设。

图9-48 山下湖镇已形成珍珠养殖、加工、销售的产业链，三产融合特色显著

9.5.3 规划建设内容

（1）城镇总体格局

紧扣本底优势，提炼特色价值，推进"三个小镇"建设，打造"双核、双环"的城镇空间格局（图9-50）。

①三个小镇：珍珠小镇——人文产业特色，色彩小镇——风貌魅力出众，花园小镇——生态环境美丽（图9-49）。

②双核：珍珠小镇核心——公共服务，生态湖畔核心——景观休闲。

③双环：生态湖畔观景环——镇区内环，休闲旅游度假环——镇域外环（图9-51）。

④**水绕山间、双核双环、多区风貌、组团簇拥**：凸显山水空间格局，依托山水空间廊道，形成以珍珠小镇和生态湖畔为双核心，内部生态湖畔观景环与外部特色村落旅游休闲度假环的双核双环结构。

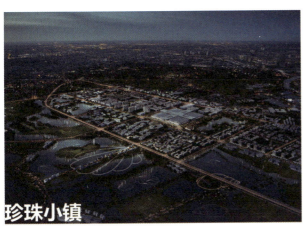

图9-49 "三个小镇"

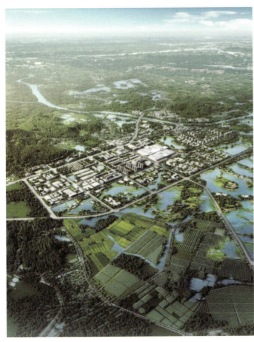

图9-50 城镇空间格局

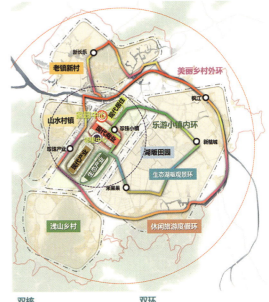

图9-51 城镇规划结构

（2）功能便民环境美图景

①**创建慢生活交通网**。通过自行车系统将滨水景观带、临山景观带、公园绿地开放空间有机连接，形成完整体系，突出城市生态与休闲的特色（图9-52）；提供完善、便捷、舒适的人行网络，创造与"慢生活"方式匹配的安全、便捷、生态、舒适、优美的人性化出行环境（图9-53）。

②**综合治理河湖水域，建设美丽载体**。梳理现状各类水塘、湖畈、水系沟渠，统筹规划养殖示范区；贯通可利用水系，强调当地文化与特色湖畈的有机结合，打造特色鲜明的山下湖水系统，展现山水湖畈田园特色（图9-54）。

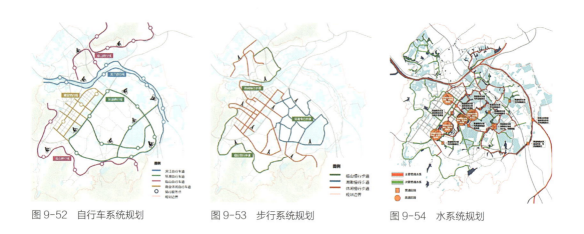

图9-52 自行车系统规划　　图9-53 步行系统规划　　图9-54 水系统规划

（3）共享乐民生活美图景

①**加大优质商贸文体设施供给**。优化城镇商贸服务功能，做好停车、消防等服务配套，绿化、洁化、美化、亮化、特色化发展商贸特色街。积极培育和引进连锁便利店或连锁超市。提供种类较为齐全、满足日常便利生活需求的商品。合理布局、规范建设与综合提升农贸市场，提升发展专业市场（图9-55）。

②**提升住房建设水平**。结合传统民居类型及谱系特色，对村庄房屋立面进行统一改造，建设具有地域特色、民族特色、时代风貌的"浙派民居"，打造现代版"富春山居图"。建成区严格控制新建单家独户农民自建房，控制联立式住宅，提倡多层公寓，凸显小城镇特色。

珍珠客厅（博物馆）：文化、展示、会议等功能

珍珠文化街区：商业、办公、文教培训等功能

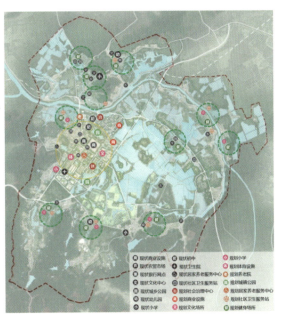

图 9-55 美丽城镇公共服务设施提升

（4）兴业富民产业美图景

①**搭建主平台**。推进特色小镇建设发展，依托小城镇现有的水乡风光、珍珠产业，高质量推进特色小镇建设发展，统筹产业、空间、配套、政策与招商，打造产业集群与创新创业平台。

②**建设特色产业集群**。培育珍珠产业集群，优化上游产业，拓展下游产业如珍珠设计、珍珠衍生品开发及珍珠旅游业，从"珍珠+"向"+珍珠"转变，通过设计引领、工艺撬动和营销提振做强珍珠品牌（图 9-56）。

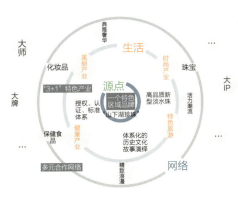

图 9-56 构建新型产业发展体系

（5）美丽亲民人文美图景

①建设镇村生活圈体系。加快构建舒适便捷、全域覆盖、层级叠加的镇村生活圈体系。建设5分钟社区生活圈、15分钟建成区生活圈以及30分钟辖区生活圈，保障基本公共服务城乡全域覆盖（图9-57）。

图9-57　生活圈体系布局

图9-58　文旅体系布局

②强化文旅融合。注重镇景融合，建成区建成A级景区，积极创建A级景区村庄。形成以"4A"米果果小镇、"4A"华东国际珠宝城、"3A"白塔湖景区为三大核心景区的全域全景格局。创建湖畈田园综合体，提升珍珠生态养殖示范区风貌，修建珍珠堤等（图9-58）。

（6）善治为民治理美图景

提升城镇数字化水平，建设全国首个珍珠行业大数据分析中心。通过大数据智能化监控与分析，使珍珠从养殖、加工到销售的各个产业环境深度融合，形成高度一体化的珍珠产业链（图9-59，图9-60）。

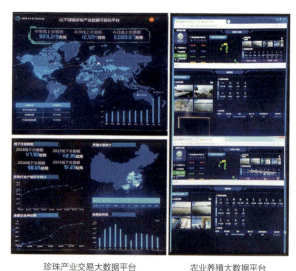

珍珠产业交易大数据平台　　农业养殖大数据平台

图9-59　大数据分析与监测系统

图 9-60 一系列智慧城镇设施

珍珠湖智慧公园　　智慧垃圾桶　　无人清扫车　　智慧安防设施

9.5.4 特色亮点

（1）"珍珠客厅"

依托山下湖珍珠文化优势，规划"珍珠客厅"，包括珍珠博物馆与珍珠文化街区（图9-61）。其中，珍珠博物馆展出珍珠的历史与文化、珍珠的养殖与加工、珍珠首饰工艺产品等；珍珠文化街区将成为珠宝行业大师们的向往之地，是为小镇"由珠到宝"发展理念奠定基础的重要场所，呼应珍珠文化，同时能集休闲、购物、娱乐等于一体，吸引大众游客。

图 9-61 "珍珠客厅"效果图

（2）"珍珠项链"绿道体系

规划"珍珠项链"绿道，将会成为一个人气聚集的休闲娱乐区域，建立与华东国际珠宝城相匹配的一、二、三产融合发展的观光游线。智慧风景道系统将会连接起山下湖的重点地块，并让各个地块对所有游客都具有高度可达性，同时这条"项链"将成为区域中独特的景观空间（图9-62）。

图9-62　"珍珠项链"：内外双环·三级驿站

9.5.5　实施成效

按照省委、省政府关于高水平推进美丽城镇建设的部署要求，山下湖聚焦"五美"目标，致力绘就了"四张图"。

（1）"设计图"

始终突出规划引领，把牢美丽城镇建设的"方向盘"。严格按照规划方案建设实施，紧扣打造珍珠小镇、花园小镇、色彩小镇"三个小镇"的总体目标，进一步突出功能布局、注重风貌塑造，推动主导产业、公共设施、自然生态等重点全要素融入、全形态统筹、全链条提升，力求原汁原味、精品精致（图9-63）。

图 9-63 总体效果

（2）"路线图"

始终坚持产城融合发展，大力推进珍珠产业集群化、数智化、高端化改造，启动了保税仓、琥珀玉石产业园、长生鸟健康产业园、羿晟科技珍珠智慧化项目等一批产业配套设施项目和珍珠文化街区、世界淡水珍珠博物馆、创意工坊、工业 4.0 等一批文商旅融合配套项目（图 9-64），高水准打造了集文化、休闲、旅游、商业为一体的小镇新地标，进一步释放了美丽城镇建设的"含金量"。

（3）"美景图"

始终突出花园标准，夯实了美丽城镇建设的"基础桩"。投资近 10 亿元落地珍珠客厅、珍珠湖公园（图 9-65）、珍珠广场、道路提升等项目，新增绿化面积 8 万平方米、公共配套设施 1 万平方米、提升道路 10 公里，进一步擦亮美丽城镇的底色。

（4）"施工图"

始终突出全域联动，打响了美丽城镇建设的"攻坚战"。向上争取共解决用地指标 300 亩，通过平台公司注入小镇建设资金 10 亿元。吸引本地龙头企业投资近 10 亿元，建设雷

图 9-64　珍珠博物馆与珍珠文化街区

图 9-65　珍珠湖

迪森庄园五星级酒店、工业 4.0、创意工坊等项目。2021 年实现国内生产总值 46 亿元，居民人均可支配收入 6.6 万元，超全省全市水平，工商注册市场主体达 6801 家，实现珍珠及珠宝销售额 360 亿元。

每年的世界珍珠大会（图 9-66）都在这里举行，从 1972 年试养珍珠到如今拥有估值达 560 亿元的区域品牌价值，山下湖镇因镇制宜、精准发力，实现了从"中国珍珠之都"向"世界珍珠小镇"的关键转变。美丽城镇进一步提升了山下湖珍珠的区域竞争力和国际影响力，为珍珠企业发展营造了良好的发展氛围，走出了城乡融合共同富裕新路径，向着千亿级"美丽珍珠集群"挺进（图 9-67）。

图 9-66　2020 世界珍珠大会

图 9-67　山下湖镇镇区建设现状

9.6 工业型——宁海县黄坛镇

9.6.1 概况

黄坛镇紧邻宁海县城区,是县域产业强镇和宁波市的核心水源地,具有工业镇区和生态镇域的双重优势(图9-68)。作为得力集团总部所在地,黄坛镇2019年工业总产值超过200亿,其中得力集团产值达到162.6亿元,产业竞争力强;同时,黄坛镇拥有西溪水库、黄坛水库、白溪水库三大水库和双峰国家森林公园,黄坛水库、西溪水库是宁海县的两大"水缸",保证着宁海乃至宁波都市区的水源安全。同时,黄坛镇霞客文化和古道文化独树一帜,是"游圣"徐霞客游记开篇之镇,文化内涵丰富(图9-69,图9-70)。

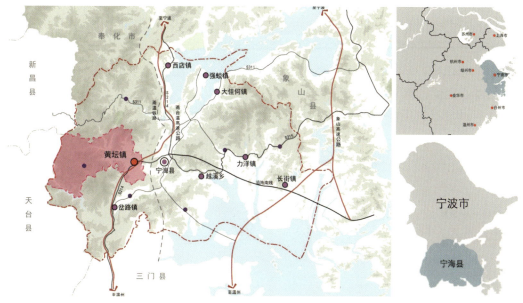

图9-68 黄坛镇区位条件

图9-69 黄坛镇现状

图9-70 黄坛镇古建文化

9.6.2 特点与问题

（1）黄坛镇特点

①工业产业强镇：双百亿的工业重镇

黄坛镇是具有国际竞争力的工业强镇，已经形成以文具、阀门为主导的两大工业产业。2019年年末，黄坛镇共有规模以上企业22家，规划工业企业236家，工业个体企业156家。规模以上企业中属得力集团共5家，总产值达到162.61亿元，占到全镇工业总产值的80%以上；华成阀门总产值19.45亿元，占全镇工业总产值的9.6%，二者合计占比近90%。

②文化底蕴深厚：霞客基因，特色突出

古道文化是黄坛镇重要的文化内核，作为徐霞客游记开篇镇，徐霞客古道是其重要的历史文化传承。同时，榧西古道、逐榧古道、杨辽古道、摘星岭古道、盈西古道、坛香古道等大量古道为黄坛镇注入了登山、探险、野营等活动的动力，每年吸引来自上海、长三角等各个地区的游客来此探险登山露营。同时以过小年为首的民俗文化、以黄坛三堂为首的古建文化也是黄坛镇重要的文化名片。

③生态禀赋突出：水韵黄坛，生态林野

黄坛镇拥有160多平方公里的原始次生森林——双峰国家森林公园，高峰林立，巨壑纵横，溪峡幽深，云崖高耸，青山绿水，环境优美。境内溪流众多，水质优良，宁海五大溪流中白溪、大溪两大溪流发自黄坛。黄坛镇拥有西溪水库、黄坛水库、白溪水库三大水库，其中黄坛水库、西溪水库是宁海县的两大"水缸"，保证着宁海乃至宁波都市区的水源安全。水库镶嵌在青山之间，拥有别具魅力的水韵之美。

（2）现状问题

①生态环境：现状山水基底卓越，但山水城互动欠佳

黄坛整个镇域山环水绕，背山面水，自然条件卓越，西部景区风景如画，但镇区山林和水体资源与城镇活动互动不足，临水不亲水，靠山不近山。

②基础设施：基础设施建设有待强化

目前，黄坛镇在基础设施建设方面仍然存在较多问题，如乱拉线问题、垃圾乱扔、防灾减灾措施不足、海绵城市建设未启动等仍然客观存在。

③整体风貌：新旧风貌杂糅，缺乏统一，导致整体较为杂乱

黄坛镇区风貌多样，四合院落围合、建筑密集的古镇风貌，高楼整秩、绿化齐备的现代风貌，与老旧残破、功能不全的旧城镇风貌并存，得力集团总部与现代化厂房的现代化工业风貌，与分布散乱、环境质量较差的旧厂房风貌并存。不同风貌之间缺乏有机的梳理与协调，导致镇区城镇风貌整体较为杂乱。

④产业发展：产业联系相对偏弱，未形成块状经济

黄坛镇工业企业目前产业链及产业联系相对不强，22家规模以上企业分属于文具、阀门、科技、塑业、机械、五金、电器等近10个门类中，除得力文具与印染、五金，华成阀门与五金外，彼此间联系偏弱，块状经济不明显。

9.6.3 规划建设内容

规划中将黄坛镇作为工业特色型美丽城镇，充分挖掘黄坛镇生态优势和文化优势，在高质量发展、美好生活需求、存量规划等背景下，从环境美、生活美、产业美、人文美、治理美五个方面对全域187.22平方公里进行全面的问题梳理和系统提升。

（1）明确镇域发展定位，塑造黄坛整体美丽格局

通过对黄坛镇产业发展、区域发展、生态文化条件等的分析，明确了黄坛镇"游圣开篇镇·智造品质城"的总体定位，提出国家千强镇，以工业智造、生态休闲为特色的宁海品质宜居产城的建设发展方向。

空间格局上，构建魅力、融城两大系统，强调集全域美与城区美于一体，整体形成"一核一心、一带一轴、两片两点"的美丽格局（图9-71）。魅力系统着力于塑造全域美，由生态绿心、魅力风光带及生态魅力区构成。融城系统指引城区美建设，由城镇发展核、联区发展轴、融成发展区和中心村节点构成。

图9-71 黄坛镇美丽发展格局引导

（2）构建"五美"路径，提出黄坛"五美"20字诀

规划对标美丽城镇建设标准，通过问卷调查、实地调研、访谈交流等形式，从环境美、生活美、产业美、人文美、治理美五大方面对黄坛镇进行系统体检，查找现状建设的不足并明确改善措施，明确提出黄坛"五美"路径"20字诀"。

①功能便民环境美

"融"字诀，即山水融城，彰显城镇特色风貌。建立生态环境保护机制，深化环境整治，构建美丽载体。"畅"字诀，即内联外畅，构建现代交通网络。畅达对外交通，建设美丽公路，完善城区路网，优化公交体系。"基"字诀，即对症下药，完善基础设施网络。推进农村排污规范化，完善城镇环卫设施体系，强化防灾应急措施，建设海绵城镇。"智"字诀，即结点营网，建设数字化智慧城镇。整治电力通信设施，推进以高清监控网为重点的"雪亮工程"，形成城镇管理数字化平台（图9-72）。

②共享乐民生活美

"统"字诀，即融新统古，协调镇区整体风貌。连通山水绿廊、开敞空间，打造特色风貌片区，提升住房品质、物业服务水平及设施服务水平。"质"字诀，即提质省级，推动商贸问题服务更上一层楼。改造黄坛菜市场，打造古镇特商贸街道，完善文体设施。"共"字诀，即共建共享、城乡共享的医养服务体系。全面推进县域医共体建设，推进医养结合，增强区域养老服务能力。"均"字诀，均衡优质，推进黄坛教育水平提升。增建小学，加强与名校的交流合作，增强社区教育、老年教育。"合"字诀，即统筹协调，构建镇村生活圈。提升城镇环境，建设邻里中心，构建5/15/30分钟镇村生活圈（图9-73）。

③兴业富民产业美

"产"字诀，即厚积薄发，扩大产业领先优势。鼓励龙头产业进一步与国家大方针接轨，制造产业要在技术、管理、生产、营销等多方面提升，延伸产业链，打造创新链、价值链，与市场导向与客户需求接轨。"优"字诀，即补链成环，构建产业生态圈。提升产业配套服务能力，增强人才引进，建立复合化功能体系。"整"字诀，即聚散成园，谋划小微产业园。建立"低、小、散"长效整治机制，培育企业发展梯队，加快淘汰落后产能。"名"字诀，即品牌营销，打造特色农产牌。打造品牌，推出黄坛伴手礼系列产品，建设茶与香榧全流程农业产业链。"特"字诀，即特色现代，发展高质量农业。打造农村产业融合新载体新模式，借力数字智慧，让黄坛一、二、三产业在融合发展中同步升级、同步增值、同步受益（图9-74）。

④魅力亲民人文美

"串"字诀，即串珠成链，活化黄坛文旅资源。分时序修复镇区水脉，再现游圣古径，植入文创、文化展示及商贸服务功能，激活镇区活力。"旅"字诀，即产旅融合，打造黄坛魅力风情带。整合旅游资源，结合驿站建设和特色项目建设，打造黄坛魅力乡村带。"新"字诀，即有机更新，合理助推退二进三。推进闲置工业用地利用、废弃工业厂房再利用，打造黄坛工业特色景观节点（图9-75）。

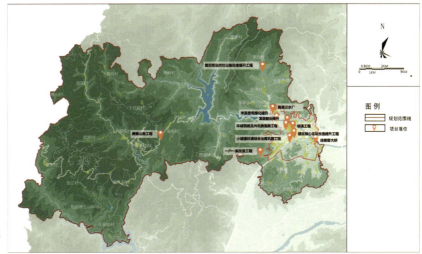

图 9-72 黄坛镇环境美建设项目引导

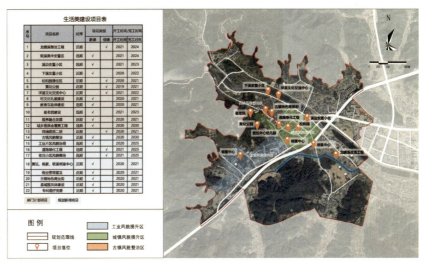

图 9-73 黄坛镇生活美建设项目引导

图 9-74 黄坛镇产业美建设项目引导

第 9 章　乡镇美丽城镇建设行动方案　　241

⑤善治为民治理美

"制"字诀，即优制优谋，建立管理有效、统筹有序的长效治理机制。责任到人，分级管理，比学赶超，网格治理，强化县域统筹、城乡一体。"德"字诀，即倡风促德，提升黄坛公民素养。深化新时代文明实践站与乡村聊天长廊、美丽庭院实践，开展多样化支援活动。"治"字诀，即善治优治，推动黄坛治理体系和治理能力现代化。深化"最多跑一次"改革，合理安排警务设施和警力配备，建立基层自治公约体系（图9-76）。

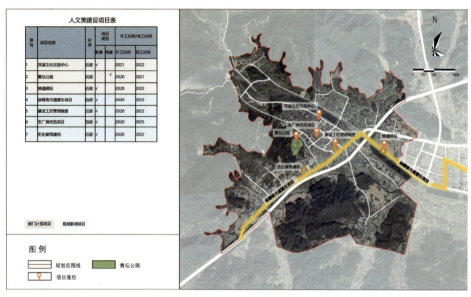

图9-75 黄坛镇人文美建设项目引导

图9-76 黄坛镇治理美建设项目引导

（3）挖掘黄坛优势，打造亮点项目和美丽游线

充分挖掘黄坛镇产业、生态、人文优势，在此基础上提出打造老镇区水系恢复、工业客厅、小微园建设、霞客古道重塑等多个亮点项目，并通过镇区美丽游线进行串联，镇域结合各个村落的优势资源塑造全域美丽游线（图9-77，图9-78）。

图9-77　黄坛镇镇域美丽游线组织

图9-78　黄坛镇魅力体系营造

（4）确定建设时序，制定工作实施手册

梳理美丽城镇建设的项目库，明确项目近远期实施时序。同时结合不同部门任务分工，编制适宜各个部门工作开展的美丽城镇建设行动工作手册，精简内容，突出重点，为各部门工作开展提供便利。

9.6.4 特色亮点

（1）聚焦动力，增强内生发展，促进产业融合兴旺发展

在以往小城镇整治、美丽城镇建设等工作中，对产业的谋划和提升都是最弱的一环，但从客观发展规律来看，只有产业兴旺，才能持续发展。在本轮美丽城镇建设中，相比于小城镇环境综合整治，外部投入的资金明显减少。增强自我发展能力，才是美丽城镇的应有之义。升级版，就要升级自我发展能力、造血能力。在具体规划中，行动方案向如何提升黄坛产业发力，明确产业链完善（检验检测标准、上下游配套等，使块状经济成为产业集群）、小微园区、孵化园区、小镇客厅等方面的建设指引；同时结合黄坛镇生态、文化优势，突出生态休闲旅游、乡村旅游、工业旅游、工业文创街区等文旅产业发展，提出外引项目、内挖潜力、做好策划、针对性招商（如南部古村的民宿空间项目招引）等措施建议（图9-79）。

（2）回归初心，以人民为中心，呼应人民对美好生活的向往

如何在有限投入的限制下发挥最大效用是本轮美丽城镇建设的一个重点问题，这就要求规划找出黄坛镇的短板，以"木桶效应"指导规划编制，实现最大程度的发展。具体规划中，我们以营造美好生活的向往为基本理念，明确促进美丽城镇作为城镇化的主要集聚区，作为连接城乡的重要服务载体，补足短板，提升品质。①美丽体检，对标考评办法，查漏补缺，明确黄坛镇各个方面的短板；②补足民生配套短板，完善城镇生活圈、邻里中心、公共服务配套等的建设；③提升环境品质，向镇区发力，促进山、水、镇的融合，修复镇区水系，打造开敞空间（图9-80）；④塑造人文特色，通过对传统建筑和文化内涵的挖掘，打造黄坛镇传统风貌街区，展示霞客文化和古道文化（图9-81）。

（3）久久为功，近远期相结合，一张蓝图干到底

规划从三个方面保障美丽城镇建设切实落地：①搭建美丽框架，明确近远期实施时序。

图 9-79 黄坛镇产业园区整合优化

图 9-80 黄坛镇水系重塑项目

图 9-81 黄坛镇风情带打造

②与国土空间规划相结合，保障蓝图落实。将美丽城镇建设的新建项目纳入国土空间规划进行保障，关注存量用地，梳理存量空间，为美丽城镇落项目提供用地基础，同时腾退落后产能用地、非主导产业用地，引进优质项目，生态空间内点状供地，促进两山转化，强调微更新、有机更新等，加快空间与城区融合，推动高速外迁区块利用。③与美丽城镇建设标准相套合，相互反馈，使规划贴近建设标准。根据在编建设标准的指标，有重点地促进全面发展，根据黄坛综合型城镇特色，反馈建设标准的修改完善如强化产业融合发展的指标，如城镇与城区融合发展的要求等。

9.6.5 实施成效

（1）生态环境不断提升，绿色经济快速发展

在美丽城镇建设指导下，黄坛镇成功创建省级森林城镇，30个行政村实现市县级森林村庄全覆盖，双峰被评为"浙江最美森林"，坛香古道、徐霞客古道等被评为"宁波最美古道"。以香榧产业为基础，农旅融合发展的"农业+文旅"发展模式初步成型，2021年成功注册"双峰香榧"地理标志公用商标，制定"双峰香榧"地理标志商标的团体标准；2021年全镇香榧年产值4320万元，人均收入达到1.7万元，百年枫叶、千年榧树、万年桥等景观远近驰名，年接待游客30余万人。

（2）传统工业不断革新，打造绿色工业强镇

黄坛镇在美丽城镇建设中，一手抓传统产业改造升级，确立"低、散、乱"企业（作坊）、落后产能31家，整改提升19家，关停12家，整治率达到100%；一手抓新兴绿色产业打造，全力推进智能制造，加快建设智能工厂、数字车间等智能制造项目，并带动形成电子商务、智慧物流等全产业链条，成功打造国内一流的现代精品文具基地，荣获"中国文具产业基地"、全国首个"文具技术性贸易措施研究评议基地"等称号。此外，成功打造县级小微产业园平台，产业集群化脚步不断加快。

（3）基础设施不断完善，居民幸福度快速提升

"五水共治""污水零直排"等工程先后实施，水质达标率实现100%，社区文化活动中心和村文化礼堂实现全覆盖，黄坛镇综合市场建成省放心市场和三星级农贸市场，黄坛公园（图9-82）成功建设使用，镇区公园绿地总面积约75100平方米，人均公园绿地面积达6.98平方米，同时镇区洋溪绿化带（图9-83）成功建成，居民生活水平和幸福度快速提升。

图 9-82　黄坛公园

图 9-83　洋溪绿化带

9.7　农业型——黄岩区澄江街道

9.7.1　概况

澄江街道位于黄岩区城郊接合部，面积35.43平方公里，现辖18个行政村，户籍人口3.3万人。澄江是中华橘源主阵地，黄岩蜜橘主产区，柑橘种植面积达1.2万亩，年产量突破2万吨。辖区有3个工业区，园区内共有企业356家，其中规上企业30家。2019年，实现规模以上企业总产值29.8亿元，同比增长0.9%。近年来，澄江以橘为媒，依托中国柑橘博览园，以农旅融合模式推进旅游产业发展，成功创建中华橘源省级旅游风情小镇（3A级风景区），年游客量突破60万人次（图9-84）。

图 9-84 美丽城镇建设范围

9.7.2 特点与问题

（1）特点

①农业方面："中国蜜橘之乡、世界蜜橘之源"，积极推动农产品地理标志地域保护

以黄岩蜜橘为核心优势产业，柑橘种植总面积达 1.2 万亩，年产量突破 2 万吨，"中国蜜橘之乡、世界蜜橘之源"是澄江闻名遐迩的一张名片，有 1700 多年种植柑橘的历史。澄江街道是黄岩区中部省级现代农业综合区的重要部分，街道内有黄岩蜜橘主导产业示范区、双季茭白主导产业示范区、粮食生产功能区三大农业板块。此外，澄江街道积极推动农产品地理标志地域保护，辖区内拥有黄岩蜜橘、黄岩红糖、黄岩东魁杨梅（罗幔杨梅）和黄岩茭白的地理标志地域保护。

②工业方面：兴盛发展的智造产业

澄江街道是黄岩区的工业强镇，共有企业 350 多家，其中规上企业 26 家，规上总产值全区第 5 名，新三板上市企业 2 家。目前已形成以汽摩配件、模具制造、工艺品加工为主导产业的制造业。

③第三产业方面：农旅结合，打响柑橘旅游新品牌

澄江以橘为媒，依托良好的生态优势、产业优势和资源禀赋，以中国柑橘博览园为中心，全面推进农旅深度融合，成功创建中华橘源省级旅游风情小镇，年游客量突破 60 万人次。澄江通过挖掘橘文化，打造打响独有的柑橘旅游品牌，积极发展以柑橘采摘为主、生态观光为辅的旅游模式，吸引游客观赏、体验，农旅结合提升品牌影响力。

（2）现状问题

①综合整治初见成效，美丽载体有待提升

环境综合治理工作成效显著，但生态环境修复以及乱停车现象有待进一步加强，城镇数字化和市政基础设施建设有待完善。生态待修复，存在山体、植被破坏情况，部分河道仍需严控污水排放。

②公共服务设施建设成熟，但品质不高，生活圈体系尚不完善

建成区住房多以农民房为主，住房品质不佳，缺乏特色统一的风貌。建成区缺少集聚性强、高品质服务的商贸场所，镇域放心农贸市场覆盖率未达到60%以上。缺少综合性的文体活动中心，行政村文化礼堂未实现全域覆盖。

③产业入园实现平台化发展，文旅产业逐步兴起

"低、散、乱"已基本整治完成，产业入园实现平台化发展，文旅产业逐步兴起。现代化物流体系初步建立，但仍需完善，查漏补缺。尚未建立完善的仓储和配送物流体系，农村电子商务点未实现行政村全覆盖。

④文化特色鲜明，文旅融合还有提升空间

澄江街道人文底蕴丰富，橘源特色突出，但历史文化遗产保护、老旧小区改造、园林绿化绿道和文旅融合方面仍有较大提升空间。

⑤美丽家园，智慧治理还需加强

城镇治理体系初步形成，公民素养较高，但存在长效管护机制实施力度不足、职权界限模糊等问题，同时"最多跑一次"也有待进一步深化改革。综合执法力量不足、职权界限不清、执法维护力度不强等问题，缺乏针对性的管理机制。

⑥城乡基本公共服务尚未覆盖，共享机制待完善

与黄岩城区的融合共享机制较完善，但与周边城镇的共建共享机制体制仍需进一步完善，规划引导仍需加强。

9.7.3 规划建设内容

（1）美丽城镇特色化发展总体思路

①规划定位

"中华橘源·大美澄江"，以橘源坐标为基础，充分发挥澄江街道的交通区位、农业资源、山水环境等优势，以"中华橘源小镇"和"最美黄岩西城区"为主线，通过美丽城镇建设，打造具有区域绿色竞争力的、宜居宜游宜业的农业型美丽城镇省级样板镇。

②发展路径

区域联动：建成区积极融入中心城区城西片的开发建设，乡村重在营造"橘乡"生活特色，与头陀镇、新前街道联合建设"中华橘源小镇"。

环境提升：提升街道全域整体环境水平，重点完善建成区的基础设施，提升居住的环境品质。

文旅驱动：以农业为基础、深度开发农业资源潜力，在产业融合理念指导下，以文旅驱动农业生产方式转变，实现既能在地销售，亦能消费流动，提升农产品附加值。

三产并进：促进三产深度融合，全力发展现代农业，着力建设小微园区，大力发展以"中华橘源小镇"为主体的休闲旅游和服务业。

借力智慧：实现美丽城镇智慧化管理。

（2）美丽城镇特色化发展实施路径

①区域融城，构建现代化交通网络

提升北院大道、新澄大道为快速路，融入黄岩中心城区30分钟交通圈内，畅达对外交通，同时通过完善内部交通、优化停车布局、完善交通安全措施等举措构建现代化的交通网络。推进城乡绿道串联成网，沿绿道配套建设驿站等服务设施，近期完成松岩山10公里游步道建设，远期完成中干渠、因宜河、西官河等沿河绿化、亮化、澄江特色的小品及健步道建设等（图9-85）。

②生态为底，打造美丽生态后花园

坚守国土空间底线，保护山水林田湖自然要素。规划坚持坚守国土空间底线，严守山水林田生态底线。因地制宜保护山水林田自然资源要素，维护生态格局，严守生态保护底线，保障生态安全（图9-86）。

图9-85 对外交通格局

图9-86 澄江街道生态格局

延续生态格局,打造美丽生态后花园。澄江街道在保护"半山半田半分水"的生态空间格局的基础上,加强山体修复和水域整治,打造"一心、一点、两廊、两区"生态保护格局,保护中干渠生态绿廊、永宁江生态绿廊,尊重山水生态格局,避免建设开发对生态本底的冲击。

③精准供给,探索三级镇村生活圈体系

构建30分钟镇域、15分钟社区、5分钟邻里(村庄)生活圈体系(图9-87),加强各级公共服务与公共交通的有机衔接、协同发展,促进小城镇在生活圈服务中起到"上衔城市、下接乡村"的枢纽作用。

供给精准提质,提升公共服务设施供给水平。将公共服务设施分为基础保障类和品质提升类,搭建"全要素、全配套"的设施体系。在推进品质住房建设,延续传统风貌特色的同时,着重解决民生问题,改善公共设施和基础设施配套,提升服务功能。新建商贸中心、街道文体中心,改建邻里中心,满足居民高品质生活需求。提升城乡医疗服务水平,完善养老服务体系,新建章氏骨伤科医院和街道敬老院。完善城乡教育均衡发展,完成街道中心幼儿园建设。

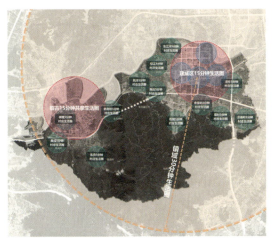
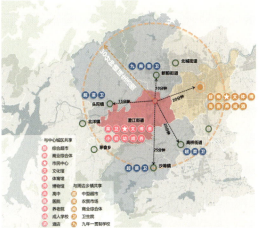
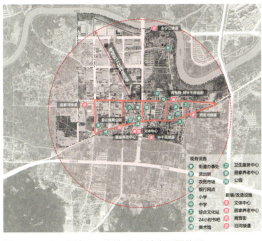
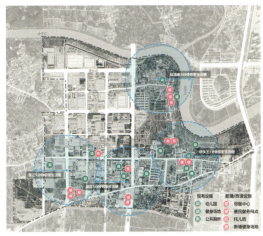

图9-87　30分钟/15分钟/5分钟生活圈体系

④**农旅强镇,激发城镇经济发展活力**

特色橘乡文化彰显,依托中国柑橘博览园主平台,完善景区基础设施,提升旅游服务环境,建设精品民宿。新建一座凤洋综合演艺场所,与橘庆风情街一体化打造,旨在丰富旅游风情小镇的文化体验功能,增强吸引力,带动旅游经济,打造智慧化旅游服务系统。

结合临古村的红糖产业基础,新建红糖产业加工集聚园。依托澄江近郊的区位优势,建设黄岩城西现代物流园区,加强网销渠道,完善柑橘物流配送链,建设"物流配送中心—电子商务服务点"两级物流体系。

⑤**风貌集成,点线面结合促进城镇风貌品质提升**

深化沿街立面整治,完成黄前线、北院线沿途及18个村口景观提升、九澄大道入城口景观及绿化提升、中华橘源小镇南入口改造,对集镇范围和九澄大道沿线的1500户村庄进行美丽庭院改造。以打造全域花园为目标,以旅游风情小镇为核心,推进永宁江、中干渠、新江路景观大道提升,完善慢行步道体系,并加强街道主入口等重要节点提升(图9-88)。

图9-88 澄江街道节点提升效果图

⑥文化赋能，强化历史保护和非遗传承

保护活化历史资源，对宗祠等文物古迹、古树古塘等加以保护。保护非遗传统工艺、传统工法及其传承人，鼓励章氏骨伤科和翻簧木雕非遗传承人工作室发展，培育黄岩竹编、剪纸、制糖等乡土技艺工匠以及非遗传承人工作室。结合澄江街道党建"红细胞"的特色党建组织，设立党工委—党组织—党员—群众四级网格，主抓党组织"细胞核"，实现全域组织即"细胞组织"全覆盖。建设甜蜜讲堂、甜蜜客厅、甜蜜跑堂等多种智慧党建服务。

⑦共同缔造，数字化长效管控推动高水平治理

建立健全环境卫生、城镇秩序、城镇景观风貌管控长效机制，推广澄江特色"甜蜜积分"激励机制，提高村民环境卫生保护意识，提升思想自觉和行动自觉。

"智慧澄江"试点建设，新建综合治理指挥中心，推进"智慧综治""智慧城管"等应用平台建设，集成拓展"四个平台"系统，实现与其他相关政务平台的有效互联互通，建立上下联动、层级清晰、覆盖全域的现代治理体系。搭建城镇管理公共信息数据库、打破层级隔阂、条线壁垒，实现城镇治理数据信息的整合与共享，提升基层社会治理现代化水平。

9.7.4 特色亮点

（1）弘扬橘文化品牌，打造城镇 IP 名片

作为黄岩蜜橘始祖地、中华橘源主阵地、橘文化发源地，立足澄江"中国蜜橘之乡、世界蜜橘之源"的柑橘名片，将澄江打造为世界柑橘地标、柑橘全品系展示窗口，联动头陀镇共建"中华橘源小镇"核心景区，建设全龄体验的农旅目的地。征集打造"中华橘源"Logo，提升文化品牌辨识度、知名度、美誉度，展现鲜明文化特色与内涵。

（2）创新公共配套"三级提升"，推进有机更新品质提升

开展环境整治提升补短板。打通修复"断头路"，加强沿线沿路沿江的绿化提升、美化亮化，打造西官河景观带、休闲康体公园、老江道景观带等多处节点，开展美丽庭院创建活动等。

推进基础设施升级强优势。全面推进农文旅深度融合，建设游客服务中心、空中栈道、宋韵浮桥馆、人行景观桥等基础设施，推动村民休闲活动区域全覆盖、便民服务中心全覆盖、饮用水达标提标全覆盖，生活环境和公共服务进一步得到提升。

强化公共服务配套增亮点。启动实施商业综合体打造，实现澄江商业"零"的突破；

引进物流园，填补澄江在商贸服务业上的空白。启动迁建群众反响热烈的澄江卫生院，并融入中医院医共体建设。

（3）数字赋能，共建共享治理体系

以便民服务中心改革为突破口，将"智慧2.0"便民服务向基层延伸，扩大"网办掌办"覆盖面，实现"一窗综合受理"，党建引领网格+党小组微格治理、用好"善治永宁"信息系统。在社会基层治理上，澄江街道加快构建"三治融合"、整体智治、高效协同的善治格局，并打造一体化智能化公共数据平台，实现智慧城镇与美丽城镇深度融合。

9.7.5 实施成效

澄江街道锚定"五美"目标，以数字化改革为牵引，积极推进以人为核心的美丽城镇创建，全力打造各美其美、美美与共的新时代"大美澄江"。

（1）以特为"魂" 做强产业优势

借着美丽城镇建设的东风，澄江街道明确了"甜蜜澄江·橘源小镇"的发展定位，决心要以特为"魂"，重振蜜橘产业雄风。澄江街道实施了中国柑橘博览园（图9-89）提升工程，并以万亩柑橘观光园为核心，将周边蜜橘种植最集中的凤洋、焦坑、山头舟3个村打造成"橘源小镇"。同时，中国柑橘博览园内还建有我国第一座以柑橘和橘文化为主题的大型博物馆，集中展示了500多件与柑橘有关的展品，是我国最大柑橘产业的文物史料收藏、展示、保护、研究和教育中心。如今，澄江街道依托蜜橘产业，挖掘橘文化，通过举办橘花节、柑橘采摘节等系列活动，年游客量突破80万人次，走出了一条农旅融合发展的致富路。

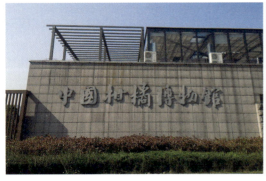 

图9-89 澄江街道中国柑橘博览园

（2）以智为"核" 激活发展动能

澄江街道还以数字化改革为牵引，打造多个跨场景应用，努力实现数字城镇、智慧城镇与美丽城镇的深度融合。在数字橘园（图9-90）建设施工现场，农业气象自动观测站、农事管理记录仪、水肥一体化机房等数字设备随处可见。通过实时采集数据，利用云管控智慧决策平台，开展专家远程诊断及教育培训、生产过程追溯、农作物种植环境数据监测、视频管理等PC端软件和移动客户端APP软件开发，为橘树制定精准的作业指令（图9-91）。

图9-90 澄江街道建设数字橘园

图9-91 澄江街道发展优质柑橘培育基地

（3）以绿为"笔" 绘就美丽画卷

澄江街道以绿为"笔"，完成了沿线沿路沿江的绿化提升、美化亮化，并打造了西官河景观带、休闲康体公园、老江道景观带等多处节点（图9-92），建成省级美丽乡村精品村2个，在6个村开展美丽庭院创建活动，街道被评为省卫生城镇、省森林城镇、省生态乡镇、省级旅游风情小镇，柑橘博览园被评为3A级旅游景区。

图9-92 永宁江绿道

9.8 一般型——文成县平和乡

9.8.1 概况

平和乡坐落在浙江省温州市文成县县城的东南面，素有文成县"东大门"之称，东接瑞安市营前乡，南接平阳县龙尾乡，西北连着文成县公阳乡、峃口镇。平和乡距离峃口镇18分钟车程，距离县城30分钟车程，与周边其他乡镇无直接交通联系，需从峃口镇中转，现状交通较为不便。平和乡境内面积22平方公里，辖10个行政村（图9-93）。

图9-93 平和乡交通区位

平和乡地处群山之中，地势东南高、西北低。境内除平和谷地略平外，其余皆属山坡地。气候四季分明，温和湿润，热量丰富，雨量充沛，是一个多宜性气候区，适宜水稻、麦子、油菜、蔬果、茶叶、花卉、竹林等农业产业的综合开发。其中平和乡茶叶产业走在全县的前列，是全县七大支柱产业之一，2002年被县政府命名为"茶叶生产示范乡"。

9.8.2 特点与问题

（1）城镇特点

①良好的生态基底

平和乡地处群山之中，由田、园、林、江等自然要素构成。全域风景秀丽，远山含烟，近山吐翠。远望层峦起伏，山势巍峨，岚气绕山，虚无缥缈，云遮雾罩。生态环境优越，人与自然和谐共生。

②与文化共生的茶产业

平和乡是文成茶叶主产地，是茶叶种植的历史传统与自然共生的重要体现，其出产的文成半天香是知名地方品牌，具有一定的地域影响力。

③人地和谐的浙南民居

平和乡现有太阴宫、翁氏老宅、叶氏古宅、翁氏宗祠等传统历史建筑，民居的选址和朝向根据地形，因形就势、道法自然，形成了人地和谐的人居环境。

④继往开来的文脉传承

平和乡具有底蕴深厚、源远流长的历史文化，既有拦街福、舞狮等非物质文化遗产，又有瓯菜特色的饮食文化，延续并传承着文成特色的人文瑰宝。

⑤美丽焕新的城镇建设

近年来，平和乡坚持高质量绿色发展要求，全面巩固小城镇环境综合整治省级样板乡镇建设成果，建立长效管理机制，实现共治共享。老56省道周边环境提升，东方村美丽宜居示范村通过验收，平和村顺利创成浙江省2A级景区村庄，完成"美丽庭院"创建67户。全力攻坚"国家卫生乡镇""东方村中国传统村落""平和九龙茶韵市级乡村振兴示范带"。平和乡以持续环境再造为依托，展现城乡全新面貌，勾勒平和"美丽风景线"（图9-94）。

图9-94 平和乡风光

（2）城镇问题

①**土地开发受地形掣肘**

平和乡群山环绕，水系丰富，处于群山之间的狭长谷地中，镇区内可开发利用地有限，周边可以开发用地面积小且分布不集中，很难进行大规模开发形成集中效益。

②**文化传承缺乏彰显**

平和乡在历史建筑、非遗文化、饮食传统、茶文化等方面的挖掘保护利用不足，历史文化底蕴未得到活化。

③**特色产业发展不足**

平和乡作为文成茶乡，茶产业主要集中在种植和生产上，农业产业链未能充分结合旅游业及现代服务业，缺少对茶文化更深层次的挖掘和利用，产业链较短，未形成茶文化旅游氛围，转化率较低。

④**基础设施和公共服务设施存在明显短板**

平和乡基础设施和公共服务设施较为简单，且受地形限制，分布较散，仅能满足基本需求，高质量的公共服务设施需依托峃口镇及中心城区来实现。

9.8.3 规划建设内容

以茗茶产业和创意农业为主导产业，以田园观光、休闲体验、特色民俗为主导功能，打造展现"茶意、田意、林意、渔意"等四个核心意象的乡村旅游强镇。

（1）功能便民环境美

①**修复生态环境，构建美丽载体**

修山复绿，环境治理。在高速公路建设完工后，重点对被临时征用为项目部而开挖的镇区山体进行生态修复，对裸露的山坡进行植被复绿。

建设美丽载体。依托现状平和公路，沿线种植树木花卉，提升道旁景观，完善夜间照明、交通标识等交通设施，打造县级美丽公路；在梅垟下开展美丽乡村建设，通过外立面提升、景观节点打造、美丽田园及美丽庭院建设等手段，将梅垟下打造为市级美丽乡村。

②**建设通村公路，完善城乡公交体系**

建设通村公路。大力提高联网公路，通自然村、"断头路"，保证到 2022 年农村"四好"公路建设比例达到 95%以上，并对通村公路进行提升、美化和亮化工程。

优化城乡公交体系。不断完善城乡公交体系，在现有 705 路公交基础上增设多条镇村支线，将覆盖范围从建成区行政村扩展到镇区行政村全覆盖；在平和村最东端修建一座综合公交运输服务站，实现城乡公交与私家车、自行车的换乘（图 9-95）。

③**推广数字化智慧管理平台应用，形成跨部门数据整合**

数字化智慧管理。整合乡镇部门信息

图 9-95 交通网络提升图

资源，建立综合、跨部门、标准统一和资源共享的数字治理平台，并探索其在不同场景下的灵活运用途径。

（2）乐享设施生活美

①风貌提升，建设智安小区，提升物业服务

打造浙派民居。对现状大垟口农房集聚区和平和村农房集聚区进行整体风貌提升，完善设施配套，传承传统建筑工艺，采用乡土材料与乡土手法，建设具有浙南山地特色的"浙派民居"。

建设智安小区。将两处农房集聚区提升为智安小区，在主要出入口加装摄像头、门禁和安保巡逻，提升住房治安水平。

提升物业管理服务水平。物业管理服务以社区代管的形式进行，为居民提供环境卫生维护、公共秩序维护、公共设施及绿化维护等一系列物业服务，规范物业服务秩序，提高物业服务品质及多样性。

②提升农贸便民服务

对现状农贸集散点和商店街集中进行整治提升，规范经营秩序；对店铺外立面、店招等统一设计，营造具有浙南乡村特色风格的商业氛围；平和乡现有流动农贸车巡村，规划进一步提高便民车的下村频次，增加商品种类，提供更多元的送货入户服务。

③提供高质量的文体设施

结合各村文化礼堂前空地、道旁空地等空间资源，增设口袋体育公园，配置健身器材、篮球场、羽毛球场等体育设施，并推动学校运动场地对公众免费开放。

（3）兴业富民产业美

①打造以"茶文化"产业为核心的特色农业

计划以九龙山茶场为核心，大垟口村、梅垟下村、东方村、平和村四村为平台，打造"茶文化"特色农业，集选种育苗、种茶技能培训、生产、品牌加工、销售、科普研学、网络购物为一体，茶

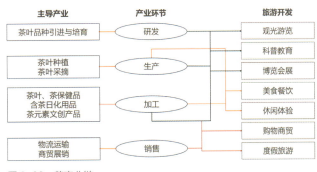

图 9-96 茶产业链

产业的各个环节与旅游产品无缝融合，形成密切关联的农旅产业链（图9-96）。

②培育发展现代农业

科技赋能,建立茶产业服务中心,为农户提供茶叶选种、农技培训、病虫害防治等科学种植服务,同时推进农业生产平台化、规模化、集成化发展,努力形成生产、观光、销售多功能发展,延伸农业产业链。数字农业服务中心通过对大数据、农业科技的整合,对农田、作物、环境、种植等信息进行全面感知和互联,推动农业规范、高效、绿色生产。

图9-97 茶韵公园

③加强农旅融合发展,打造茶旅小镇

强化农旅融合,建设洋潭农庄田园综合体,综合提升村容村貌,推动民宿建设,打造"田园+文旅+民宿+美食"的复合型茶旅小镇(图9-97)。

(4)魅力亲民人文美

①塑造特色风貌,保护历史文化遗产

打造历史文化古村风貌。东方村是平和乡唯一的历史文化古村落,通过对村容村貌整治、传统古建筑保护、景观节点打造、滨河绿道串接、庭院景观提升等手段,梳理古村脉络,重振古村风采,复兴古村文化。

保护历史文化遗产。对历史建筑实施"一图一档"管理,注重对历史建筑的日常管理和维护,大力保护省级文保单位——方坑太阴宫及翁氏宗祠、贡士府第等历史建筑,保持传统街巷格局完整。

②多点添绿,打造九龙山茶场为郊野公园

利用九龙山茶场的山地茶园景观,将其打造为郊野公园。增加登山台阶、游步道、休闲健身设施,增添可观赏的花卉、灌木、乔木,新建观景平台,同时考虑增加夜晚景观的亮化,真正将周围的自然山体与镇区景观环境结合在一起。

③完善文旅服务配套

规划在梅垟下打造一处茶文化精品民宿区,利用坡地村镇政策,打造具有浙南传统村落风格的网红民宿,提供多样化的住宿产品选择。从硬件、软件两方面着力提升旅游配套

图9-98 梅垟下民宿集群

服务水平,硬件方面包括景区的游步道、观景平台、绿道骑行换乘点、公共厕所、路牌标识等一系列文旅服务设施;软件方面包括建设智慧旅游平台、特产线上贩卖平台等(图9-98)。

(5)善治为民治理美

①深化"最多跑一次"改革

通过自助服务终端机、有线电视实现辖区全程代办服务全覆盖。利用微信公众号,网上政事处理系统,实现政务在线办理、在线审批等便民治理体系。

②提升基层治理能力

深化基层治理综治工作平台、市场监督平台、综合执法平台、便民服务平台"四个平台"建设,建设基层治理中心。推进基层综合行政执法改革,加强全科网格建设,全面推进"多通整合",建设"枫桥式"基层站所,大力推进基层社会治理体系和治理能力现代化。

③推动"三治融合"发展,推广平和"善治村"模式

建立由行政执法、市场监督、食品安全等多部门共同组成的"综合查一次"查评组,对镇域范围内的公共秩序、经营秩序、交通秩序等方面进行执法检查。建立基层自治公约体系,使全镇公民自觉成为遵法守法的"推动者"。以党建为引领推动自治、法治、德治融合发展,构建共建、共治、共享社会治理格局(图9-99)。

图 9-99 "五美"项目库

9.8.4 特色亮点

（1）探索了一般型美丽城镇建设行动方案编制方法，将创建重心放在提升环境、以 30 分钟生活圈共建共享模式补足市政公共服务设施缺口、改善民生上，为人口稀少、经济不发达的偏远乡镇创建美丽城镇提供了模板。

（2）探索建立了产业发展师制度，与农学院开展深度合作，聘请农业专家指导平和乡的茶产业发展，同时平和乡也可作为农学院的实践基地，双边合作，互利互惠。

（3）建立健全设施共建共享机制，积极推动平和乡与周边乡镇共享公共服务配套设施及市政基础设施，包括通乡公路、中小学、配套商业服务设施等，提升设施使用效率，推进城乡基础设施和基本公共服务标准统一、制度并轨。

第10章

市（县）级美镇圈建设规划

New era

10.1 衢州市诗画风光带美镇圈建设规划

10.2 绍兴市美丽城镇集群化暨美镇圈建设导则

美镇圈是美丽城镇集群的系统化组合，市（县）级层面美镇圈建设规划以地级市为规划范围，强调区域高度协同发展，规划核心在于合理划分美镇集群组合，确立集群分级分类体系，提出分类发展引导和重点美镇集群建设指引，探索美镇集群协同抓手，构建实施保障体系。本章节选取衢州市诗画风光带美镇圈建设规划和绍兴市美丽城镇集群化暨美镇圈建设导则两个典型案例，探索美镇集群分类组合发展模式，并提出浙江省首个集群化建设指标体系，为市域美丽城镇集群建设规划提供实践指引。

10.1 衢州市诗画风光带美镇圈建设规划

10.1.1 概况

衢州市位于浙江省西部，钱塘江上游，金（华）衢（州）盆地西端。市域面积8844平方公里。南接福建南平，西连江西上饶、景德镇，北邻安徽黄山，东与省内金华、丽水、杭州三市相交，有"四省通衢，五路总头"之称。下辖柯城区、衢江区、江山市、龙游县、常山县和开化县，常住人口为227.62万（数据来源：第七次人口普查）（图10-01）。

衢州以"南孔圣地·衢州有礼"为城市品牌，是一座国家级历史文化名城、生态山水美城、开放大气之城和创新活力之城。旅游资源丰富，有"神奇山水，名城衢州"之称，境内有浙江省首个世

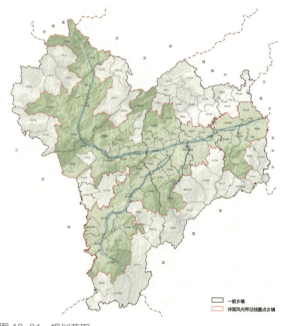

图10-01 规划范围

界自然遗产1处（江郎山）、全国重点文物保护单位4处（孔氏南宗家庙、龙游湖镇舍利塔、衢州城墙和江山三卿口制瓷作坊）、国家5A级旅游区2处（根宫佛国文化旅游区、江郎山—廿八都旅游区），国家4A级旅游区13处、国家森林公园5个（紫微山、钱江源、仙霞山、三衢山、浙江大竹海）、国家地质公园（常山）、国家自然保护区（古田山）和国家重点风景名胜区（江郎山）各1处。

10.1.2 特点与问题

（1）资源禀赋与建设基础

①有资源，建设基础薄弱，特色型创建受限

在美丽城镇创建过程中，衢州的一部分乡镇虽然具备一定的资源特色，但受地理区位或经济社会发展的限制，乡镇建设较为落后，公共服务配套和产业配套基础薄弱，对资源的挖掘和利用仍处于相对原生态的阶段，只能作为一般型乡镇，特色资源难以得到挖掘和发扬。如龙游的横山、庙下和大街。

②资源优势不突出，单独创建难度大

衢州的美丽城镇创建同时也存在单个乡镇资源优势并不突出，产业发展现状（平台、景点、项目）较为薄弱，文化和旅游资源的内生动力不足，单独创建特色型乡镇难度较大的现象。如江山的新塘边、常山的大桥头、衢江的灰坪、太真、峡川等乡镇。

③资源禀赋与创建特色不匹配

部分乡镇的资源禀赋与计划创建的特色类型不匹配，反映了上位规划与实际现状在衔接上的缺失。如具有农业资源优势的全旺镇创建文旅特色型，招贤镇创建商贸特色型等，大大增加了资源浪费和创建难度。如常山的招贤和衢江的全旺。

（2）建设项目与区域统筹

①产业类项目与城镇能级或资源禀赋不匹配

部分乡镇城镇能级较高，资源禀赋较好，但产业类项目的影响力不足。比如，有些乡镇的建设基础较好，对周边乡镇具有一定的辐射带动作用，但在产业类项目中较少且缺少具有协同效应的抓手项目，区域带动不足，与城镇本身能级不匹配。如航埠、湖镇和石门。

②城镇间具备协同发展的基础，但缺少区域统筹的抓手

在美丽城镇创建过程中，衢州的很多乡镇本身具备文化同源、资源禀赋相近、设施共享等协同发展的基础，但在产业谋划中还是以单乡镇为建设单位，在产业选择、项目布置等方面存在各自为政的情况，项目间关联度弱，缺少打破行政边界、统一谋划区域协同项目的平台与抓手。如何家、招贤和青石，湖镇和龙北经开区，池淮和苏庄等。

③产业类项目与生态保护有冲突

部分产业类项目位于重点生态保护范围内，局部建设与生态保护冲突。如开化的部分乡镇在国家公园范围内还谋划了新增项目，不符合生态优先的保护原则。如长虹和苏庄。

（3）基础配套与运营维护

①城镇公共服务配套设施配建缺乏统筹，存在缺口

衢州市各乡镇基础配套设施相对完善，但整体配建情况缺乏统筹考虑；同时部分乡镇在文化设施、体育设施、教育设施等方面存在缺口。

②重点乡镇公共服务设施等级不高，缺乏等级设施

衢州市各重点乡镇（包括申报县域副中心及都市节点型美丽城镇）基本公共服务设施配建完善，但整体能级不高，缺少等级设施，服务水平欠佳，难以起到重点乡镇在公共服务设施上的带动作用。

③部分公共服务设施运营情况欠佳，利用率差

衢州市部分公共服务设施存在运营情况差、设施设备利用率低的问题，主要问题集中在文体类、医养类设施设备上。

（4）基层治理与数字智慧

①尝试探索建立乡镇联席会议

衢州在美丽城镇的创建过程中已经有乡镇开始探索美镇圈的一体化保障机制，探索如乡镇联席会议、文旅联盟、大党委形式等的多种一体化联合治理模式。

②鼓励权力下放，县乡形成治理共同体

衢州为全省"县乡一体、条抓块统"模式提高基层治理能力的唯一综合试点，部分乡镇开始响应号召，探索副中心办事能力的权力下放等基层赋能治理探索。

③探索大数据智慧化治理

衢州大力推进数字政府建设，通过城市数据大脑2.0等新探索，让数据多跑路，让群众少跑腿，不断提升政府治理体系和治理能力现代化水平。部分乡镇也开创出自己独特的大数据智慧基层治理模式。

10.1.3 规划建设内容

（1）区域关联性评价

本规划通过对衢州市域各乡镇在交通、公共服务设施、城镇规模三大基础因子，生态、产业、文化等五大特色因子上的关联度进行评价，分析乡镇之间现状存在的相互关系，综合叠加得出集群组合结论（图10-02）。

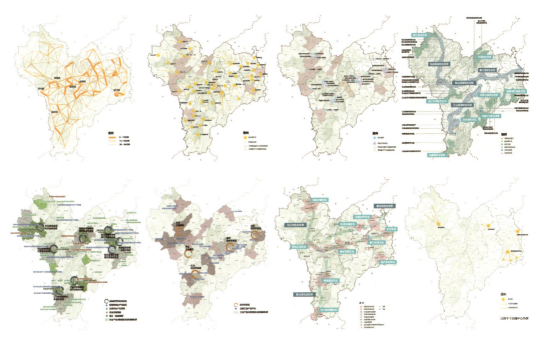

图 10-02 区域关联性评价分析

（2）美镇圈集群组合

①县域美镇集群组合

县域美镇集群指内部各城镇位于同一县（市、区），有利于设施统筹配置、服务统筹供给、产业协同配置。基于城镇体检以及多因子区域关联性评价，建议衢州市各区县打造21个县域美镇集群组合，其中9个为诗画风光带重点集群（表10-01，图10-03）。

衢州市美镇集群组合情况 表10-01

区县	美镇集群组合
开化县	池淮、苏庄、长虹
	马金、齐溪、何田、村头、大溪边
	开化中心城区、音坑、中村、林山
	华埠、杨林、桐村
常山县	芳村、东案、新昌
	球川、同弓、白石
	常山中心城区、青石、招贤、何家、大桥头、辉埠
江山市	江山中心城区、大陈、碗窑、四都、上余
	坛石、贺村、大桥、新塘边
	石门、长台、张村、塘源口
	峡口、凤林、保安、廿八都
柯城区	航埠、沟溪、华墅
	七里、石梁、九华
衢江区	高家、莲花、全旺
	双桥、杜泽、峡川、上方、灰坪、太真
	廿里、后溪、湖南、岭洋、举村
龙游区	湖镇、模环、罗家、社阳
	溪口、庙下、沐尘、大街
	横山、塔石、石佛
	龙游中心城区、小南海、詹家
衢州中心城区	衢州中心城区、周家、云溪、万田、石室、大洲、黄坛口

②跨区县、市域或省域的美镇集群组合

跨行政边界的美镇集群组合主要包括以下三种类型。

跨区县美镇集群：美镇集群内部城镇位于不同县（市、区），通常为带动能力较强的城镇辐射带动周边城镇。包括航埠—招贤生活圈、航埠—廿里"强强联合"都市集群、衢江—龙游农旅集群（莲花、高家、詹家、全旺）。

跨市域美镇集群：美镇集群内部各城镇位于浙江省不同地市，围绕特色产业构建产业发展轴带，或历史上形成了天然的生活圈，通常位于地市边缘，依托便利便捷的交通路网形成广泛密切的协同关系。包括衢建生活圈（上方、大同、李家）、建德—兰溪—龙游文农旅集群（横山、大慈岩、诸葛）、衢金生活圈（湖镇、洋埠、罗埠、汤溪）、六春湖文旅集群（大洲、庙下、高坪）。

跨省域美镇集群：助力衢州市打造"四省边际中心城市"，充分发挥包括浙赣合作产业园、浙皖闽赣联盟花园在内的省际重点合作项目，探索美镇集群与跨省的邻近地域的协同组合可能性与必要性。包括长虹—江湾文旅集群、浙赣合作区（白石、大桥、岩瑞）、衢饶生活圈（球川、双明、白石、岩瑞）（图10-04）。

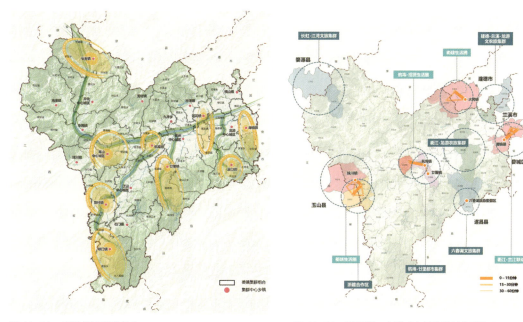

图 10-03　县域美镇集群组合　　　　　　　图 10-04　跨区县、市域或省域的美镇集群组合

（3）美镇集群分级分类体系

①美镇集群发展模式引导

规划衢州市各区县形成 6 个"1+1+1"均衡发展的美镇集群，10 个"1+X"龙头引领的美镇集群，5 个"C+X"核心辐射的美镇集群和 1 个"1+1"强强联合的美镇集群（图 10-05）。

②美镇集群发展类型引导

通过对衢州市各乡镇资源禀赋和未来发展路径的分析，将形成的集群初步划分为 3 个农旅型、6 个文旅型、1 个工旅型、4 个县域副中心型、2 个都市节点型和 5 个都市集聚型美镇集群，以此作为未来各美镇集群产业、基础设施和公共服务发展的重点（图 10-06）。

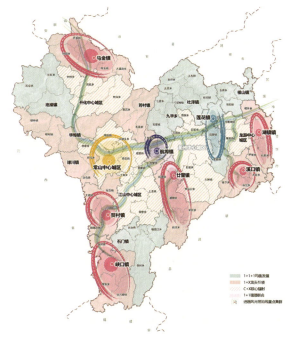

图 10-05　美镇集群发展模式引导

10.1.4 特色亮点

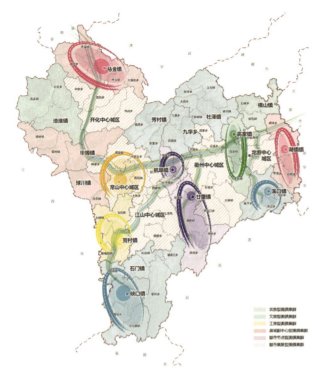

图 10-06 美镇集群发展类型引导

"十四五"时期，浙江省提出要聚焦高质量发展、竞争力提升、现代化先行和共同富裕。审视新环境新机遇新挑战，如何加强城乡融合发展力度、优化城镇村联动发展格局，成为目前理论和实践关注的焦点。新时代美丽城镇建设是新型城镇化的重要载体，也是联结城乡的纽带。美丽城镇集群化创建作为美丽城镇创建的升级版，更是完善城镇体系、提高城镇空间与设施的集聚效率、推进城镇集群经济转型、促进区域协调发展和城乡融合高质量发展的需要。

衢州作为全省首个从市域层面探索美丽城镇集群化发展的城市，以"衢州有礼"诗画风光带上的美丽城镇样板为重点，基于区域协同与当前建设对各乡镇进行城镇体检，选取基础因子（交通、公共服务设施、城镇规模）+特色因子（生态、产业、治理、文化）进行区域关联性评价，在提出四大模式（"1+1+1"均衡发展、"1+X"龙头引领、"C+X"核心辐射和"1+1"强强联合）与六大类型（农旅型、文旅型、工旅型、县域副中心型、都市节点型和都市集聚型）的县域美镇集群组合的基础上，进一步探索跨区县、市域或省域的组合方式，同时对九个着重优先建设的一级美镇集群提出具体的发展引导措施，打造"互联互通、共建共享、同兴同融"的衢州美丽城镇发展集群。

10.1.5 实施成效

为加快落实全省美丽城镇"实施集群化创建与生活圈优化行动"，省美镇办提出2022年培育32个美丽城镇集群化建设典型案例，旨在通过强强联合、强弱互补、山海协作等方式，推动美丽城镇建设从单兵作战向集群化方向发展，加快构建"全域大美、浙江气质"。

衢州市美丽城镇在建设的过程中，围绕特色亮点抓推进，依托各地自然、人文禀赋，创新建设"一米菜园"美丽庭院；全力打造"有礼"品牌，推进"乡愁版"邻里中心建设，推动有礼文化与美丽城镇建设互促融合；率先在全省启动乡村版"未来社区"试点建设，打造兼有"自然味、烟火味、人情味、生活味、乡韵味、人文味、农业味、诗画味、科技味"的现代化、国际化新型的乡村社区样本；统筹域内推行"美镇圈"建设，发挥中心镇的带动作用，实现资源共享、优势互补，在龙游先行先试，先后完成龙游东、南部两个一镇三乡"美镇圈"规划设计，为团组集群创建美丽城镇提供"衢州样本"。

10.2 绍兴市美丽城镇集群化暨美镇圈建设导则

10.2.1 概况

针对绍兴部分小城镇规模小、产业弱、缺协同等现实问题，顺应新型城镇化、城乡风貌与未来社区未来乡村等工作的协同需要，深入各地调查研究，吸收全省先进经验，总结全市优秀做法，在广泛征求意见的基础上，从指标体系、建设引导、集群划分、建设路径四个方面对绍兴市美丽城镇集群化做出建设要求，打造美丽城镇升级版"重要窗口"。

10.2.2 指南内容

（1）集群化建设总纲

以带动欠发展地区"共同富裕"、打造美丽城镇2.0"重要窗口"为核心目标，以"共建共享、协同互补、互联互通"为三大原则，以一个指导建设的行动计划、一个协同协商的治理机制、一个高效互通的交通网络、一条整体协调的风景廊道、一个服务共享的生活圈为"五个一"标志性要求，对全市集群化建设作出基本要求。

（2）集群化指标体系

从环境共保、设施共享、产业共荣、人文共美、协同共治等"五美"与自主申报六方面，确定33个指标作为刚性建设要求（图10-07）。

一级指标	序号	二级指标	考核内容
环境共保	1	构建生态格局	城镇集群发展依托统一的生态格局，水系、山体生态网络保护完好
	2	擦亮生态底色	加强生态保护方面的协商对话机制，协同推进山水林田湖草生态修复，加强乡镇沿水系、沿山体的生态与风貌管控
			建设水源保护地、区域性湿地公园、"美丽河湖""美丽田园"等美丽载体
	3	发展生态经济	绿色发展经验被有重要媒体推广
			发展城镇集群全域旅游，协同开发文化旅游、农业旅游、工业旅游特色线路
	4	探索低碳发展路径	积极践行绿色低碳生产生活方式，探索低碳零碳化发展模式，谋划特定领域的重点工作内容
设施共享	5	一个高效互通的交通网络（"五个一"标志性要求）	畅达对外交通：集群至少有一个成员建有综合性公交枢纽或高速出入口
			内部交通互联：集群内部30分钟内可达；农村公路优良中等级率85%以上；打造一批旅游路、资源路、产业路
	6	公交一体化建设	集群成员间建有互通的公交班次，公交设施品质、便利性、数字化相对完善
			偏远地区设立教育、医疗、应急专线，覆盖全部自然村
	7	垃圾分类处置一体化建设	集群统一建设垃圾分类投放、分类收集、分类密闭运输和分类处置系统
	8	基础设施一体化建设	供电、供水、污水处理等市政设施有共建共享案例
	9	一个服务共享的生活圈（"五个一"标志性要求）	在文化体育方面，有共建共享案例，如文化中心、图书馆、青少年活动中心、全民健身中心等
			在教育培训方面，有共建共享案例，如高中、职高、成人校、老年大学等
			在医疗卫生方面，有共建共享案例，如综合医院、特色专科等
			在社会福利方面，有共建共享案例，如养老服务机构、社会救助机构等
			在行政服务方面，有共建共享案例，如提供同市民中心服务的便民中心、区域行政司法治理等
			在商业服务方面，有共建共享案例，如大中型商贸综合体、专业市场等
	10	邻里中心建设	集群建有新邻里广场类、小镇客厅类或邻里街区类邻里中心
	11	未来乡村建设	植入"三化九场景"，集群建设串连成线的未来乡村示范带
产业共荣	12	搭建产业主平台	搭建美丽城镇集群产业主平台，建设新区、特色小镇、农业强镇等
	13	构筑特色产业集群	发挥"块状经济"联动优势，建设农业、工业、文旅等特色产业集群
	14	完善产业链	集群成员之间，在农业、工业、文旅等产业链建设方面开展合作
	15	产业服务中心	建设产业服务中心，提供创新创业、技能培训、就业指导、创业辅导等功能
	16	创新创业新动能	积极建设双创基地、众创空间、科技孵化器、电子商务示范基地等，优势特色产业发展新形态，注入新活力，焕发新动能
	17	协同发展新模式	通过在协同发展方面的技术创新、管理创新、服务创新或模式创新，提升集群产业的核心竞争力
	18	强化产镇融合	发展多类型融合业态，促进产业与城镇在空间布局、生态环境、公共服务等方面深度融合
	19	小城市培育试点（加分项）	扎实推进小城市培育试点工作，以产业发展为先导，带动集群整体服务水平与能级的全面提升
	20	产业空间布局（加分项）	集群产业空间布局与杭州湾产业带、浦阳江产业带、曹娥江产业带整体发展定位相协调
	21	区域一体化（加分项）	产业集群具有明显杭甬、甬绍一体化趋势，积极承接都市区产业转移
人文共美	22	传承历史延续文脉	历史文化名镇、名村、历史街区、历史建筑、传统村落、非物质文化遗产得到有效保护
	23	历史遗产活化利用	有传统村落、传统街区保护利用典型案例
			有传统风貌建筑活化利用典型案例
			有非物质文化遗产活化利用与民俗节庆活动典型案例
	24	建设"浙派民居"	创建"浙派民居"特色村建设对象、培育对象
	25	塑造美丽风貌形象特色	在建筑、景观等城镇风貌塑造上协同打造，突出区域个性。高铁站、高速口等重要门户节点打造成效明显
	26	建设城乡绿道网	集群内城乡绿道串联成网，沿绿道配套建设驿站等服务设施，绿道标识美观、简洁。集群每万人拥有绿道长度1公里以上
	27	旅游集散中心与小镇客厅	集群建设统一的旅游集散中心。城镇可结合旅游集散中心、特色小镇建设功能复合的小镇客厅
	28	一条整体协调的风景廊道（"五个一"标志性要求）	集群有至少2个成员协同创建浙江省城乡风貌县域样板区
			创建成功省级城乡风貌样板区，被命名"新时代富春山居图"
	29	跨区域文化线路打造	以文化线路为依托，打造跨区域城镇集群，树立文化特色品牌
			有跨县域、跨市域协同建设案例
协同共治	30	一个协同协商的治理机制（"五个一"标志性要求）	建立镇长联席会议制度或重要议题定期协商制度
			建立集群化用地、资金的专项保障与返还机制
			有党建引领集群化建设案例
			建立专业化的产业发展联盟
	31	一个指导建设的行动计划（"五个一"标志性要求）	编制美丽城镇集群化建设行动计划
	32	治理一体化建设	实现政务服务、司法治理、应急服务、数据信息或管理维护等工作一体化
自主申报	33		各城镇集群可结合自身特色，自主申报在集群化建设方面特色突出且具有推广价值的5项指标

图 10-07　集群化指标体系

（3）集群化建设指引

针对"五美"，对指标进行详细阐述，将浙江省、绍兴市好的做法总结提炼推广，做出弹性建设要求（图 10-08）。

新邻里广场类邻里中心(1.0 模式)——诸暨市店口镇·嘉凯城
商业综合体，包括购物、餐饮、儿童培训、停车、人防疏散等功能，服务可辐射全镇及周边乡镇。

1.4 人文共美建设引导
（1）历史遗存活化利用，彰显绍兴传统文化魅力
嵊州市甘霖镇素有"百年越剧诞生地、千年剡溪唐诗路、万年文化小黄山"之美誉，在文化遗存保护、发扬方面均有较强示范性。

基成台门历史建筑平移与修缮
基成台门为嵊州市级文物保护点，距今已有一百多年历史，因苍岩防洪堤工程建设需要，需迁移建筑。为了保护文物，甘霖镇实施平移与修缮工程，台门以每秒 0.8 毫米的速度向西平移 15 米再向北平移 39.4 米。这是省内历史上第二次大型平移古台门，工作复杂、成本较高，但彰显了嵊州、绍兴对于历史遗存的态度。这次平移所用到的先进技术，在全国文物保护方面都值得学习和借鉴。

新邻里广场类邻里中心(2.0 模式)——嵊州市三界镇·美邻生活广场
集成商业综合体、住宅、净菜超市、停车场等功能，三层与政府共建共享，植入了便民服务空间，沿路规划全龄化园林景观和开放式邻里空间。

越剧小镇

图 10-08　集群化建设指引

（4）集群的划分

将绍兴市美丽城镇集群划分为"3+6+18"三个层级，即 3 个美丽城镇集群带、6 个跨区域美丽城镇集群、18 个县域内部美丽城镇集群（图 10-09）。将县域内部型美丽城镇集群进一步划定为强强合作型、强镇辐射型、特色发展型三种类型（图 10-10）。

（5）分类建设路径

对三种类型、六个典型集群做出目标指引与"五美"建设安排。

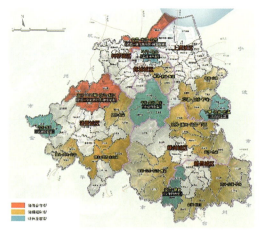

图 10-09　集群区域分类　　　　　　　　　图 10-10　集群综合分类

10.2.3　特色亮点

（1）浙江省首部美丽城镇集群化指南

区域协同、一体化发展，是城镇高质量、高效率发展的必然要求，本指南的制定与发布，是绍兴市美丽城镇建设 2.0 新时期的重要升级创新，也为浙江省美丽城镇集群化评价办法的制定提供了可推广的"绍兴解法"。

（2）综合内外、考量近远的集群划分方式

县域内部型为近期建设，3 个县市域、3 个跨市域集群为中远期建设，部分县域内部型集群可在近期建设有一定成效后，打破体制壁垒，跨县域、市域与其他集群联动建设。18 个县域内部型中，确立 6 个标准型先行启动、样板带动（图 10-11）。

（3）指标制定既保障了与省标的兼容性，又凸显了绍兴的独特性

指标的制定，继承了美丽城镇建设的传统"五美"体系，11 个基础指标延续省美丽城镇考核评价办法，保持一致或相近，另外 22 个指标为具有绍兴生态、文化、产业等特色的独创。

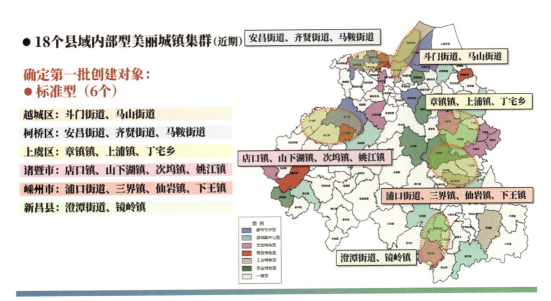

图 10-11 首批创建对象

（4）注重与其他建设工作的协同，多线形成合力

①**生活圈**。一是根据美丽城镇七种类型，细化《浙江省美丽城镇生活圈配置指南》对单个美丽城镇的要求（表 10-02）；二是根据多个乡镇集群化的需求，对三种类型集群作出必配、选配要求（表 10-03）。

30 分钟生活圈公共服务设施配置要求　　　　　　　　　　　　　　表 10-02

序号	大类	设施配置和服务内容		都市节点型	县域副中心型	特色型				一般型
		基本配置	提升配置			文旅	商贸	工业	农业	
1	文化	公共图书馆、图书分馆	文化馆、博物馆、美术馆、科教馆、青少年儿童活动中心等	★	★	★	★	★	★	★
2		中心镇数字影院	农村电影院线和固定放映点、农村应急广播体系	★	☆	☆	☆	☆	☆	/
3		流动文化设备	数字图书馆、数字博物馆、民俗馆	★	★	★	★	★	★	☆
4		乡镇文化公园	民俗馆、民间文化、地方戏曲、传统匠艺保护培育基地等	★	★	★	☆	★	★	☆
5	体育	标准体育场、全民健身中心	标准体育馆、游泳馆（池）、全民健身地图系统	★	☆	☆	☆	★	☆	/
6		乡镇体育公园、郊野公园	登山步道、"体育+公园"等	★	★	★	★	★	★	☆

续表

序号	大类	设施配置和服务内容		都市节点型	县域副中心型	特色型				一般型
		基本配置	提升配置			文旅	商贸	工业	农业	
7	教育	幼儿园	学前班以及儿童早教培训、职业技术教育社区学校、成人培训、老年大学等	★	★	★	★	★	★	★
8		小学		★	★	★	★	★	★	☆
9		初中		★	★	☆	☆	★	☆	☆
10		高中		★	★	☆	☆	★	☆	/
11	医卫	综合医院、中医医院	各类专科医院、康复院、护理院等	★	☆	☆	☆	★	☆	☆
12	商业	大型超市、购物中心、商业步行街区等	专业商场、餐饮、娱乐专卖店等	★	★	★	★	★	☆	☆
13	福利	居家养老中心、公办养老机构	儿童福利院；未成年人救助保护站	★	★	★	☆	★	☆	☆
14		民办养老机构	老人公寓；康养社区	★	★	☆	/	/	/	/
15	产业配套	星级宾馆、快捷酒店	商务酒店、民宿客栈；会议会展中心	★	★	★	★	☆	☆	☆
16		旅游集散中心、小镇客厅	亲子农耕、研学科考、拓展训练、摄影采风营地、特色餐饮	★	★	★	★	☆	☆	/
17		专业市场	仓储物流设施	★	☆	☆	★	☆	☆	/
18		仓储物流、创业创新服务中心	员工培训、员工集宿、员工活动；创业培训、就业指导培训	★	★	/	★	★	☆	/
19		现代农业产销、精深加工、冷链物流设施	农技推广、动植物疫病防控、食品安全检验，农产品质量监管	★	☆	☆	/	☆	★	/

注：★为必要项目，☆为推荐项目，/为不作要求项目

集群化对30分钟生活圈公共服务设施配置要求 表10-03

序号	大类	设施配置和服务内容		强强合作型	强镇辐射型	特色发展型
		基本配置	提升配置			
1	文化	公共图书馆、图书分馆	文化馆、博物馆、美术馆、科教馆、青少年儿童活动中心等	基本配置★ 提升配置★	基本配置★ 提升配置★	基本配置★ 提升配置/
2		中心镇数字影院	农村电影院线和固定放映点、农村应急广播体系	基本配置★ 提升配置★	基本配置★ 提升配置★	基本配置★ 提升配置★
3		流动文化设备	数字图书馆、数字博物馆、民俗馆	基本配置★ 提升配置★	基本配置★ 提升配置★	基本配置★ 提升配置☆
4		乡镇文化公园	民俗馆、民间文化、地方戏曲、传统匠艺保护培育基地等	基本配置★ 提升配置★	基本配置★ 提升配置☆	基本配置★ 提升配置☆
5	体育	标准体育场、全民健身中心	标准体育馆、游泳馆（池）、全民健身地图系统	基本配置★ 提升配置★	基本配置☆ 提升配置★	基本配置/ 提升配置☆
6		乡镇体育公园；郊野公园	登山步道、"体育+公园"等	基本配置★ 提升配置★	基本配置★ 提升配置★	基本配置☆ 提升配置★

续表

序号	大类	设施配置和服务内容		强强合作型	强镇辐射型	特色发展型
		基本配置	提升配置			
7	教育	幼儿园	托育一体化幼儿园、学前班以及儿童早教培训	基本配置★ 提升配置★	基本配置★ 提升配置☆	基本配置★ 提升配置/
8		小学	儿童兴趣培训	基本配置★ 提升配置★	基本配置★ 提升配置☆	基本配置★ 提升配置/
9		初中	高中	基本配置★ 提升配置★	基本配置★ 提升配置☆	基本配置★ 提升配置/
10			职业教育、社区学校、成人培训	提升配置★	提升配置☆	提升配置★
11			老年大学	提升配置★	提升配置☆	提升配置/
12	医卫	综合医院、中医医院	各类专科医院、康复院、护理院等	基本配置★ 提升配置★	基本配置★ 提升配置☆	基本配置/ 提升配置/
13	商业	大型超市、购物中心	特色商业街区、美食街区、专业化商场等	基本配置★ 提升配置★	基本配置★ 提升配置☆	基本配置☆ 提升配置★
14	福利	居家养老中心、公办养老机构	儿童福利院；未成年人救助保护站	基本配置★ 提升配置★	基本配置★ 提升配置☆	基本配置★ 提升配置☆
15		民办养老机构	老人公寓；康养社区	基本配置★ 提升配置☆	基本配置☆ 提升配置/	基本配置★ 提升配置/
16	产业配套	星级宾馆、快捷酒店	高档商务酒店；会议会展中心	基本配置★ 提升配置★	基本配置★ 提升配置☆	基本配置★ 提升配置：农业/工业☆文旅★
17		旅游集散中心、小镇客厅	亲子农耕、研学科考、拓展训练、摄影采风营地、特色餐饮	基本配置★ 提升配置★	基本配置★ 提升配置☆	基本配置：农业/文旅★工业★ 提升配置★
18		仓储物流设施	专业市场	基本配置★ 提升配置★	基本配置★ 提升配置☆	基本配置★ 提升配置：农业★工业★文旅/
19		创业创新服务中心	员工培训、员工集宿、员工活动；创业培训、就业指导培训	基本配置★ 提升配置★	基本配置★ 提升配置★	基本配置★ 提升配置★
20		现代农业产销、精深加工、冷链物流设施	农技推广、动植物疫病防控、食品安全检验、农产品质量监管	基本配置☆ 提升配置★	基本配置☆ 提升配置★	基本配置：农业★工业☆文旅/ 提升配置：农业★工业/文旅/

注：★为必要项目，☆为推荐项目，/为不作要求项目。

以上基本配置均要求该美丽城镇集群范围内至少有1处设施能提供该功能。

②**邻里中心**。明确绍兴市邻里中心建设标准，分为新邻里广场类、小镇客厅类、邻里街区类（图10-12），对配置功能作出指引性要求。

③**城乡风貌**。协同县域风貌样板区（图10-13）建设要求，一手抓设施，一手抓形态，提出建设"一条整体协调的风景廊道"，通过"五个一"强制性指标明确。

④**未来乡村**。相对针对"单个创建"的未来乡村工作，强调以"串珠成链"的方式打造未来乡村示范带（图10-14）。

新邻里广场类邻里中心　　　　　小镇客厅类邻里中心　　　　　邻里街区类邻里中心

图 10-12　绍兴市美丽城镇邻里中心的三种类型

图 10-13　新昌县"水墨山城"美丽城镇集群同时作为县域风貌样板区培育

图 10-14　新昌县"水墨山城"美丽城镇集群打造未来乡村"串珠成链"

⑤**跨区域文化线路**。将美丽城镇1.0、城乡风貌等建设基础作为重要抓手，依托大运河、浙东唐诗之路等文化线路，强调绍兴市域层面大尺度、跨区域的集群建设。

10.2.4 实施成效

2021年以来，绍兴市以提升群众幸福感为目标，围绕"五美"核心，坚持以项目为抓手，多维度发力，积极探索美丽城镇集群化发展新模式。

（1）理论创新，培育典型案例

印发指南，理论引导实践。全面深入调研，在省内率先印发《绍兴市美丽城镇集群化建设指南》，明确各集群定位，稳步推进建设。诸暨市"西施之泪"诸北集群、柯桥区"稽山舜源"集群被列入2022年全省首批32个美丽城镇集群化典型案例培育名单（图10-15）。

样板示范，战略地位凸显。"西施之泪"集群由店口镇、山下湖镇、姚江镇和次坞镇组成，定位能级较高的强强合作型，作为融杭桥头堡，推进杭绍一体化建设，2022年投资7000余万元推进集群建设。一方面改造提升主要道路交通，打通次坞集镇至临杭园区的"产业路"；另一方面优化集群内基础设施布点，进一步完善生活圈体系，提升集群品质，推动产镇融合。

图10-15 "西施之泪""稽山舜源"两个集群入选全省首批典型案例培育名单

（2）统筹谋划，整体协同推进

跨区共建，开启融杭新篇。柯桥区与萧山区在充分交流协商的基础上，依据"优势互补、资源共享、协同发展、合作共赢"原则，签署《美丽城镇战略合作框架协议书》，就市政和交通等设施的共建共联共维、协同打造产业平台、定期开展产业交流、跨界河流共同治理、公共服务共享互认、数字治理联合部署等多个领域的工作达成合作共识，力求通过集群化建设，发挥聚集作用、乘数效应，加快畅通区域经济循环，为杭绍两地融合增添新的动力。

统筹谋划，助力山区发展。上虞区成立曹娥江旅游度假区，统筹开发建设虞南山区乡镇集群，提升改造基础设施，助推产业联动发展。投资近 3 亿元建设生态溪流与绿道，串联丁宅乡、下管镇、陈溪乡、岭南乡四个乡镇，打造阳明研学线路。

（3）以点带面，多维发力共建

民生为底，书写美好生活。为满足上虞南部城镇集群对高等级养老设施的需求，南部中心镇丰惠镇建设综合养老中心，为集群内 5 个乡镇提供生活照料、医疗健康、失能照护、康复训练、文化娱乐等专业养老服务，收纳周边镇村老人入住，让群众老有所依、老有所养、老有所乐。柯桥北部集群以亚运建设为契机，通过修建灯光篮球场、足球场等体育设施，为居民提供运动锻炼场地。目前集群内共有灯光篮球场 104 个、标准及笼式足球场 27 个，均免费对集群内居民开放，形成全民健身的良好氛围。

产业为擎，塑造活力城镇。越城区斗门—马山集群，以龙头企业为核心，打通上下游产业链，实现产业能级跃升。位于斗门街道的小家电龙头企业苏泊尔，联合马山街道的英纳威、科意电器等上游企业，通过建立高标准产品体系，提质增效，成功打造小家电产业集群。柯桥区"稽山舜源"集群组建党建共富联盟，抱团发展，拓宽"两山"转化通道。

人文为魂，垒砌精神高地。嵊州市作为百年越剧的发源地，打造甘霖镇越剧小镇，通过与周边乡镇景区联建旅游线路，举办"越剧小镇戏剧节""越剧折子戏""世界非遗·小镇端午"等形式多样的特色活动，做到每天有戏可看，形成游客集聚效应，更好地传承和弘扬越剧文化。越城区富盛镇与皋埠街道联合打造"宋韵文化"，以宋六陵遗址公园为核心，以抹茶文化和"绍兴赵氏宋六陵祭典"等非遗活态展示为载体，激活独特的宋朝遗韵，以点带面，织就绍兴宋文化经纬线。

第 11 章

美丽城镇集群建设规划

11.1　桐庐县大分水美镇集群化建设规划

11.2　诸暨市"西施之泪"美丽城镇集群规划

美丽城镇集群建设规划聚焦单个美丽城镇组团内部城镇之间的协作，规划重点是提出美丽城镇集群的发展定位，并在设施互通、服务共享、产业共荣、人文共融、运维共治等领域提出发展要求，以及推进建设实施的措施和保障机制。美丽城镇集群化建设充分发挥共建共享机制，加快畅通区域经济循环，将各具特色又功能互补的美丽城镇组团打造成综合性城镇群。本章选取桐庐县大分水美镇集群化建设规划和诸暨市"西施之泪"美丽城镇集群规划作为典型案例，前者重视美丽城镇集群间的农文旅协作发展，后者注重美丽城镇集群的产业协作发展，通过两个典型案例的分析，剖析美丽城镇集群建设规划的编制体系。

11.1 桐庐县大分水美镇集群化建设规划

11.1.1 概况

桐庐县大分水美镇集群以桐庐县副中心分水镇为中心，覆盖合村乡、百江镇及瑶琳镇，规划总面积约872.73平方公里。三镇一乡一衣带水，山水相连；地缘相近，联系紧密；历史人文一本同源，具有得天独厚的协同基础。

分水镇作为桐庐县域副中心，常住人口相对集聚，经济产业遥遥领先，是片区当之无愧的发展核心与引擎。合村、百江和瑶琳的经济实力相对落后，建设基础较为一般，面对美丽城镇创建任务，有迫切的抱团借力需求。

三镇一乡也拥有一体化发展的共识。《桐庐县域国土空间规划》确立了桐庐西部以分水为核心的空间格局，以分水为县域副中心；百江、合村、瑶琳统筹发展；《桐庐县域美丽城镇建设行动方案》确立了分水为区域发展副核和县域西部公共服务中

图 11-01 规划范围

心，辐射带动百江、瑶琳、合村三个乡镇（图 11-01）。

11.1.2 特点与问题

（1）现状特点

①人口社会：人口分布中东部多，南北少，高度集聚于分水

三镇一乡总常住人口为 9.56 万，占全县的 22%。常住人口主要集中于分水和瑶琳镇区，其中分水镇是全县除桐君街道外人口净流入最多的乡镇。从乡镇间人口交流强度图来看，合村、百江、瑶琳的人口主要向分水集聚，集群人口集聚度高，关联性强。

②自然生态：同属浙西中低山丘陵区和分水江流域

四个乡镇同属浙西中低山丘陵区和分水江流域，四周群山耸峙，中部为狭小河谷平原，山地与平原间丘陵错落。集群的四个乡镇在地形地貌、气候条件、生态本底、动植物种类和多样性上均呈现出高度的一致性。

③区域交通：分水为区域 30 分钟交通圈核心

从现状区域交通基础设施来看，分水、百江、瑶琳三镇的交通联系较为便捷。三个乡镇均位于分水 30 分钟可达圈内，且两两之间的通行时长不大于 45 分钟，集群交通关联度高。临金高速和杭淳开高速的规划建设进一步强化了分水作为区域交通核心的地位。

④公共服务设施：分水为区域公共服务核心，辐射三个乡镇

在环卫、商贸、文体、教育、医疗和养老设施等方面，分水的辐射能力能够覆盖整个集群，三个乡镇分别拥有红色纪念馆、非遗民俗街、骨伤专科医院、中高端养老公寓等特色公共服务。其中百江和合村的义务教育完全依托分水；瑶琳相对独立。

⑤经济产业：分水为区域产业领头羊，乡镇各有特色

在农业产业上，分水农业产值位居全县第一，合村特色农业发展势头良好。在工业产业上，分水工业总产值占桐庐全县的 37%，是当之无愧的工业领头羊，其制笔工业有"世界一支笔"的美名；瑶琳、百江的主导产业多为传统工业门类，亩均效益较低；合村已全部将乡域内工业产业搬迁清空。在旅游产业上，区域旅游产品体系日臻完善，"旅游+"初具基础，现已形成亲近山野的运动体验片区（合村），工业旅游和文化旅游片区（分水、百江），溶洞观光和高端运动片区（瑶琳）三大旅游片区。

⑥历史人文：一本同源，乡风民俗交融共生

片区位于浙西北文化圈，历史人文资源丰富，具有突出的代表性，涵盖古建筑、古墓葬、古遗址、近现代重要史迹和石刻等多个门类，同时文化资源丰富度与集聚度较理想，与丰富的民俗文化与人文资源形成互补。

⑦**集群关联性：分水为集群核心，美镇集群呈现"1+X"簇群模式**

规划从人口社会、自然生态、区域交通、公共服务、经济产业、历史人文和财政治理七大因子评估四个乡镇之间的关联性。百江、合村除经济产业外，在各个因子上与分水的联系均十分密切；瑶琳对分水的依赖性较低，相对独立；集群四个乡镇整体在生态、历史人文、交通和人口上的关联度最高，在经济产业上的关联度最低（图11-02）。

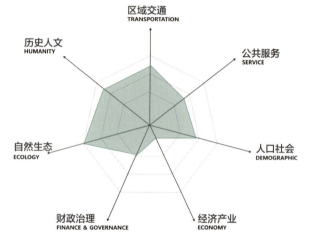

图 11-02 集群关联性评价

（2）现状问题

①**前瞻性的协同策划不足**

四个乡镇的美丽城镇的编制协同度不高，仍然在单打独斗、各自发展。公共服务设施的协同程度不高；农旅融合亮点不多，缺少区域农旅品牌营造；工业平台集聚分水，但单体规模小而散，产业链现代化程度不足，未形成区域产业平台或产业链，区域品牌凝聚度低；旅游线路虽然有一体化设想，但景点间关联度低，未形成有影响力的旅游平台，旅游产业链较短，集群旅游服务核心不突出，等级和规模有所欠缺。

②**乡镇特色亟需 IP 引爆点**

合村主打生仙里全域景区，瑶琳以溶洞景观和马术运动为主，百江凸显农旅特色，分水主打笔文化产业。各乡镇旅游本底资源优越，但缺少 IP 引爆点，未能打响品牌。

③**缺乏整合协同机制**

在单个乡镇推进美丽城镇建设的过程中，在机制保障方面难有创新，缺少集群内整体协同的政策性或者制度性的机制保障。

11.1.3 规划建设内容

（1）集群目标定位

大分水美镇集群的目标定位为"杭千游线新明珠，桐庐世界新舞台"，以分水副中心为核心，与百江、合村、瑶琳统筹谋划、协同发展，打造工旅融合型特色美镇集群。

（2）核心行动——八大集群化建设协同工程

①**一个全域畅联的绿道网络**。共建全域绿道系统，将骑行绿道与道路相结合，有效整合不同片区资源点，化零为整，这些资源点经过绿道的串联能够将原本不足以形成景区的地域沟通起来，形成带状景群（图 11-03）。

②**一个数字一体的运维网络**。新建集群一体化运维网络，推进"智慧综治""智慧城管"等应用平台建设，集成拓展"四个平台"系统实现与其他相关政务平台的有效互联互通，建立上下联动、层级清晰、覆盖全域的现代治理体系（图 11-04）。

③**一条特色美丽的风貌示范带**。分水牵头划定景观风貌示范带，打造精致的城镇节点，构建优美的道路绿带，创造亲切的滨水空间，增设多样的公共绿地（图 11-05）。

④**一个协同有序的综治中心**。依托分水镇全省首支乡镇综合行政执法队，建立美镇集群政务服务平台，辐射瑶琳、百江与合村。以智能化城管体系建设实现执法人员全覆盖、城管无盲区。

图 11-03　全域绿道网构建

图 11-04　数字一体的运维网络设计

图 11-05 风貌示范带重要路径与节点规划

图 11-06 共享30分钟全域生活圈规划

图 11-07 旅游体系规划

⑤**一个较高品质的半小时圈**。集群以分水为中心，教育、商贸、医疗、养老等各项公共服务辐射，共建共享30分钟全域生活圈（图11-06）。

⑥**一个深度体验的城市品牌**。立足分水湾、天溪湖两大旅游核心，联动合村、百江、瑶琳三大旅游片区，将片区资源景点纳入，整体打造形成一片美丽经济旅游体系（图11-07）。滑雪、漂流等户外项目的策划使分水片区从原来单纯依靠山水景观的"观光游"转变为人景互动的"体验游"。片区合力打造一张"亲山水、观奇景、访文脉、超活力"的城市名片。

⑦**一个无缝换乘的交通网络**。打造以分水为区域综合旅游服务中心，瑶琳为副中心，N个景点型旅游接待中心为支撑的"2+N"旅游服务集散中心体系，并通过旅游服务集散中心体系提供的点对点接驳换乘服务实现主要景点间的1小时无缝换乘（图11-08）。

⑧**一条区域协同的大产业链**。片区协同共建一条涵盖从园区建设、配套提升、加工销售、产业链衍生、延伸拓展等各环节的完整产业链，发挥蜂产品及制笔产业的优势，做大做强区域品牌（图11-09）。

（3）行动计划——六大美美与共新图景

①**产业共荣图景**。产业融合提升工程通过配套农业服务平台，整合农

业园区，引领农业跨越转型，形成以蜂、茶、干鲜果、中药材为主导的农业全产业链，打造"现代农业示范窗口"；特色工业提升工程通过笔产业链优化和工业空间重塑，建设笔业产业创新服务综合体，结合产业需求与高校开展技术难题攻克，引进制笔高层次人才，推动整个制笔产业转型升级，做大做强；旅游平台统筹和旅游服务提升工程以区域一体化

图 11-08　旅游集散体系规划

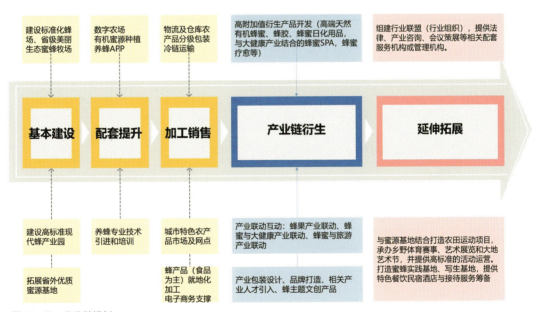

图 11-09　产业链规划

打造省级旅游度假区，提升品牌影响力，并以数字旅游、智慧旅游完善旅游服务配套。

②**山水共美图景**。美丽宜居示范带工程以城乡风貌引导、构建绿色生活圈、提升住区品质、建设乡村未来社区为主要抓手，连同诗画绿道工程打造全域绿道网，强化片区乡镇"山青水碧村如画"的景观风貌印象。

③**人文互融图景**。通过塑造四季节庆品牌，以方家洲遗址公园和武盛老街展示地域文化，引爆文旅 IP，打造全域、全时、全龄的旅游产品。

④**区域基础设施工程**。打通合村至百江隧道，提升合村与其他乡镇间的交通联系，实现美镇集群城镇间1小时内通达。建立建筑垃圾回收体系，持续推进"污水零直排"创建，完善市政公用设施"最后一公里"供给。

⑤**服务共享图景**。强化分水便民服务中心功能，打通基层政务服务"最后一公里"，实现与桐庐县市民服务中心同等服务能力，城镇居民在集群内即可办理相关事务。

⑥**运维共治图景**。建立拥有水生态环境监测、工业地图管理、智慧停车等服务的智慧城管平台，建立美镇集群政务服务一体化运维网络。

11.1.4 特色亮点

（1）探索了"后美丽城镇时代"的集群化建设模式

纵观全球，集群化发展已成为释放区域发展潜力、缩小地区发展差距的重要手段。规划探索了由一个美丽城镇省级样板（分水）联动周边城镇（合村、百江、瑶琳）一体化发展，打破原有行政区划，是城市群、都市圈的"微缩版"。美丽城镇集群化建设从环境美、生活美、产业美、人文美、治理美的"五美"，迭代升级到设施共通、服务共享、产业共荣、风貌共塑、治理共通的"五共"，充分显示出集群建设的整体性、系统性、协同性和创新性。

（2）政策创新和组织创新保障实施

大分水美镇集群通过组织架构设计，建立了联席会议机制、产业发展联盟、大党委等综合管理机制，通过数字化管理平台，优化美镇集群数据共享能力，减轻美镇集群区域治理信息互通、流程协作等具体工作的难度。

（3）集群化发展的实践经验可以深化上升为理论指导

美镇集群有助于系统推进乡村建设理论和实践研究，推动乡村建设领域创新链、产业链、金融链、人才链、技术链"五链"融合，助力把"美镇经验"从"无形理念"向"有形载体"转变。

11.1.5 实施成效

桐庐县分水片区美丽城镇集群建设被列入2022年全省首批32个美丽城镇集群化典

型案例培育名单。

分水片区聚焦"五美"提升,谋划"三拥五城"发展策略,把精益求精、精雕细琢的工匠精神融入每项工程、每个环节,推动美丽城镇集群化建设高质量发展。

(1)美在治理,治出山清水秀

分水镇域19条主要河道落实长效保洁机制,水质常年保持在Ⅲ类水质以上,前溪、后溪创成省级美丽河湖。分水镇、瑶琳镇、百江镇、合村乡全面实施农村生活污水提升改造,打造美丽河湖、滨水绿道蓝绿交织的空间走廊。

分水客运中心建成投入使用,交通线路覆盖全镇,辐射合村、百江、瑶琳等周边乡镇,构建了快速便捷的交通网络。

(2)美在建设,建出城镇风貌

在休闲消费上,新建四星级农贸市场、五星级康莱德酒店投入运营,各类文体、娱乐、休闲场所全面提质;分水文体中心"九馆一中"心全面开放,辐射片区。

在医疗养老方面,强化桐庐第二人民医院医共体合作,常态化开展杭州专家坐诊,投入700万元实施核磁共振设备更新。分水卫生院完成优质服务基层行验收,下属26个卫生室全面纳入医共体。

在教育资源上,拥有幼儿园到高中完整的教育系统,百江、合村的义务教育依托分水解决。徐凝小学、玉华小学相继启用,分水初中教育质量连续三年大幅提升,排名全县第二;分水高中与杭州长河中学合作办学,创办特色教育。

(3)美在培育,育出民富镇强

分水镇以省级笔业创新服务综合体为核心,打造"一体七园",连续七届举办中国笔业博览会,提升分水制笔知名度,积极招引行业配套企业入驻。

发展全域旅游,立足分水湾、天溪湖两大旅游核心,联动合村、百江、瑶琳三大旅游片区,将片区资源景点纳入,整体打造形成一片美丽经济旅游体系。

(4)美在传承,承袭文脉相传

实施王家坊故居、城隍庙、梧桐祠、宁绍会馆等7处古建筑修复;建成剪纸馆、里湖村史馆、进士馆，传承青笋干制作技艺、后岩狮子舞、分水粽编、烧酒酿造技艺，挖掘非物质文化遗产与民俗文化。

结合稻耕文化，大路村呱呱叫欢乐农场，建成太空漫步、观光小火车和田园溜索项目，打造新时代乡村生活样板地；结合老街文化，植入天厨蜜源、冠华王、分水粮言等当地特色产品，丰富老街业态；结合红色文化，弘扬南堡精神，完善南堡纪念馆，修建南堡纪念碑，串联富源红色拓展基地，形成红色旅游线路，成为全市"不忘初心"主题教育网红线路。

（5）美在创新，创出和谐美满

分水片区"一支队伍管执法"改革项目，2022年7月份被省政府办公厅评为"浙江省县乡法治政府建设最佳实践"。以生产、生活、生态"三生"板块融合13个系统全面纳入平台，信息指挥室驾驶舱实行无缝管理，实现城市管理智慧化。

11.2 诸暨市"西施之泪"美丽城镇集群规划

11.2.1 概况

诸北美镇集群紧邻杭州萧山区，是诸暨"融杭"桥头堡；萧山浦洋镇、楼塔镇、河上镇、进化镇和诸暨店口镇、次坞镇等区域，致力于打造绿色制造和生态旅游融合发展的高质量发展平台；是诸暨县域范围内经济实力最强、发展动力最足、产业协作最密的区域。诸北四镇集群化发展的前提和基础是乡镇与园区的产业协作关系，形成了以店口为核心功能区，围绕节能环保、金属智造加工、汽车关键零部件生产三大主导产业，辐射次坞、姚江、应店街、下四湖片区和解放湖片区的产业上下游联系（图11-10）。

图 11-10 诸暨市"西施之泪"美丽城镇集群

11.2.2 特点与问题

（1）特点

①拥有得天独厚的协同基础

诸北美镇集群在空间上一衣带水、地缘相近，在交通上互联互通、交通便利，在产业上协同发展、主次分明。

②拥有抱团借力的现实诉求

四镇各自面临城镇发展的局限性，如店口空间拓展难、人居环境差、公共配套缺、空间联动弱；山下湖发展空间少、产业较单一；姚江用地分散、经济落后、产业滞后、次坞空间分散、产城割裂、能级弱小等。

③拥有协同共赢的战略机遇

随着G20的成功举办和2023年亚运会的筹办，"后峰会、前亚运"时间开启，杭州的战略地位显著提升，正在向世界名城迈进。诸暨全面推进与杭州都市区的规划共绘、产业共兴、设施共建、资源共享，提升北承杭州都市区水平；紧抓杭州国家自主创新示范区、中国（杭州）跨境电子商务综合试验区建设机遇，积极承接中高端产业转移。

（2）主要问题

①生态制约性强地理阻隔难以克服

诸北四镇生态优越，境内两大山脉：东会稽山脉、西龙门山脉；三大生态斑块：白塔湖湿地、杭坞山森林公园、五泄风景区；四大水系：浦阳东江、浦阳西江、枫桥江、凰桐江；由于生态丰富，诸北四镇生态中高敏感区占比高，河流、山体等山水阻隔形成难以克服的地理格局（图11-11）。

②横向联系薄弱制约集群内部联系

各镇间南北向公路网络基本形成，现有杭诸线、柯诸高速、杭州绕城高速、G235、S217、X306等主要公路，均能够较好地联系中心城区与杭州。受地形限制，横向交通现仅有X319（十店线）、S309，联系薄弱、略显不畅，有待加强。

③建设基础差距大设施共建共享难

随着山下湖—枫桥城乡风貌样板区的建设，未来山下湖城镇能级还将大幅提升；相比而言，次坞和姚江镇发展较为滞后。美丽城镇的编制协同度不高，仍然在单打独斗、各自发展。公共服务设施的协同程度不高，不利于公共服务资源效用的发挥。

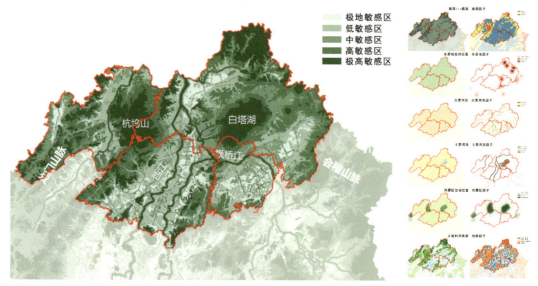

图 11-11 诸暨市"西施之泪"美丽城镇集群地形基础

11.2.3 规划建设内容

(1) 产业共荣图景行动

加快推进经开区转型升级。诸暨原高新区、原经开区两区融合后致力于打造经济密度、人才浓度、创新力度、功能硬度、环境强度为一体的综合性平台。

构建"4321"现代产业体系。开发区产业发展要继续推动优势产业升级，重点提升有色金属精深加工、时尚产业、高端装备、节能环保等优势产业竞争力；更大力度培育发展新兴产业，把半导体、数智安防、新能源汽车关键零部件打造成新兴支柱产业，推动生物医药、航空航天规模化发展；推动科技服务、现代金融、人力资源服务、商贸物流等生产性服务业协同发展，形成"4321"的现代产业发展体系。

培育共生产业组团。基于现状产业组团，培育新兴共生产业组团。各组团间分工协作，形成**互补互通的产业链**。

建设现代农业产业园。姚江镇（原江藻镇）以农业为主导，生态农业全市领先，2020年成功创建了省级特色农业强镇。依托良好的农业产业基础，在姚江建设现代农业产业园，发展生态休闲农业。

完善产业配套。形成"区域级服务中心（店口镇）—乡镇级服务中心—工业组团中心"三个层级的产业配套体系（图 11-12）。

图 11-12 美丽城镇集群产业体系

（2）山水共美图景行动

生态为底——构建一体化生态格局。在诸暨市域生态格局基础上，确立诸北地区"三山环绕、两园在侧、浦江中流"的生态骨架。以会稽山脉、龙门山脉、杭坞山脉为生态屏障，杭坞山森林公园和白塔湖国家湿地公园是两大生态绿芯，位于集群东西两侧；浦阳江从北向南贯穿集群，从萧山南部流向中心城区，是区域性生态经济。

强化"山""江""田""村"浑然一体、和谐共存的空间形态与格局。加强城镇沿浦阳江两侧、沿山体的生态与风貌管控；打通城镇观山景观视廊。

发展为要——以"生态+"为导向，发展生态经济、绿色经济。借鉴宜兴、安吉等生态地区绿色发展经验，诸北四镇可依托自身生态优势，大力发展生态旅游、全域旅游。

在生态保护性地区，采取低开发模式，不占用地，不进行大规模建设，而是通过徒步、观光、探险等活动"微植入"，借用风景资源开展生态旅游。

从景区到全域，推动从景点旅游模式转变为全域旅游模式，引导生态旅游、农旅融合，从"盆景"式开发过渡到全域"百花齐放"的格局（图 11-13）。

图 11-13　美丽城镇集群游线组织

（3）人文互融图景行动

青山连绵、田园平沃、湖畈碧波——共建四镇"美丽"风貌形象特色。四镇同属诸北丘陵平原地带，秀丽多姿的山水湖田、沁人心脾的竹海茶田、农耕劳作的田园风光，是四镇共有的风貌特质。

在建筑、景观等城镇风貌塑造上可整体打造"水墨江南，雅致含蓄"形象风貌，突出自然山水与乡村人文的双重优势，并在共性基础上体现个性差异。

历史遗存活化利用，彰显诸北传统文化魅力。次坞古村始建于宋代，具有较为鲜明的风貌特色，保留了大量明清、民国时期的古建筑，共有 60 多处。百米长的次坞老街有着典型的明清建筑风格，且非常适合改造作为合院式民宿、村居。

借鉴桐庐经验，可选取次坞村若干古民居作为试点，邀请知名建筑师改造设计，打造诸北"网红民宿"。

传承红色基因，助力乡村振兴。依托烈士宣侠父故居这一红色资源，侠父村围绕宣侠父故居、党群服务中心、党建生态公园等建设，形成内容丰富的"红色游线"，成功创建"绍兴市爱国主义教育基地""3A 级景区精品村"，在长三角地区逐渐成为热门的党建教育活动基地。随着侠父村知名度的不断提高，不少企业纷纷落户投资，带来的经济效益十分明显。

（4）设施互通图景行动

实现诸北与杭州道路交通联系全面对接。积极推进风情大道—临浦快速路—诸暨至浦阳公路前期研究报批及国土空间规划调整工作，加快推进 G235 国道改建、萧山至磐安公路等跨行政区域工程建设，力争早日建成贯通（图 11-14）。

联合向省市争取轨道交通项目立项，推动轨道交通 32 号快线、15 号普线向萧山南部延伸至浦阳镇。协力通畅便捷水运通道，合力推进浦阳江整治及航道等级"四改三"工程。逐步实现站场资源共享、公交卡互联互通、优惠政策统一，探索推动合作区公交一体化运营。公共交通一体化建设，构建内通外达交通网，建设"三高三快、三横一环一线多连"道路网。

优化公共体系，强化镇县之间公交联系。合理

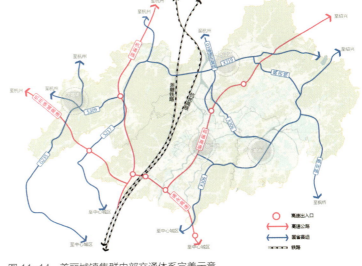

图 11-14 美丽城镇集群内部交通体系完善示意

配置公交车数量、优化调整公交线路。完善智慧公交服务体系，提升公交服务品质。做好公交首末站和停靠站建设。完善公交基础设施运维机制。完善智慧公交服务体系，构建公交基础设施运维机制，提升公交服务品质。

促进公交一体，建设诸北城乡公交中心。完善各镇公交线路网，建设店口公交总站，作为四镇的公共交通枢纽。新建次坞集镇公交首末站、姚江新镇区公交首末站，构建畅达的四镇公交网络，实现四镇行政村、主要自然村、主要景点公共交通全覆盖。

构建水上交通。现已有店口码头，建设店口综合港区，向北通向萧山，向南借助浦阳江和枫桥江，构建水上公共交通兼货运交通，连接店口、山下湖、姚江和中心城区、枫桥镇。

（5）服务共享图景行动

未来店口和姚江形成"哑铃形"公共服务中心。结合姚江新镇建设，建设高水平的科教文体卫等公共服务实施，与店口镇强强联合，形成集群高水平的公共服务核心，加大程度降低对中心城区的依赖。

补足体育设施短板。目前尚无区域性体育中心，建议在姚江新镇区新建一所，或结合店口镇牛皋山开发建设，打造山地运动公园。

发展区域旅居养老。店口镇与山下湖镇凭借杭坞山与白塔湖湿地的天然生态优势，打造高端区域性的养老服务项目，带动周边养老产业的发展，形成旅居养老与本地养老的有效联动。

增设特色教育。姚江镇增设老年大学和职业特色教育学校，为集群内部的其他城镇输送特色人才，同时丰富老年人的退休生活，改善养老环境（图 11-15）。

05 行动计划：美美与共新图景
5.5 服务共享图景行动

设施服务共享工程——30分钟全域生活圈

□ 未来店口和姚江形成"哑铃形"公共服务中心

结合姚江新镇建设，建设高水平的科教文体卫等公共设施，与店口镇强强联合，形成集群高水平的公共服务核心，加大程度降低对中心城区的依赖。

设施提升重大方向：

□ 补足体育设施短板

目前上尚无区域性体育中心，建议在姚江新镇区新建一所，或结合店口镇牛母山开发建设，打造山地运动公园。

□ 发展区域旅居养老

店口镇与山下湖镇凭借杭坞山与白塔湖湿地的天然生态优势，打造高端区域性的养老服务项目，带动周边养老产业的发展，形成旅居养老与本地养老的有效联动。

□ 增设特色教育

姚江镇增设老年大学和职业特色教育学校，为集群内部的其他城镇输送特色人才，同时丰富老年人的退休生活，改善养老环境。

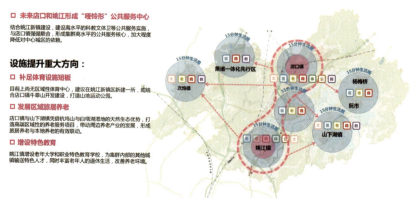

图 11-15 美丽城镇集群内部公共服务体系

（6）运维共治图景行动

高位协调，市级统筹，条抓块统，推动体制机制创新，鼓励跨乡镇要素流动。充分发挥诸暨市美镇办组织协调、统筹推进美丽城镇建设职能，创新诸北四镇协同机制：

常态化协调机制，由县政府牵头，建立设立四镇镇长联席会议制度，定期召开会议，加强四乡镇政府在发展战略规划、重大设施建设等方面的协调磋商。

一体化保障机制，由市政府牵头，建立美镇圈专项保障机制，重点对诸北四镇协同建设项目的用地、资金要素来源等进行专项保障，对规划安排的重大建设项目，在政策上适当予以倾斜。

利益共享机制，由市级出台诸北四镇共建共同开发项目的利益共享与分成机制，并在市级层面进行适当补贴，形成良性循环。

11.2.4 特色亮点

（1）制定了全面融杭的四大策略

目标融杭： 发展目标、建设标准看齐杭州，建设先进制造业基地、美丽经济样板区。

功能融杭： 吸纳杭州外溢的高新制造业、休闲旅游业、康体养生业；成为杭州的重要综合性产业平台、休闲旅游地、郊区居住地。

空间融杭： 与萧山区空间融合，衔接临浦、进化；楼塔、河上等镇，构建一体化生态、城镇发展空间。

交通融杭：打造"二高三快"融杭路网骨架，分别为①杭金衢高速、②杭州绕城西复线、③时代大道—G235国道（穿越次坞境内）、④风情大道—临浦快速路南延—十店线（穿越次坞、店口镇境内）、⑤通城快速路—03省道东复线（穿越店口镇、姚江镇境内）。

（2）描绘了集群空间部署的一张蓝图

根据最新"三区三线"划定方案，诸北区域划入城镇集中建设区的增量空间十分可观，总量约7平方公里。结合国土空间规划三线划定方案和经开区发展动态，规划对区域空间格局进行优化部署，壮大产业平台，迎来诸北发展新一轮浪潮（图11-16）。

图11-16　美丽城镇集群用地规划

（3）明确了集群协同发展的六大工程

一条区域协同的生态经济带、一个融杭发展先行示范区、一个产学研一体的产业生态圈、一个靠山枕水的特色康养品牌、一条特色美丽的风貌体验带、一个数字一体的运维网络六大标志性工程，从产业、生态、设施、文旅、运维等方面全方位推动集群协同发展。

11.2.5　实施成效

诸暨市"西施之泪"诸北集群被浙江省城乡环境整治工作领导小组美丽城镇建设办公室列入2022年全省首批32个美丽城镇集群化典型案例培育名单。美丽城镇正从环境美、生活美、产业美、人文美、治理美这"五美"，迭代升级到设施共通、服务共享、产业共荣、风貌共塑、治理共通的"五共"，4个乡镇正通过交通互联、产业共荣、公共服务互通的发展模式，打造诸北美丽城镇集群。

白塔湖是生态敏感区，又位于多个镇管理的交叉区域，迫切需要在集群中建立生态共保对话机制,统筹生态资源保护与合理开发利用的关系。诸北美镇集群化建设为"西施之泪"的一体化保护提供了协商的平台。

作为推进共同富裕的重要举措,也是城镇发展的总抓手和城乡风貌提升的最核心单元,一体化推进美丽城镇、美丽乡村、美丽田园、美丽河湖、美丽庭院建设,绘就"整体大美、绍兴气质"的城乡风貌新时代"富春山居图"。